西北，西北

卫庶 著

海峡出版发行集团
THE STRAITS PUBLISHING & DISTRIBUTING GROUP
福建人民出版社

图书在版编目（CIP）数据

西北，西北/卫庶著．--福州：福建人民出版社，2020.7

ISBN 978-7-211-08341-1

Ⅰ．①西…　Ⅱ．①卫…　Ⅲ．①乡村－社会调查－乌拉特前旗　Ⅳ．①D668

中国版本图书馆 CIP 数据核字（2020）第 070951 号

西北，西北

XIBEI，XIBEI

编　　著：卫　庶

责任编辑：陈　宽

出版发行：福建人民出版社　　**电　　话**：0591-87533169（发行部）

网　　址：http://www.fjpph.com　　**电子邮箱**：fjpph7211@126.com

地　　址：福州市东水路 76 号　　**邮政编码**：350001

经　　销：福建新华发行（集团）有限责任公司

印　　刷：福建省金盾彩色印刷有限公司

地　　址：福州市金山浦上工业区 D 区 24 幢

开　　本：787 毫米×1092 毫米　1/16

印　　张：26.5

插　　页：6

字　　数：352 千字

版　　次：2020 年 7 月第 1 版　　2020 年 7 月第 1 次印刷

书　　号：ISBN 978-7-211-08341-1

定　　价：50.00 元

1

1. 昆仑明珠

1
2

1. 昆仑山高原飞鸟
2. 昆仑山口

崑崙山口

1 2

1. 青海茶卡盐湖

2. 唐古拉山口的两位卓玛

1. 青藏线上海拔最高的雁石坪道班外景
2. 与雁石坪道班的工作人员合影
3. 在雁石坪道班

1. 愿我们的生活在党的领导下日进千里
2. 玉树车队迎接援建大军
3. 玉树藏族群众载歌载舞庆“七一”

1

1. 高原云天

眼泪与欢乐同在，期盼共努力并书

卫庶是个很本分的青年，聪明而不精明，诚实而思维敏捷，倔强而不执拗。然而他是博士，有理论，有思想，有独立的见解。他在报社工作，有点出乎我意外的是这只鹰真的从北京飞去了草原。

他奉命下派去内蒙古锻炼，深深地爱上了那里。又有点出乎我意料的是，一年后他回来，整理了在内蒙古乌拉特前旗的调查，居然有三十多万字，居然成了这本书。

我为他作序，不是书评。但我粗看了，这个调查他搞得很细。他得到当地同志的帮助，深入了农牧民最基层，老老实实提取了很多不同人的现状与思绪，努力追寻这些思绪的过去与现状。眼泪与欢乐同在，期盼共努力并书。有《捕蛇者说》的余痛，也有云雀放歌的美好赞颂。我觉得“观人风者”、社会家和普通读者都可以从这本书中觅到自己心灵的印证与契合，因为这书写得太老实。

这说明，他仍旧是个童心未泯的“博士”。是个“大人”，也仍有着孩子心性——我的这两点看法，读者都可以从书中读出来。

七年六月

新时代讴歌人民的诗篇

卫庶是个有心人。

在乌拉特前旗工作和生活的那段时间里，他做了大量的调查研究工作。毛主席说没有调查就没有发言权，因此偏见也可以理解为是没有调查之前的发言。卫庶的语言细致入微，说明这个调查很成功。这是一份很好的调查报告。

从书中可以看到他细腻的观察能力和很好的观察角度。

豫章黄先生词云："画作远山临碧水，明媚，梦为蝴蝶去登临。"乌拉山、乌梁素海，有山有水的乌拉特草原确实是一个迷人的地方。

蝶为庶，庶为蝶，淡淡的描述中自有诗情画意。

乌拉特前旗位于黄河北岸，是一个蒙汉杂居的地方。在这个地区，蒙汉各族人民相互学习，相互依靠，形成了独特的文化传统。从书中可以看出，在这个地区生成和存在的文化现象，既不是纯蒙古族的，又不是纯汉族的。人性和文化有共性，但又刻下了乌拉特草原的独特烙印。

在某种意义上可以说，任何我们未曾接触过的领域，任何我们没去过的地方，任何我们并不熟悉的个人，都是我们自己的未知世界。因此，抱着谦虚、真诚的态度去认识和发现这些未知的世界，其实就是发现和认识现实生活。

我国地域广大，中华民族历史悠久。这里是藏龙卧虎的地方。但时下的流行叙事却有一个毛病，那就是千人一面，千篇一律。许多人忘记了统一并不排斥多样性，美丽一定要有百花齐放的道理。

卫庶的叙事中试图捕捉一些不同的东西。这是我喜欢这本书的原因之一。

当然，写作成功首先的必要条件是时间足够。卫庶平时的工作生活都很繁忙，所以这是业余时间挤出来的书，因而还有雕琢的余地。好在乌拉特草原是取之不尽的宝石矿。他还有时间创作出更好的作品。

诗人闻捷在20世纪50年代曾吟唱道：

记载下各民族生活的变迁，
岂不就是讴歌人民的诗篇？

卫庶的这本书就是新时代讴歌人民的诗篇。

目　录

乌拉特笔记

青海笔记

乌拉特笔记

一场和谐的村组合并[①]

过去是干部让农民做什么，农民就做什么；现在是农民需要干部做什么，干部就做什么。

2006年的春节，对于内蒙古乌拉特前旗先锋镇李虎村的村民来说，是又苦又咸的。由于村党支部班子涣散，坏掉的供水深井泵没人管，村民们只好拾掇起废弃多年的自压井，又喝上了多年不喝的苦咸水。

2月21日，乌拉特前旗召开了旗委常委会议，启动撤村并组工作。十几天以后，李虎村与邻村苏木图、白彦花合并，三个村的党员大会选举产生了新的村党支部。新班子干的第一件事，就是发动党员修好了水泵。

乌拉特前旗地处内蒙古高原，7476平方千米的土地上按地貌划分为前山、后山、套内、牧区4个自然经济类区，既有肥沃的引黄灌溉区，又有广袤的山牧区。全旗现有农牧业人口24.6万人。村组合并前，全旗设了173个嘎查村，746个村民小组，村组干部总数近2000人，每个小嘎查村约有12个干部。

“庙小和尚多”，村一级干部待遇较低，不少村干部一年忙到头不过2000元。由于历史原因形成大量村级债务，群众负担重，很多费用收不上来，村干部的补贴成了“墙上的烙饼”，难以拿到手，下来后更没人管。

---

① 原载《人民日报》，2006年10月2日，第5版。

“有人不管事，有事没人管”。怎样改变农村基层组织低效率运行的现状？结合农牧区党员先进性教育活动，乌拉特前旗选派了30多名党性强、熟悉情况的干部组成工作组进驻农村。最后，综合农村党员干部和大多数群众意见，全面开展村组合并。

拆“庙”，不是件容易事。对于撤村并组，干部群众普遍有着“四怕”：一是镇里怕“出乱子”，担心影响稳定、自找麻烦。撤乡并镇的时候，由于合并后的新安镇政府设在了原树林子乡，就引发了部分个体工商户的利益之虞，几乎酿出事端。二是村里怕“合豆子”，就像什么都不分地把红豆、绿豆、黄豆合在一起“一锅煮”，均摊债务，收入平调。三是村组干部怕“丢位子”。四是群众怕“翻饼子”，担心是走过场、合不长，变来变去瞎折腾。议论起来，都说这是一次“最难、最棘手的改革”。

乌拉特前旗是民族边疆地区，为了实现既促进当地经济社会发展，又维护群众合法权益的目标，工作组分头深入各苏木乡镇，走访群众、调阅史志资料，方案几易，最终确定了大部分干部群众较为认可的意见。从群众的生产、生活、交通流向和习惯考虑，宜撤则撤，宜并则并，宜稳则稳。

撤村并组工作结束后，乌拉特前旗的嘎查村由原来的173个减少为93个，村民小组由原来的746个减少为591个。嘎查村级干部由原来的865人精简为303人，组级干部由原来的1119人精简为611人。通过压缩人员编制，全旗每年减少行政成本286万元，间接减少费用支出630多万元。一大批政治思想好、文化程度高、奉献精神强、带领群众致富能力突出的优秀青年走上了村组领导岗位。

而对于合村并组中落选的村组干部，做到“一补贴二保障”，还解决了离任村干部老有所养的问题。当了22年村支书的丁银这次主动让贤：让年轻人担任这个职务，能更好地带领群众建设社会主义新农村。

不催粮不收“摊派”，干部们的事情反而更多了，跑市场、走田间，主动为农户搞服务。大佘太镇的干部们说：过去是干部让农民做什么，农民就做什么；现在是农民需要干部做什么，干部就做什么。

脚下的土地如此光荣①

一村、一厂、一学校，都有自己的模范事迹，都有自己的历史，这就是我们的无穷宝藏，也是新农村乡土文化建设的好方式。

“同学们，你们今天能够坐在这么明明亮亮的教室里是多么幸福啊！要知道，这是多少先烈用鲜血换来的。在这个大好的和平年代，好好学习，成为对国家对人民有用的人才。”在一间用剪开的蛇皮包糊做顶棚的平房教室里，面对着200多名初中学生，已经激动得站起来的75岁老人亢在和，用这句话结束了自己的演讲。然后，在师生们热烈的掌声中，整理了一下胸前别着3个军功章的旧军服和汗迹斑斑的旧军帽，行了一个标准的军礼。

之后，3位老人耿银贵、王永和和师锐，也都分别做了演讲。

这是2005年10月的一天下午，内蒙古自治区巴彦淖尔市乌拉特前旗一个相对偏远的乡镇中学，树林子乡总校的师生，为参加旗委发起的纪念中国人民抗日战争暨世界反法西斯战争胜利60周年征文活动，请来本乡的老革命军人和本旗的党史专家做演讲。

亢在和16岁当兵时，还没有立起来的步枪高，就已经参加打击日本侵略者的战斗了。后来去甘肃、西藏参加平叛，一次7天7夜没吃饭，行军中困了就把自己绑在马鞍子上。

---

① 原载《人民日报》，2006年9月10日，第5版。

与亢在和差不多大的耿银贵，16 岁就成为八路军战士，参加了数不清的大小战役。

79 岁的王永和，17 岁被傅作义的部队抓壮丁，参加了把日本侵略者赶出河套地区的五原战役，在张家口起义被收编为解放军，抗美援朝时在朝鲜战场当侦察兵，因抓了两个俘虏而立功受奖。

2005 年 9 月，中共乌拉特前旗旗委决定组织本旗中小学生利用节假日，在学校所在地和家乡与革命前辈中，收集本地革命史料，发起征文。全旗有 35 所学校的 25000 多名中小学生参加。各校同学或三五个或七八个一组，或问家人、邻居，或直接寻访遗迹旧址，收集来的材料相当广泛。

“大青山的路儿路儿，灰个又灰，哥哥打鬼子参加了游击队。”在黑柳子乡自家的小院里，面对着前来采访的一群纯真欢乐的孩子，84 岁的秦占彪哼起了年轻时的山曲。这位 1936 年入伍的老战士，历经抗日战争、解放战争、抗美援朝的多次战斗，身上留下了 8 个弹孔，因伤被抽掉 4 根骨头，还有 3 根被打断了。

抗日战争时期，在乌前旗出现了许多抗日勇士和队伍。据说，在这一旗之内，我们的游击队就击毙过两个日本将军。

战争壮烈血勇，中国人的博大、人性却无处不在。旗六中初二的周瑜同学就采访到一位普通的中国母亲抚养日本遗孤的故事。这位当年只有 20 岁的中国女性，收养了一名当年只有 5 岁的日本小女孩，把她抚育成人。直到中日建交后，又通过我国政府帮助她找着日本亲人。用这位中国母亲的话说：“杀人的是日本的军人，小孩子没有错。”

这次征文共收到 2300 多份稿件，活动本身也由一个单纯的征文活动变成引发了社会参与的大讨论。一位同学深有感触地说：“吃家乡饭，喝家乡水，哪能不知咱家乡事。”

“组织这样的活动，就是想让孩子们知道，自己脚下的土地，即使是一村、一厂、一学校，都有自己的历史，都有自己的先进人物、模范事迹。这就是我们的无穷宝藏。”旗委书记贾英祥说。

在这样一个西北边陲旗县，踏寻英雄的足迹，全旗的学生都发动起来了，学生的家长们也发动起来了。他们爱家乡、爱祖国的热情焕发了，自豪感增强了，建设家乡的信心更足了。同时，这对于新农村的乡土文化建设，促进乡风文明建设，也是一个很好的方式。

在乌梁素海边[1]

乌梁素海，位于内蒙古自治区巴彦淖尔市乌拉特前旗，是我国八大淡水湖之一，人称“塞外明珠”，富饶绮丽，游人每每来而忘返。但是，在抗日战争时期，这里也曾血战频频，湖光山色之间到处书写着我抗日军民的英勇事迹。

乌梁素海，位于内蒙古自治区巴彦淖尔市乌拉特前旗，是我国八大淡水湖之一，人称“塞外明珠”，富饶绮丽，游人每每来而忘返。但是，在抗日战争时期，这里也曾血战频频，湖光山色之间到处书写着我抗日军民的英勇事迹。其中，较为著名的就是游击队员在乌梁素海西北岸边的苇滩里击毙日军中将水川伊夫的故事。

这事发生在所谓“名将之花凋谢在太行山上”，即日军中将阿部规秀被我八路军击毙在河北涞源 4 个月之后的 1940 年 3 月。

国民党第八战区副司令长官傅作义发动著名的“五原战役”期间的 1940 年 3 月 21 日凌晨，部队向占据河套地区军事要塞五原县的日伪军发动了全面进攻，并于当日收复五原县城。

22 日夜间，驻守五原县的日军绥西警备司令官水川伊夫中将在官兵护卫下趁乱出逃，企图东过乌加河，再渡乌梁素海到大佘太镇。因桥梁、道路已被破坏，只能毁弃汽车，骑着从老百姓那里抢来的

① 原载《人民日报》，2005 年 9 月 20 日，第 12 版。对于本文中记载的有关水川伊夫被击毙的事件，学术界有不同看法，认为有可能是误传或傅作义部队当时夸大胜绩。更具体的史实有待历史学家去进一步考证。本文算是一个来自民间的记录吧。

骆驼、驴子，十分狼狈。

初春，这股日军得以渡过结冰的乌加河（蒙语中有“最后一条河”的意思），来到乌梁素海的西北岸。他们被宽阔的乌梁素海阻挡，路不熟又找不到“冰划子”，于是就停在了一个当地人叫作伊垦布隆的地方。当时，这里到处是河湾苇滩。

当地村民发现他们后，立即报告了驻扎在附近的游击队。这支游击队是傅作义部游击区的第一支队第二团一连，连长叫张汉三。张汉三化装成伪警察队长，把这股日军引到了一个芦苇丛生、四面是水的地方，然后指挥部队打了一场漂亮的伏击战。

张汉三后来回忆：“这个地方叫十份子，地处乌梁素海岸边，芦苇很多。我们包围了敌人，双方很快展开了激战。因为我已经认准了敌人的军官，所以我同一个好枪法的战士叫卜特老，两人瞄准那个军官，一齐射击。”结果都打中了那个“短粗个子，长胡子”的胸膛。

水川伊夫就这样被击毙在“最后一条河”畔。

战后打扫战场时，在这个日军军官的身上搜出个人图章一枚，上刻“水川伊夫”，还有手枪一支、战刀一把，战刀上镶有纯银的日本皇族标志梅花图案，刻着“天皇御赐”字样。根据图章、肩章和战刀来判断，击毙的正是水川伊夫。日军俘虏交代，此人有日本皇族血统。当地村民回忆：那几天日本人的飞机连着来，也不轰炸，可能就是在找这个家伙，看来是个大家伙。

击毙日军中将水川伊夫，成为“五原大捷”的标志之一。据乌拉特前旗党史办的同志说，五原战役后，沿乌梁素海东岸，南至黄河与乌拉山西麓，北至白音查汗山南麓，逐渐形成了日本侵略军占领地的最西北边线。

有研究者考证，水川伊夫其实是个著名的地质专家。他来中国，主要的任务并不是打仗，而是勘察内蒙古的地矿资源，准备进行掠夺性开采，达到日本“以战养战”的目的。和水川伊夫一起来中国在五原战役中被击毙的还有200多名日本军人，其中不少人虽然肩扛“大佐”“少佐”之类的肩牌，但实际上都是日本的地质专家、技术员和钻探工人。他们组成了“蒙疆地矿勘探研究所”，为了活动方便，对外称“绥西警备队”。他们对当地不少矿藏进行钻探化验，写出了如“蒙疆矿物资源调查报告”等材料送回日本国内。

这些关于我国内蒙古地矿资源的详细报告，至少直到20世纪60年代还在发挥作用。那个年代的很多人都听说过，当时日本政府曾向中国政府提出，以高于购买钢锭的价格，购买我包头钢铁厂的废炉渣，但为周恩来总理及时察觉并制止。多年之后，遵照周总理的指示，我国科研人员分析并发现包钢的废炉渣中确实含有多种稀有金属，有的甚至是重要战略资源。

因此，击毙水川伊夫及其随从，不仅是一场军事战斗的胜利，更是保护我国资源主权的一次胜利。

一个人和一个地方

看起来普普通通的白发老人，当年学校里最优秀的学生，中华人民共和国成立后我们党自己培养起来的当地干部，在基层经历了历次运动，一心只想着工作和造福他人，默默耕耘，有挫折却从来没有气馁，甚至没有半句抱怨。无论走到哪里，在哪个岗位工作，都善于总结又勤于创造，在很多领域有着巨大的成绩却从没有声张过。职位最大当到科长。一直在考虑着如何总结党当年合作化政策的得失，认为最关键的是调动和发挥广大农民的生产积极性。现在，天天想着从电视里学些技能，教给当地老百姓致富。从他的身上，我从来没有发现一丁点的个人考虑。无论什么时候，只要想起这位老人，我都充满了敬意：这是一个真正的共产党人。

关于王文忠，我有一篇发表在《人民日报》上的小文，是应邀为他的一部小说作序言，题目是《一个人和一个地方》，引几段在这里：

我想向他请教。于是，我们见面了。

那是一个浑身裹着厚重的灰暗衣物的不高的老人。头发不算稀疏，但是已经全白了，却白得有神采。和他握手的时候，我有些诧异，这双手全没有一般摇笔杆子的人的手那么精致和细腻，几乎就是一个庄稼把式的手，粗糙、厚重。也许是因为上了年纪，也许是爱惜我的手，握着不那么有力，却是很大的、很包容的手。

握着这双手，再观察他的面庞，微黑的皮肤上面刀刻一般的皱纹，在三道最深的横纹下是一对明亮的眼睛，非常的安详，里面最多的是慈祥，慈祥中又透着坚毅和从容。

那是非常透彻的眼神，让人一望之后，就好像见到一扇门，总想再进去，想从里面看到更多的东西。

先是请他做在前旗2万多中小学中开展的纪念中国人民抗日战争暨世界反法西斯战争60周年征文活动的顾问，并请他给学生们做头一场报告。没几天，他就拿出一份15000字的稿子。再谈到抗日战争期间日本人侵略中国的最西北线（我认为就在乌拉特前旗，即当时的安北县境内）的划分问题，没两天这位老人又拿出了一篇近万字的东西，几乎清晰完整地划出来了。于是，我不敢多说什么了，我知道，他是年近70的人了。我赞叹他对这个地方的了解，惊叹这位老人的勤奋，但是，我不想让他在这个年纪还那么累。

后来，从他以前的同事那里多知道了些。他，生于一个下中农家庭，自小放猪放牛，1950年，12岁当儿童团长，16岁当团支部书记。1954年，接受当年中央团委给农村团组织的赠书，筹办了当地第一个农村图书馆，并开始认真攻读马列著作。1956年，18岁加入中国共产党。后来，当过区团委书记、旗政府秘书、办公室副主任、农业局副局长、水利局副局长和党史办主任。

20世纪七八十年代，做农业局领导期间，他和百万河套干部群众一样，为天下唯此的河套灌溉渠、排干渠奋斗在农田水利战线上。做水利局领导期间，主持竖井排灌改良盐碱地试验，获得了自治区级科研集体二等奖、个人一等奖。做党史办主任的时候，主编了31万字左右的《乌拉特前旗史志资料》2辑。1988年主持《乌拉特前旗志》的编纂工作。1994年，内蒙古人民出版社出版的173.7万字的“旗志”中，他执笔45万字，占全书的四分之一。

史而优则文。他还发表了报告文学、诗歌。1998 年写的电视连续剧《乌拉特风云》，1999 年获得了中国艺术研究院颁发的一等奖。这是多么精彩的几十年啊。在跨度如此之大的领域里工作过。最精彩的是，在所有工作过的领域都有精彩之笔。更精彩的是，在一个即将进入冬季的平常的一天上午，这位老人推开我的门，把手里厚厚的一部分为四本的打印稿放在了我的桌子上。他说，这是他的一部即将出版的小说，描写土地改革前后的河套地区的人与事。然后，他希望我能为之作序。

仔细读完，一方面为自己能够获得这样一位了不起的老人的信任感到荣幸；一方面，又为自己是否有资格为这样一部厚重作品作序感到惴惴不安。

不过，作为这部作品的一个较早的忠实读者，我要对这本书未来的更多的读者说，我是在想了解这个地方的时候有幸结识了作者，通过他的作品了解了这方水土这方人。

真正交谈起来的时候，反而没有很多的话了。

走近一个精彩的人，就是走进了一段波澜壮阔的历史。

感谢这位耕耘不倦的河套人，感谢造就他的河套土地和人民！

后来，我去了王文忠的家里。小院里葫芦、西红柿、黄瓜都种得整整齐齐的，还有一个葡萄架。

我们之间已经很熟悉了。没什么客气，一坐下，对着一大盘的西瓜，王老就聊了起来。

灶王爷上天，我降临人间

我是 1937 年腊月二十三生的，就是灶王爷上天那天生的。母亲说，你这个生日硬，人家走啊，你出来了。

我生出来，后面的几个就难活了。10岁上才有一个妹妹。一个弟弟生下来就死了。

老爷爷王三德从陕西富国逃荒过来。那大概是清朝末年。

老爷爷领着两个儿子和他的女人，到了伊盟，生活非常困难，就把二儿子给卖了。当时，老二才10岁左右。卖了两斗，也就是60来斤谷米，这才走到中滩的六份子。

老二本来有病，一路又是饿过来的，卖在人家受苦。听说一年以后就死了。

来了中滩以后，一直给人当长工，又生了三爷爷、四爷爷。大的叫王虎狮，老三叫王庆狮，老四叫王四老虎。王四老虎正是我爷爷。

慢慢有了积累，就在中滩的陈河鱼村，向乌拉特西公旗的王爷买了200亩年限地，15年为期，到期再掏钱。有钱了继续买，没钱了就让人弄走了。这就在那住下了。生活就算好起来了，算是个中农。不给人受苦了，地自己种，有了马子、牛、羊。

到了我父亲，弟兄5个。我父亲是老大，叫王福高。老二和老三一起在家里种地。老四经由给一家姓秦的。还有一个老五，18岁上让日本人给打死了，把腿打断，后来大概是感染了。

日本人刚进来的时候，国民党抓壮丁。我们家的弟兄三个必须抓一个走，三爹王天福给抓走了。到了太原打仗，日本人包围太原，三爹从城下的水道跑出来，跑到老家富国，见了老王家的人，给接济了点，就又跑回中滩了。

解放战争时期，大概是1946年的冬天，国民党又来抓壮丁。那是个晚上。我二爹经常不在家，他是个毛匠，打毛坯，叫王挨高，到后山去了。家里就我父亲和三爹。

房北墙上面有个洞，过了这个洞就是凉房，外面看不出来有个凉房。保长带人下来抓壮丁的时候，父亲和三爹躲在凉房。老人和女人都在外面，说人不在。那帮人搜了一会，没有搜到。这边，父亲和三爹已经从凉房的天窗上跑了，见到一个拉咸盐的车，认识那个拉车的，就躲在咸盐袋子里了。

抓壮丁的人赶过来，问人哪去了。赶车的说，往前跑了。这样父亲和三爹就往西跑，跑到蓿亥滩躲了下来。

他们跑了，爷爷和奶奶留下。我跟着母亲回了娘家。第二年，我虚岁 7 岁，去了大爹的毛利特老亥村，毛利特老亥是码头的意思。在三湖河边上，他开了个粉坊，做粉条的，养了好几头老母猪和公猪。我给人放了半年的猪。

1946 年春天，父亲和三爹回来了，在毛利特老亥附近租了点地种。秋天，庄稼还没收的时候，黄河发大水给淹了。三爹和三妈抱着儿子准备回娘家，一出门，三妈和儿子就跌进一个窖口里。那本来是平地打的一个坑，一般是秋天准备放粮食的，自己打的。结果粮食没有放成，把人给跌进去了。窖不深，也就 2 尺来深。把人拉起来，继续走。

父亲和母亲带着我，去了南壕畔，就是现在公庙子村南边那个村子，借了个房子住下来。

母亲给我缝了个棉袄，外面是新布，里面是旧里子。母亲做下以后，我想翻过来穿，舍不得新面子。母亲说，不行，那样系不住扣子。

刚住下，水又来了。我们就跑到三湖河的边上。水在南边，原来住的地方低。水来了后，可以看着水撵着兔子走。

水是秋天淹的。到了冬天，冻成冰。草长得很旺，每天就在冰上用耙子一推一片草，拿来烧火。我那个时候，就是个虚岁八九岁。

还没过年的时候，妈妈哭着把我领上，说找我父亲去，父亲又给当壮丁抓走了。半路上遇上了父亲，他那个时候三十四五岁，胡子留得早，长得瘦弱。他给抓住以后，送到西公旗的官牛犋，验兵的那个头头认识他。一看说：这么老的人，胡子拉碴的，又是个病人，抓他能干甚？赶快给放了。

这样，我们一家第二天又搬上走了，向东搬回陈河鱼村，现改名叫诚合于村了。那年冬天一点吃的也没有，东西都给水淹了。父亲不知道从哪里弄了点胡生，就是胡麻榨过油后剩的油饼。我和妈妈还有三妈一起出去掏苦菜。苦菜和着胡生一起蒸着吃。现在，这个苦菜拌上挺好吃。那个时候，每天吃，苦得不成。

姥爷养的牛多，看着我们不行，给了母亲一头奶牛。我就出去放牛。母亲怕我饿，每天早上，给我煮上一个鸡蛋，中午回来就吃胡生和苦菜。

国民党也搞过救济穷人，搞点衣服什么的。我奶奶领着我去了现在的先锋乡分水闸。看到好多人，站着岗，如临大敌。一个个叫名排着队走。给我奶奶一对小鞋，但是穿不成。也给我了一双鞋。不给粮食，就是衣服。头两天领的最好的是当官的大衣，我们后两天去的，就剩下高跟鞋了，没用的东西。

“上有毛，下有毛，中间有个黑葡萄”

1947 年冬天，村上成立了一个私人小学。到了虚岁 11，我就到这个小学开始念书。我父亲小时候爱念书，爷爷不让。父亲想要个算盘，爷爷不给买。后来，父亲当了家，自己去包头买了一个算盘。我小的时候，父亲就教了我《百家姓》。

我去上学，已经开学一个来月了。报名的时候，老师给我起了名字叫王文忠。头一天去，就念《百家姓》，赵钱孙李，周吴郑王，冯陈朱魏，蒋沈韩杨。第二天，叫我背书，我一口气差点把半本《百家姓》背下来。老师赶紧说，算了，算了。这半个月，就是背《百家姓》。

一个月以后，和母亲去了姥爷家。再一个月以后回来，学校散了。

第二年，也就是 1948 年秋天，又开始念书。读的是国民小学，学的是正式课本，没有《百家姓》了。记得里面有“上有毛，下有毛，中间有个黑葡萄”——这是说眼睛。那个时候要求住校。学校离家不远，我可以回家吃饭。

老师叫买麻纸写作业，尺八见方的一张纸就要一升米。我们没钱买纸，老师就把学生集中在一起，用戒尺打手。我和一个同学是最小的，站在最后面，没挨上打。老师一问，买不买，赶快说买。学校给买了 20 张麻纸，要 2 斗糜米。1 斗 10 升，1 升 3 斤，1 斗是 30 斤。

回去和老人说，没那么多米。但是家里还是给了点，没全给。

正好解放军打包头。听见炮声了，老师全给吓跑了。这样糜米也没全给，纸倒是落下了。

这次上学什么也没记住。除了那道谜语，就是一点算术。高年级、低年级的都在一个教室。老师先给高年级的教，我们岁数小的就在后面玩。有一个老师打我的头，说看你跳的，给你出个题，算不出，把你的手给打烂。好在我还是给算出来了。那道题是个两位数的题。

1949 年春天，原来那个学校散了，一个叫张老师的人又自己开了个学校。他也是从陕西、山西过来的，以前是个地主，在长盛村子里开了个字号叫“长盛成”，收粮卖粮，做买卖，是个有钱人。

在这个学校里，只待了 7 天，念了《新集五字孝经》。记得一个“厚”字怎么也念不会。老师是西宁人，念不清楚这个字。我就从学校的后窗户跑了，回家种地。正是春天忙的时候，学生也不多。我把那本书终于念会了，也就跑了，再也没回来。

新中国成立以后，1950 年秋天，我们村的学校又恢复了，就又去念书。一进去，就念一年级的二茬。不到一个月，老师觉得我还可以，就给调成二年级了，念四茬。第二年春天开学，我又成了三年级的了，念六茬。实际只一年，就把小学三年级都念完了，1951

年下半年上小学四年级，下半年念四年级的上半学期，又成念了七茬。1952 年 7 月，初小就毕业了。全包头县统考，我得了数学 99，语文也是 90 多。就 3 个特等生，我是其中一个。我们学校就我一个，奖了一个四角号码字典，还有笔记本和钢笔。

我是团委书记，只能带头回乡

1950 到 1951 年，学校里成立儿童团，我当了儿童团长。1952 年的上半年初小毕业前，加入了共青团，当时虚岁 14，周岁 13。

介绍我入团的叫郝凤英，岁数和我一样。她先入了团，当时还不太公开。她父亲 1938 年参加了中滩的窦支队，抗日武装。后来到了延安，当了八路军。解放后回来，她第一批加入共青团，后来在旗里找了个对象。

学校的老师叫王建英。1951 年抗美援朝的时候，去包头县开人大会，学校里就是王建英老师和我。在那个会上，他报名参军，20 来岁。听说，后来没到前线，还是退在咱们旗里的水利部门。

1953 到 1954 年念高小，一直任学校团支部书记。1954 年毕业，本来准备考高中。父亲说把毛驴卖了，培养我念书。那年，毛主席号召高小毕业生到农村去，教育局也下来人，给我们动员，让岁数大些的学生都回农村去，说农村缺文化人。

我是团委书记，只能带头回乡。这届毕业生 24 个人，12 个年纪比较大的，就都没参加升学考试，回到农村了。剩下 12 个去参加包头一中考试，考中 11 个升初中了。

当时，我很想上学。记得，看见别人去考试，我自己在家里整整哭了一天。

1952 年，于占海在陈河鱼村办起了内蒙古西部——当时的绥远省——的第一个农业合作社。第一年，只有 8 户。第二年，除了一户地主和一户富农，全村都入社了。我们家土改划成中农，实际是下中农。当时，出卖劳动力的叫贫农，不出卖劳动力的叫中农。二者的区别就是是否出卖劳动力。1953 年我们家入社。1954 年，合作社扩大到 7 个自然村，其他村子也有生产小组，有 80 多户。

我还没毕业，于占海就知道我报名回乡了。在我毕业考试之前，他陪我去了乌盟参加统计员培训班。1954 年上半年，陈河鱼村划给前旗，包头县不管了。乌拉特前旗当时归乌盟管，在固阳县。

回来后继续念书，参加了毕业考试。我原来的学习一直很好，哪年成绩都是班里的第一名，只有一学期不是。我要是考初中，肯定能考上。毕业的时候考美术，我画了一个青年扛个铁锹，表示到农村去，学校还给评上奖了。

毕业考试完，就回家了，念书就算完了。回村里后，我是管钱的，还有一个记账的。那个时候，整个一个乡，那是个小乡，我是团总支书记。那年，上级奖励农业社一台收音机，带干电池的，就让我管理这个收音机。晚上，人们开会以前，我要把收音机带到会场去，让大家收听广播，做宣传。

1954 年秋天，那会儿团中央书记是胡耀邦，团中央给我们发来一批图书。我们专门弄了个架子放书，让我来管理。结果，我看得最多。看了《共产党宣言》单行本。《费尔巴哈论》里面有一个观点，到现在我还记得，马克思强调：以前的哲学强调的是认识世界，重要的是改造世界。我看了毛主席的《矛盾论》《实践论》，还看了一些文学作品，像《钢铁是怎样炼成的》，对于党的知识、革命的知识，开始有所了解。

农民还是愿意走合作化道路的，但是管理跟不上

1952 年开始办合作社，1954 年是 84 户。1954 年冬天到 1955 年

春天，我们先锋乡就那一个合作社。当时全乡 500 来户，一半人报名参加。上面不让扩得这么厉害，盟里还专门配上干部不让搞扩大，还动员社员明年再入。但是，动员不出去，没办法，干脆把一个自然村划给其他乡，没办合作社的乡。最后 206 户入社。

1955 年 7 月 31 日，毛主席作了《关于农业合作化问题》的报告后，就都入社了。这年的 12 月 31 日，先锋社宣布由初级社变成高级社。

初级社，土地参加收益分配，按通产量（入社以前土地评了等级，评下的产量，按统购统销时候的土地产量）的 40%参加分配。总收入—总生产费用支出—土地报酬 40%—农业税＝纯收入，纯收入再提成公积金 5%～6%、公益金 1%～2%，余下的按劳分配。劳动者每天记工分，评工分。

高级社，就是取消土地报酬，土地全部归集体所有，除去生产费用、农业税，还有公益金和公积金，这是集体所有的，剩下的全按劳分配。

农业社，究竟是办好了，还是办坏了？

农民想改变自己的生活，改变自己的社会地位，参加农业社都是很积极的。过去下中农受地主剥削，生活没有保障。解放后，虽然分到了土地、农具和牲畜，但是耕畜、资金不足，合作起来还是好的。

前几天看报纸，有一篇文章，说 1952 年发展农业合作社，中央领导同志中看法不统一，毛主席就发了文件，叫下面办农业社。我认为，从当时的农民来讲，还是愿意走合作化道路的。只是管理跟不上。领导合作社的人都是农民，思想素质不高，跟不上，所以管着管着就出问题了。尤其是 1956 年办了合作社以后，1958 年再办人民公社，就是冒进了。

1956 年全旗实现了农业合作化。那年农民积极性非常高，全旗农业产量创造了历史最高水平。以后十来年的产量都没有那年高。

这就说明了问题。

办起来以后，干部的管理水平捉襟见肘，思想工作、政治工作和生产经验都跟不上。一到 1957 年，生产就下来了，减产三分之一。当然，那年也是旱了。

1957 年的社会情况是，农村里解放后绝迹的坏东西又出现了。很多人成群结队去包头东畔的一棵树上讨药，在树上挂着红布条子。后来弄得每个村子里都有这么一棵树，农民都去讨药，管不住了。干部没办法，思想教育跟不上。当然这还不是大多数，只是一部分人搞这个迷信的乌七八糟的东西。经过 1957 年反右、1958 年大跃进，这些事情就没了。

人出去劳动，有组长、生产队长来管。人的生产积极性不是自发的。就是队长几个人搞，普通社员就是听招呼，分配干什么就去干什么。干部大部分也就是农民，自己搞农事生产有经验，搞社会生产这么一个大摊子，管理水平跟不上。

还有政策问题。实行粮食统购统销，打下粮食，首先是缴公粮，农业税要缴足，然后留籽种、饲料、口粮三大项。社员分多少，有规定，不能超过。每人一年平均 360 斤，后来 380 斤，剩下的卖给国家。农民辛辛苦苦一年，打得再多，也要卖给国家，自己还吃不饱。尤其是劳动力强的人，不够吃。到了秋天，社员就提前借粮。不少群众吃“探头粮”，今年把来年的粮食给吃了。

这就伤害了农民的积极性。

第一次缴党费，非要缴 1 块钱

1955 年 10 月，我到先锋乡当乡秘书兼农业社的会计。

1954 年回乡，是会计和团总支书记，跟着于占海到处转。一天，于占海问我为什么不写入党申请。我说，入党不是 18 岁，我才

16岁就入党？于占海说，人家刘胡兰15岁就是党员了，你16岁怎么不能入？

1954到1955年，我写了3次入党申请。1955年参加旗入党积极分子培训班，回来入了党。支部通过后，报到区上，一共报上四五个人，别人都批了，就是没有批我。那时我去延安开会了。1956年3月1日，团中央在延安召开五省区青年造林积极分子代表大会。我作为集体代表参加了会议，被选成大会主席团成员。

别人问我是不是党员。我想支部已经通过了，应该没问题，就说是预备党员。这是第一次参加党的会议，还不是党员。

开完会回来后，通知我调到区团委。

3月20日回来后，别人告诉我，入党还没有批准。原因是，已经决定调我去区团委当副书记，看我是不是服从组织分配。服从了才批准，不服从就不批了。我当时不知道。

于占海告诉我要调走了。我当时确实不想走，走在路上还哭。那时，区政府就在先锋乡。下乡回来，区委书记和我谈话，说已经正式批准我入党了。党龄从1956年4月15日算起，也说明了一开始为什么没批准我入党。

我虚岁已经20了，入了党非常高兴。发了工资，按工资标准缴党费，要缴两三毛钱，我非要缴1块钱。

在区上工作四五个月后，就调到了旗委农牧部，立即下乡，整顿农业社。1956年很多社刚成立，还不知道如何分配。我到明安乡，给人搞分配。这么转下来，20多个社，都把分配方案搞定了。有的农业社头一年连账都没建。很多地方，会计保管的都是条子。收成没下来，就估算。

20来个社，就发现了一个贪污的。很多会计虽然没有账，但是有条条。就一个会计，贪污了100多块钱。我下去查账建账，这个会计说不清楚这100块钱的去处，最后说出自己贪污了。那个时候，这是个大事。让检察院核实后，判了一年徒刑。

1957年，我刚结婚4天就去内蒙古合作社干部学校学习3个月。具体学些啥记不住了，只记得毛主席的《关于正确处理人民内部矛盾的问题》。

回来已经是1958年的春天了。又背上行李，准备去后山。旗委巴图书记说，听说你结婚了。我说，是啊。巴图书记说，那你就不要去后山了，去先锋吧。其实就是让我回家了。

从“大跃进”到搞人民公社

1958年5月，前旗和安北县合并，上级叫我去安北县的新安镇。我回到农牧部，就没有再下乡，管人事了。秋天的时候，要给各个农场培训拖拉机驾驶员。农牧部长让我带上人去学习开拖拉机。学了一个星期，又来了一个人换我回去。他学了开拖拉机，后来就一直当司机。

10月，全旗成立了10个人民公社。那个时候，全旗搞大炼钢铁，动员农民把水缸全打烂，当炼钢小高炉的耐火材料。上级说打就打，农民有不高兴的也不敢吭气。我没炼钢铁，看了两次，倒是很红火。记得在哈拉罕，男的女的都去炼钢铁了，就剩下些七老八十的收秋。1958年的粮食产量高，但收不回来，浪费了。

其实，也炼不出钢来。把那些含铁的石渣滓炼化了，流出来，成了生铁，有的就是灰渣。我去待了十来天，就回旗里了。

后山小佘太那发现铁矿石，又去炼铁。我的女人也参加。翻山越岭，也没个住处，就在滩里，到了冬天没办法了才回来。我的女人本来已经开始学拖拉机，学着学着就去炼铁了，连个拖拉机司机也没有当上。

后来，就在农牧部的生产办公室。1959年，内蒙古开第8次农村会议，我去了，各个乡的书记都去了，旗里管农业的副书记带队。

一去就是反右倾。各乡都有一本账，报上去，说不行，产量低，就是右倾。走的时候带的数字，虽然也不太真，但还基本接近。到了那，看着不行，赶快往上增。报的全旗粮食总产量1亿两千万斤。报上去，说不行，右倾。有两个会务是我们的朋友，说别的就不说了，先涨20%。这就赶快给各乡布置加多少。最后加到两亿多斤。明安的书记看见了风头，立即多报了几十万斤，报的最多。其实他那是个旱区，整个河套区都没有那么高产量。他被评为先进了，在大会上发言。前旗报得还可以，没受批评。五原县一个副书记就不行，报的产量就是上不去，大会上就批判他。这个老汉上去还不会说话："我是副书记，我是中级干部，对不起党。"

反右倾就这么个状态。开了一个月的会，前旗卖粮入库的数字上到9400万斤。走的时候实际就是4000万斤到5000万斤。每天的数字都要报。产量后来成了1.2亿斤。入库的数字这么多，没有办法，只好籽种、口粮乱加上去，连农民的籽种、口粮都卖了。

回来开"四干会"，就是旗、社、大队、小队四级干部的会。生产队不愿意卖口粮，最后把籽种给卖了。一个大队长给逼得吊死在电线杆上了。

这个人死了，人们就不那么逼了。

第二年4月中旬，糜子还种不下去。一般3月下旬就开始种糜子了。春分糜子入土。我们下去检查，看发生什么问题。地里平平整整。不少农民外流，没有吃的。剩下的干部，把地里整得好好的，肥料也拉进去，就是没籽种。

我去了先锋，问于占海：到底是怎么回事？

于占海说：甚也没了。

到了东边的一个乡，农民把书记的汽车围住，女人们哭着：让我们吃甚啊，籽种也不给我们。

我们就向旗里反映，旗里向盟里反映：不是农民不种地，是没有籽种。

那个时候，正要把前旗划给包头，正在包头和巴盟交接的时候。包头的人下来调查，到了 4 月 20 号左右，开始发籽种。农时过去了，产量就差了。

前旗划给包头，返销粮多了。就是国家已经收购了又卖给农民的粮食。返销四五百万斤。农民没钱的，集体给买。反正，口粮怎么也得给买。

8 月，包头一个副市长来，想调个秘书，把我选上了。我就调到了包头市委办公厅。到 1960 年的冬天，城乡都很困难，包头市委决定派大批干部充实基层，这位副市长又兼了前旗的旗长，我就又跟着下来了。那时，大批市里的干部都兼着旗县的职务。

1963 年，前旗又划归巴盟。那位副市长回包头了。我因家在这里，就没有回去。

1961 年，中央规定了一系列政策，像《农村人民公社工作条例》（简称“六十条”），《中共中央关于农村人民公社当前政策问题的紧急指示信》，纠正 1958 年、1959 年办人民公社和反右倾工作中的错误。

原来是搞人民公社，扩大公有制，现在主要是落实“三级所有，队为基础”。到了 1961 年、1962 年，基本上恢复得差不多了。我那时在旗委办公室当秘书，1964 年提成办公室副主任。提拔以后，要求下去蹲点。秋天，就领着十几个干部下到先锋蹲点。

蹲点的先锋公社成了枸杞之乡

下去时，跟着一个农业局的农业技师，叫杨树学，原来是乌海农场的技术干部，旧社会学农的。农场把历史上有问题的干部都给清理了，转到地方了。他就来到了前旗农业局。

这个同志向我提出，咱们这里可以推广种枸杞。

我不懂。

他说，咱们种了枸杞，1 斤枸杞可以换回 80 多斤小麦。

我就和杨树学分在一个小组，回到我家所在的那个队——陈河鱼西队，就是过去于占海办农业社的那个村子。和队长商议种不种枸杞。队长说，种吧。

1965 年春天，我回到前旗买了 1 斤枸杞干果，先用水泡，再用沙子把里面的种子都搓出来。然后在有沙性的一块地，种了 1 亩苗。这个苗长得很好，按照株距、行距 1.5～2 米移栽到珊瑚河边的一块地上，大概种了有 10 亩。枸杞不怕盐碱，只要浇上水，就能长起来，不像其他的粮食。

头一年苗小，到了 1966 年才有收获。看着收获好，我们还专门派社员去宁夏学习种枸杞技术。后来，不但这个队，其他生产队也开始种了。枸杞收下来都卖给药材公司。一斤干果六七块钱，次的也能卖四五块钱。一亩地开始每年收百来斤，第四年就可以收二三百斤了。种糜子，好了也就二三百斤。一斤粮食也就几毛钱。一亩地也就百十来斤，费用还挺高。

收购的枸杞主要用于出口。

以前，这个地方没有种枸杞的。这样推广起来，比较有名的是杨家圪旦，后来整个全先锋公社都发展枸杞，成了枸杞之乡。现在年产 5 万多吨，不久前还被农业部授予绿色生产基地。后来把地分给社员自己种，产量上去了，却卖不出去，没有销路。都是宁夏来的枸杞商人收购，价钱压得很低，买回去再贴上“宁杞”的牌子卖。直到现在，这个问题还是没有解决。

我曾建议，能不能索性捂一年不卖，等价格上去再卖，而且要自己学会分等级。那个枸杞商人都是买回去，自己分等级。

20 世纪 60 年代发展起来的枸杞生产形成规模了，现在都是新品种，品种都换了两茬。咱们这个地方枸杞的质量、含糖量都比宁夏枸杞好。四五斤枸杞可以晒出一斤，雇人摘枸杞，摘一斤给四五毛钱。现在收的时候，一斤连10块钱都上不去。一斤卖不到5块钱就赔本了。我的一个朋友说，上等枸杞在香港一斤能卖30块钱。

抓住了枸杞，解决了种的问题，把所有不能长农作物的盐碱地都种上枸杞了，还得了林业部的绿化先进奖。只是销路没解决，外商都是直接和宁夏的商人联系，根本不理我们。

给打成“四类分子”，还给毛主席写过信

再讲讲“文化大革命”的事情吧。

在先锋蹲点的时候，“文化大革命”开始了。刚开始，检讨了几次。本来以为没有问题了，又有人提出，王文忠写过小说。于是，又要审查。我说，没有发表过，就是在家里放着。这下当成宝贝了。

结果，到家里给搜查出来，把我打成了“四类分子”。让我在政府后面的果园里劳动。一起劳动的是我的那个高主任，因为给小孩子起名起得不对，给打成“四类分子”。他给4个小孩起名治中、治华、治敏、治国，被人指为故意把“民”隐藏为“敏”。他本来叫高富贵，人家说他是小时候就想荣华富贵，过资本家的生活；后来改名叫高宇驰，人家又说他是想追随赫鲁晓夫，那个时候苏联发射卫星上天不久。

我的问题是，写了一首诗，说请党不要为我们担心，我们青年人一定会发展得很好，把这个地方建设好。他们说我不要党的领导，结果我给打成“四类分子”。我很气恼，还给毛主席写过信。

过了两天，那拨整我的人被打倒了。我又站出来了，还主持了一段时间工作。没多久，又抓当权派。我一个办公室副主任，也成了当权派。

1968年3月18日，旗里成立革命委员会，所有的当权派都游街。8月开始解放干部，又把我们弄到磴口县，那时候是巴盟所在

地。学习后，算是解放了，给了工作，修大佘太到苏独仑的战备公路。

去修公路的主要是解放干部。我领着两个乡的干部，往西到大佘太红山口，大概是三五十公里的路面。11月突然接到通知，要回来。旗里成立工农兵指挥部，找我谈话，问还有什么问题没交代。

我说，都交代了。

还问，什么时候参加过什么组织？

我就写了一份简历，参加儿童团、共青团……

过几天，有人告诉我说，你参加过“内人党”。当时，旗里的主要领导都成了“内人党”的骨干分子。年后办“内人党”学习班。去了以后，受到了逼供。我们住在党校里，住的都是木板床。他们把我的头推到床缝里，两个人拧住胳膊，胳膊都肿了。后来，浑身肿得吃不进东西。5月，学习班散了，要开九大，说是我们承认了就解放。

有个人说，明天就要解放了。

我问他，你是“内人党”？

他说，不是。

我说，不是，你承认干吗？我就相信共产党，会把问题搞清楚。

九大召开不多久，中央下了通知，说“内人党”挖错了。这就把我们解放了。

可以回家了，就是身体肿得不行。也没有去医院看病，喝了一种面子，可以治浮肿，也不知道谁给的。喝了两个多月，把肿消下去。机关当时给弄得乱七八糟，我就一直在家里。

到了秋天，机关让收割糜子。突然通知，让我在那里负责，把我弄在革委会的一个生产组做负责工作。那时候没解放的干部都在那里，我就算真的解放了。

12月19日，中央发布命令内蒙古实行军事管制。我们这些算是革委会的工作人员。我还算是秘书，一个办事组的组长，相当于办公室主任。军管的时候，要选学习毛主席著作积极分子。有一个叫王宽女的，是个先进分子，我就去给整理材料。后来又把我弄到一个写作组当组长。

试验井排渠灌，解决河套地区的盐碱化问题

1972年12月恢复了科局，把我调到农林局当副局长。新来的革委会主任说，咱们要搞农牧林水发展规划，让我负责搞规划。当时抽了30多人，到下面一个一个公社搞，在水利上搞灌排渠道。

河套这个地方，解放后地扩大了很多。水多，很多地方搞漫灌，太阳一晒，盐碱就上来了。所以，要搞灌排系统，有灌有排。

真正搞是1973和1974年。我们把报告报上去以后，旗里又把我调到先锋当了副书记。搞规划落实：挖排干，修水渠，带专业队，搞排干配套。一次下去挖泥，腿陷进泥里，第二天开始疼，导致很多年的坐骨神经疼。

1978年，又把我调回农田水利局当副局长，让我负责内蒙古河套灌区长胜竖井排灌实验站。中科院的专家、内蒙古水利厅和科研所的干部都在搞这个试验。那个地方，又有咸水又有淡水，1～8队的大面积地下水就是苦咸水，6队、7队是淡水。要搞井排渠灌，打下井，抽咸水，把咸水排到排水沟里。

地下水好的地方，可以搞以灌代排。夏天浇青苗的时候，用黄河水灌溉。黄河水不足的时候，用井水灌溉。浇秋水全部用井灌。

咱们这个河套的盐碱化，就是秋水浇的。以前，从9月下旬收秋以后到10月初封冬以前，都是大水漫灌，搞得地下水位太高，从1.5米能再高0.5米。冬天一冻，地下存了很多水。第二年春天化冻，水汽蒸发了，盐碱留在地表，造成土地盐碱化。

为了解决这个问题，就要秋天不灌黄河水，用地下水浇地。抽

了地下水，地下水位低了，到了春天就不翻碱了。治理盐碱化的关键，是降低地下水位。要降低地下水位，以灌代排的方法最有效。

搞这个的条件，是每升地下水盐碱含量在3克以下。

挖排干渠是对的。如果是咸水，挖排干渠排咸水；如果是淡水，就用以灌代排的方法解决。

我向先锋的书记建议搞以灌代排。先锋那个地方淡水多。最近这几年，先锋开始打井，效果不错。

1980年，我们搞完试验，开始联产承包了。到底该怎么办，旗里也没说，我们实验站就解散了。但是后来，很多地方还是采用了这个方法。

1960年，李贵带领大家挖排干渠，主要是为了搞灌排渠系配套，就挖起了总排干，把黄河水引到总干渠，也叫二黄河。从总干渠再到干渠，到支渠，到斗渠，到农渠，到毛渠，最后到地头，这就是灌水渠系。排水渠，相应的有总排干、排干、支沟、农沟。

两套系统应该互相独立又互相衔接，实际上没怎么实现，就挖了总排干，有的地方挖了干沟，农沟没挖。运作了几年，干沟淤积得厉害，排水不畅，效果不好。

用黄河水灌溉的地区，如果以后搞滴水灌溉，这些都可以取消。只要能用井搞灌溉，地下水都可以利用。夏天用黄河水，秋天关住黄河水，用地下水。

这个研究成果给内蒙古评了集体二等奖，个人一等奖。

试验搞完了，实行联产承包了，没人理了。

20世纪90年代开始搞农业开发建设，都是大片开发，国家、自治区给钱，农民集资出劳，才开始用上这个实验站的成果，很有效。可惜，这个好办法现在还没有完全推开。现在，打井主要用在解决用水上。用这个方法其实可以节约黄河水，充分利用地下水资源灌溉，又可以根本改造盐碱化问题。这就可以把渠全部取消。如果再能把滴灌的技术普及了，田间地头都用管道灌溉，那就更不一样了。

说到这里，王文忠目光灼灼，连满头的白发似乎都开始发亮了。

要发挥“分”的积极性，又要发挥“统”的积极性

农村工作，关键是管理。还是要相信原来生产队的干部，他们有经验。现在是打下井没人管理，更没有统一管理。生产责任制后，管理应该有“分”有“统”，特别是统的要加强，水上面一定要统。

生产责任制刚开始的时候，地给分得零零散散的。为了搞平均主义，每家每户的一等田多少、二等田多少，搞得太碎了。还是应该有统有分，实行统一耕地、统一品种，这块地要种糜子就都种糜子，统一籽种、浇水、施肥。可以自己管理，自己收获。

现在有的地方实行统了，但很多地方没有实行统。没人管，干部下乡都不管。

应该有统有分。现在就是没人组织这个事情。要发挥“分”的积极性，又要发挥“统”的积极性。这个要讲辩证法，才能建设好新农村。

一天看电视，安徽一个养牛专业户，刚开始担心牛粪怎么处理，后来看到人们抢着买，每斤牛粪从 1 毛钱涨到 2 毛钱，再后来又发现种蘑菇比卖粪赚钱，就又养牛又种蘑菇。我都想去安徽学学种蘑菇。

不在其位，不谋其政。有的时候由不住，中央说了什么事情，还总是想着咋办。昨天看电视剧，一个人在城里打工赚下钱了，回乡带着乡亲们一起发展。农村的关键是要有个带头人。

原来台湾同胞要到咱们这个地方搞个制药厂，最后不知道谁说了个什么话，人家扭头就走了。其实，咱们这乌拉山上有很多药材，黄芪、黄精等上百种。咱们这里没人采，没有加工的地方。现在就是差在投资上，也差在搞事业的人上。

我兄弟是个中医，我曾想和兄弟搞一种枸杞酒，向盟里报了，一直没有结果。枸杞、黄精、红枣，加菊花、鲜姜，一共5种，按比例配起来，很保健的一种饮料。我自己在家里做过，用白酒配起来，叫杞精酒。报了没批，甚也没有，也没有回答。

咱们这个前旗，粮食也可以的。后山有玉米、高粱、甜菜，有山有水，矿产丰富。主要在小佘太的查石太山还有一种东西可以开发，叫蓝晶石，是一种很高级的耐火材料，前旗储量内蒙古第一，上亿吨。据说1吨能卖几百美元。国外用这个，价值很高，出口也很贵，就是没人开采。开出来，一般人也不知道怎么用。

于占海后来怎么样了？我想起王文忠小说里的主人公问道。

王文忠一愣，然后说：于占海后来上吊了。

他要是在，肯定不会让村子里“分”了。

乌拉特草原上的红党

恩克巴雅尔有可能是最早在内蒙古草原上传播马克思列宁主义的先驱者之一。俄国十月革命后，他在当地成立了被老百姓称为“红党”的组织，建立了一支武装，甚至策动乌拉特西公旗公爷宣布“走社会主义道路”。他本人早在1928年就牺牲了。这段历史不应该被忘记。为此，我专门拜访了恩克巴雅尔的独生子——已80岁的森格淖日布。

巴彦淖尔市首府临河市的中心公园，无论是绿草如茵的时候，还是北风刺骨的时候，都是市民喜欢来遛遛的地方。一说起来，大家似乎都知道，但并不是很多人都真正注意到，那里有一座人民英雄纪念碑。经过西北风常年的吹打，在日渐繁华的西北这个不大的城市中，这个不算高大的纪念碑已有落寞之感。遛弯的人们会自然而然地绕着它走，而较少带着崇敬的心情投下专注的目光了。正是这座纪念碑的背面，镌刻着民主革命以来河套地区几十名革命烈士的名字。排名第一位的，就是乌拉特西公旗人恩克巴雅尔，汉名金安喜。

恩克巴雅尔，应该是乌拉特西公旗第一个，也应该是内蒙古地区最早接受、传播马克思列宁主义的几个人之一。

俄国十月革命一声炮响，传来马克思列宁主义。而从莫斯科到北京最近的陆路上，乌拉特西公旗是必经之地。因此，应该允许这么一个猜想：马克思列宁主义进入中国，其中最近的一条路经过乌拉特西公旗。

乌拉特西公旗的英雄恩克巴雅尔，应该在党史、在马克思列宁主义在中国的传播史中受到更大的重视，当地的党史学者多有此议。

1921年夏在乌拉特草原成立“红党”

在当地老百姓中间，恩克巴雅尔是一位家喻户晓的英雄。老人们聚在一起的时候，还会常常提起他的故事。

恩克巴雅尔，1902年生于乌拉特西公旗巴音花镇的一个牧民家里，兄妹11人，家境相当贫困。

父亲巴拉登道尔吉曾读过几年书，恩克巴雅尔很小的时候就跟着父亲学识字。恩克巴雅尔8岁的时候，父亲东挪西凑，送他上学。13岁那年考上了旗府衙门的见习文书。

做见习文书的时候，恩克巴雅尔还没有一匹马高，每天早晨离家上班，都要母亲给扶到马上。

1919年，恩克巴雅尔随乌拉特西公旗王爷到北平蒙藏院①做文书。在北平期间，看到了《新青年》等进步刊物，接触了中国共产党的创始人李大钊等，受到进步思想的影响。据说，他和蒙藏院的学生一起走上街头，参加了当年的“五四运动”。

1919年冬，恩克巴雅尔返回乌拉特西公旗，开始在乌拉特草原上宣传“五四运动”精神，宣传马克思列宁主义思想。1920至1921年间，赴外蒙古同外蒙古的革命者乔巴山、苏和巴特尔取得联系。后来他去过苏联，亲眼目睹了世界上第一个社会主义国家翻天覆地的变化。据说列宁和斯大林还接见过他们。

1921年夏，在家乡乌拉特草原上，在阿拉塔庆苏木巴音宝力格

① 北平蒙藏院：民国后，北洋政府将清朝的理藩院改为蒙藏院。

村，恩克巴雅尔成立内蒙古第一个革命组织——“乌兰纳明”，直译就是“红色的党”。恩克巴雅尔在向家乡介绍苏联布尔什维克的时候，把它翻译成了“乌兰纳明”，所以把自己的组织也称为“乌兰纳明”。老百姓们都称之为“红党”。在恩克巴雅尔的努力下，乌拉山前山、后山一度成立了不少党小组。

“乌兰纳明”确定以苏联布尔什维克党的纲领为自己的纲领，以宣传马克思主义、开展反帝反封建运动为目的。关注恩克巴雅尔的学者对“乌兰纳明”的性质进行过争论，比较可以接受的意见是，这个组织类似于中国共产党成立之前国内多地成立的共产主义小组。

恩克巴雅尔组织广大贫苦农牧民开展大规模的反对封建王公勾结军阀卖地放垦的斗争，并取得了一定胜利。其间，甚至曾一度夺取旗府大印，使得农牧民群众在斗争中认识到了自己的力量。

恩克巴雅尔创办了乌拉特三公旗学校，培养了一批进步青年。其中有的后来成为新中国成立之初自治区的领导。

恩克巴雅尔发动全旗人民加入“乌兰纳明”，并得到第三国际的支持。1924 年秋，在乌拉特西公旗的开印典礼上，恩克巴雅尔公开向全旗人民介绍苏联社会主义革命和建设成就，号召向苏联学习，走十月革命的道路，得到广大牧民的支持。大会决定全旗加入“乌兰纳明”，并当场写了保证书，盖上旗府大印。会后决定，由恩克巴雅尔和宝日带上保证书，专程赴苏联备案和求援。恩克巴雅尔在苏联得到第三国际的接待，得到了肯定和支持。据说，第三国际还指示：国共很快要进行北伐，中国将建立新的人民政权；内蒙古不能独立；“乌兰纳明”应与中国共产党取得组织联系，服从领导。

恩克巴雅尔 1925 年带领“乌兰纳明”加入共产国际和中国共产党指导下的内蒙古人民革命党。他被选举为内蒙古人民革命党中央执行委员会委员，并与内蒙古人民革命党内部的右派分子进行了坚决斗争。

恩克巴雅尔积极组建内蒙古人民革命军军官学校。1927 年蒋介石发动“四一二”反革命叛变后，他带领一支200多人的武装骑兵队伍，坚持武装斗争。后在敌人的围剿中，为掩护部队撤退，牺牲于中蒙边界的中方境内，时年27岁。

阿贵高勒嘎查的英雄独子

对于英雄的历史，史学家们有不同意见，认为恩克巴雅尔当时年轻，牺牲又早，大量事迹缺乏确凿的记载。

不过，有一个人可以在乌拉特前旗找到。他，就是恩克巴雅尔的独生子——森格淖日布。我曾经去他家里两次。第一次没有做什么认真的笔记，第二次做了很认真的笔记。

森格淖日布的家在白彦花镇的阿贵高勒嘎查。阿贵的意思是山洞。那里的半山上真有个石洞，有一间大房子那么大。据说洞里面原来供着一尊石佛像，“文化大革命”期间毁了。噶查的地名由这个洞而来。我和白彦花镇的镇长伊拉特一起上到那个洞，里面只有厚厚的一层羊粪和满洞的羊粪味道。洞口有两棵不大的桑树，树不大却果实累累，桑葚很好吃。我吃得正高兴，伊拉特突然说：老人们说，这个桑葚旱天吃了要得霍乱的。

乍听之下，真不知道该如何是好。

伊拉特又说：不过今天下雨了，雨水洗过的，没问题。

离山洞不远，就是森格淖日布的家。那是山前的一个小院。前方不远，有一条宽大的河滩，看得出来有水时候的气势，现在已经完全干涸了。院子的后面，也是山脚下，有一条缓缓的坚实的蜿蜒到远方的土坡，其貌不扬，听来却十分震人——据说就是春秋战国时代赵国长城的遗址。

站在森格淖日布的院门前，伊拉特说：前几天是森格淖日布的80岁生日。老人刚刚递交了一份入党申请书，说“要继承父亲的志向”。

蒙人的院子和屋子都十分整洁，家具未必很好。只要是有客人来，桌子上肯定放着满满的奶食、炒米、馓子什么的，还要倒上热热的奶茶。森格淖日布的家也是这样，与众不同的是，大衣柜上有着一幅较大的镶在镜框里的遗像，是恩克巴雅尔的。镜框旁边还有一个镜框，装着 1985 年发的革命烈士证书，证明恩克巴雅尔是内蒙古自治区的革命烈士。遗像前面是一个祭供的小酒盅。酒盅里的酒是满的，而且肯定是天天都要敬的。

森格淖日布是一个瘦小的老人，同样瘦小的老伴和他在一起。两位老人都很精神。无论我怎么努力，在 80 岁的森格淖日布身上都找不到恩克巴雅尔遗像中的勃勃英气了。对于我们的到来，他既不惊喜也不拒绝，只是慢慢地说着，无论说什么都说得很清楚。就像一切早已准备好一样，只是找个时间念诵出来。

每叫一次名字，老人的在天之灵都会站起来看你一眼

我们祖上是乌拉特部落小阿拉特沁苏木的。拉特沁，汉语的意思是金，这个苏木的都姓金。爷爷叫巴拉登道尔吉，是藏语，奶奶叫宝德桑，是蒙语。他们都是放牧的。

奶奶生了 8 个闺女、3 个小子，一共 11 个娃娃。

大的是小子，长大以后病死的。老三跟着父亲打仗，一起死了。

8 个女儿都成家走了，也都不在了。娃娃们一部分当干部，一部分种地，一部分放牧，做什么的都有。

大姑的小子 90 多岁了，叫伊达姆色仁，在白彦花东哈拉罕。二姑的儿子叫奥特更，在包头，70 多了。

三姑的小子没了，孙子在，就在咱们这个大队。

七姑的孩子在这个嘎查里。

四姑、五姑、六姑的男人跟着父亲打仗。父亲是 1928 年走的，

三个姑父都是他的护兵。父亲牺牲后，他们自己跑到外蒙古，没有再回来。这三个姑姑，都没有娃娃，我都没见上。

1956年，四姑父宝日从蒙古国回来，带回了父亲的照片。

宝日在蒙古国当了牧民，后来因为有点文化，在工厂里干活。现在90多岁，好像还在，在那边又找了老伴了。

四姑父带回父亲这个像，母亲看了说，这是你的父亲。我才知道这是我父亲。总不能随便哪个人的像我就拜吧。

那是1928年以前，四姑父跟父亲去苏联照的。一寸不太大，后来是我给放大的。四姑父说，你父亲没了，部队一部分去了乌兰巴托，一部分回来了。你父亲在乌拉特中旗牺牲的，埋了，你去给挖出来。他身上的证件都给带去蒙古国了。现在蒙古国的领导都换了，谁也认不得。你父亲的照片我给你带回来，你认认就行了。知道你父亲埋在哪里就行了。

我问他怎么埋的。他说，那里有一个铜牌子，有子弹夹，找到就知道了。

宝日住了半个月，走了。说主要是来见见我妈和我。母亲要是活着应该能知道些情况。现在，母亲也不在了，

蒙古人讲究，很少说老人的名字。一般就说老人家，所以到了三代以后，真名基本淡忘。如果人去世了，更不说名字。因为，每叫一次名字，老人的在天之灵都会站起来看你一眼。

铜镜，他们两个一人一个

说着，森格淖日布老人起身进到里屋拿出一个布袋子，从布袋子里又拿出一块包着东西的红布。慢慢打开那块红布，露出一面铜镜和一块纱布。打开纱布，里面是三个弹夹。铜镜和弹夹都擦得很干净，隐隐地发着金属的光泽，让人一看之下肃然起敬，仿佛一下

子站在了那位年轻的革命者面前。

森格淖日布老人先拿起弹夹说：在墓里子弹夹可多了，可以装一麻袋。

放下弹夹，他握住铜镜的长柄，举起了那面铜镜。镜面是圆的，一面很光滑，擦得很亮。一面是图案，图案是云海之中的两个上下相望的灵物，上面的是鱼身鸟头，下面的是龙头鱼身，都有翅膀。上面的身在云海，下面的身在波涛之中。

老人把铜镜慢慢放下，自己坐在床上慢慢说。

呼市（呼和浩特）有父亲的一个参谋长，后来是自治区的公安厅厅长。原来在锡盟，叫乌力吉敖其尔。他说铜镜背后原来有字，是俄文的。现在这是给沤坏的，我们用布擦给擦掉了。是 1987 年还是 1988 年，乌力吉敖其尔 80 多岁了，叫我去呼和浩特他的家。我在他家住了一个星期，他给我叨唠了一个星期。

参谋长说，当时蒙古西部 1 个、蒙古东部 1 个，就这么两个铜镜。西部地区是你爸管的，东部地区是一个姓白的管的。那样的铜镜，他们两个一人一个。1923 年、1924 年，全西公旗包括王爷、大喇嘛都同意你父亲的意见，宣传新社会。全西公旗 12 个苏木的大小官在乌日图高勒庙开会，你父亲给他们讲话，立起红旗，宣誓站在中国共产党那边，还成立了部队。父亲本人留了 60 个人，训练这支部队。王爷也说过，你爸是搞革命的。

开始公爷都同意的

四姑父说，1921 年，父亲和一个汉人，两个人第二次去了外蒙古，也去了苏联。人家后来送到包头 600 支枪，父亲还去那里接的枪。父亲自己留下 60 条枪，其余的都给了西公旗的武装。那种枪，是苏联步枪，半人高，木枪托，打得可远了，能打 2.5 千米。

像原来的乌兰察布盟盟长比力格巴特尔，还有锡尼喇嘛，他们也都是1921年或1922年在那边学了两个月回来的，和父亲在一起。他们头一次去，就见到了列宁和斯大林。后来，锡尼喇嘛回了伊盟，比力格巴特尔回了乌兰察布盟，父亲回了西公旗。父亲从苏联返回途中，带了一个翻译，从蒙古国引了两个青年回包头。这几个人还来了西公旗。那个苏联人后来走了，可能去了呼市或者北平。而蒙古国两个年轻人跟着父亲，一个在那次战斗中牺牲了。

父亲的部队中，大多数成员是梅力更召、乌日图高勒庙的年轻喇嘛，还有一些后山的汉人。父亲13岁当文书时，骑马还要人抱上去，但很多经文都要他来抄写。因为经常去庙里，和喇嘛们很熟络。经常把自己的思想讲给他们，不少喇嘛听了以后，都不想当喇嘛了，说“跟着你当兵吧”。后来在中旗边界给打散了，不少又回到庙里。前面小庙的活佛喇嘛，也跟着在父亲的部队上当班长，三四年前才没的。

父亲从北平回来、去苏联以前，说服三个（西、中、东三公）旗的公爷同意，办个学校，让娃娃都去包头念书。父亲和桑吉，当时西公旗的一个当官的，他们两个来做组织工作。王爷拨了一部分地，他们把地包给别人种，然后用收成办学校。父亲在里面教书。后来把那个小学交给其他老师。

父亲初次去蒙古国的时候，西公旗公爷都同意的，压了章，同意和苏联、蒙古国一起，接受那边的章程。父亲拿着这套公文去了蒙古国，又转去了苏联。从苏联回来后，父亲宣传苏联革命成功的经验，叫我们内蒙古学习苏联。那时，西公旗的公爷叫日里克道尔吉，汉名叫鄂宝财。公爷比王爷级别高。开始公爷都同意的，后来就变了。

父亲在乌日图高勒庙训练自己的部队，60个人。有首军歌，头两句是“升红旗，壮军威”。也有一些口号，“反对一切列强”什么的。除了训练，经常去包头，和苏联人联络，还去伊盟和锡尼喇嘛联络。锡尼喇嘛在伊盟搞“独贵龙”运动。“独贵龙”是圆的意思，就是所有成员的名字都写成圆圈，一圈圈转着写，看不出头头，这样可以防止让人发现。

只有达格登大喇嘛反对父亲。1924年开的全旗大会，在乌日图高勒活佛的那个大院子里，全体西公旗都宣誓加入红党。那个宣誓会上，只有达格登大喇嘛没有参加。

有个传说，达格登大喇嘛死的那棵树下，要来雨的时候就能看见他坐在那里。他要是一望天，雨就散了。

还有一个讲没落的西公旗的一首山曲，只记得头两句是：

土房房的烟囱被风刮得烂，

夏布仁喇嘛在上面用手和泥。

后面的忘了。

父亲从石头后面站起来，一下子被冷枪打中

1927年国民党发动“四一二”反动政变。国民党政府说，你们西公旗有一个革命党人，他们的部队来抓父亲。在乌力吉高勒村，就是现在火神庄的北面，打过一天一夜的仗。蒙古国领回来的两个年轻人，一个牺牲的就埋在火神庄学校校园的北边。

打了乌力吉高勒那一仗后，父亲的部队撤到乌兰吉整编3天，主要是安置家属。在此期间，西公旗已经给中公旗送了信，请中公旗公爷明安曼达带自己的部队去打父亲。

从哈德门到大佘太，又打了一仗，牺牲了一个人。他们继续往西北走。到了中旗恩格尔庙，那正在边境线上，天黑了，决定休息。晚上，就被中公旗的部队包围。

东方刚刚放亮的时候，父亲让部队赶快走，由他在庙北山头上的制高点来掩护。他是神枪手。中公旗的部队三面合围，放开了北

面。这时，已经可以看到蒙古国的部队过来接应了。父亲感到胜利在望，从石头后面站起来，却一下子被冷枪打中。

父亲也打中了中公旗部队的一个人。那个人脖子上中枪，走到巴音苏木的时候死了，就地埋葬的那个地方现在叫巴特尔敖包。

那真有个敖包。

我去找父亲的时候有人叫我去看那个敖包。我不去看，那有什么可看的。

父亲中弹倒下。后面的部队上来，开始以为他是受伤了，就抬在庙外东北面一个土梁的平台上，用喇嘛的袍子——蒙语叫特勒母——包着。人已经不行了，这才从庙里抬了几个装炒米的木盒子，打开接成一个棺材。父亲头下给枕了个木头，胸前放上那个铜镜，身边全是子弹夹和弹壳。我只拿了 3 个。

就埋在平台上。上面放了一块 1 尺厚 3 尺长的棕红石头，作为记号。

埋了以后，有个人说，愿意去蒙古国的跟我走，愿意回家的把枪放下自己走。

只有一个地方，有一捉子[①]枳芨

1986 年，母亲去世，骨灰寄存在火葬场。我想把两位老人合葬，开始寻找父亲的墓。在中公旗住了 3 年，很多人帮忙。中公旗政府给派了车、一个司机，可以随意走访。

先后去了乌兰、森根达来、巴音、巴音哈太、陈圐圙、川井、巴音杭盖苏木，走访了很多老人。和父亲一起打仗的老人，有的头年还在，第二年就没了。

---

① 一捉子：一捧的意思。

开始时，人们说，西公旗过来的土匪的后代来找坟。后来，旗政府组织乌兰、森根达来、巴音这三个边境上的苏木的领导和老人们一起来喝酒。酒席上，恩格尔庙的活佛道尔吉嘎查喝酒喝高了，还有中公旗王爷的弟弟扬登加木苏。这两个人说，这个事情他们知道。父亲牺牲的时候，两个活佛正好 18 岁。他们说，包遗体用的特勒母，就是道尔吉嘎查的僧袍。

第二天，4 辆车相继去了恩格尔庙东北的一个小壕里面。周围都是草原，只有一个地方有一捉子枳芨，就是一个盘子那么大的地方，相当茂盛。

一同去的司机松布尔拿着铁锹在上面找。找着那块红色石头，风化得和土混在一起，石头上已经都是土了，长着枳芨的根。从东面掏口子掏进去，铜镜掉了出来。

遗体肯定在这里。

把石头上面的土去了，几个人移不开石头。从石头上面用铁锤给砸成 4 块，然后从脚上拣出遗骨。不能从头上拣。全部拣出来，请磴口县公安局副局长塞仁巴图把 206 块骨头全对在一起，不缺一个。鉴定确定无误，再起回来火化的。

火化的时候，那些骨头不着，就是白白的。最后把火车道的油松枕木弄来，才火化的。跟母亲合葬在一起。就在乌日图高勒那的一个山边边上。

父亲走了以后，母亲和奶奶一起过生活，就是给人打工，炒炒米、放羊、洗衣服，受苦一生。就这么一辈子。奶奶 96 岁去世的。

当时害怕会被当成日本特务枪毙了

说过父亲，该说说自己了。说父亲的时候，老人如数家珍。说到自己了，老人反而拿出了一个小本本，仿佛是怕说错，遇到重要时间点都要认真地看过了才会说。

父亲是1928年阴历七月二十一牺牲的，我是二月初二生的。那个时候才半岁，对父亲什么印象也没有。1956年以后我也挣工资了，娶了老婆，叫她伺候我妈。

1岁到8岁在家里。

9岁到12岁，在包头马王庙一个蒙文学校里念书。那还是日本侵略的时候，十来个十几岁的娃娃，都是蒙人娃娃。教书的是蒙人，校长叫松布日巴图，现在已经没了。学日本话、日本字，蒙文，汉文，地理，算术。那个时候，学校里什么也不要，就去念书。衣裳也是学校发的校服，冬夏各有衣服。夏天，是个短袖短裤，里头有白市布做的衬衣衬裤；冬天，就棉衣棉裤棉帽子棉鞋，各一套。

在学校，6点起来跑步作体育，回来洗脸，然后吃早点，上课，11点半下课。下午，2点半到6点半，冬天就是1点半到5点半上课。晚上自习。晚上9到11点自由活动，在教室里耍，老师也不管。

同时，还要进行军事训练，拿着木头枪对着木头人，一个刺一个。这样在包头待了几年。

12岁到18岁，去锡盟苏尼特的一个军官学校念书，叫西苏尼特蒙古族幼年军校，也是日本人办的。那是军事化的学校。学校里很苦，每天训练。一个班12个人，都是各旗来的，乌盟的、伊盟的，一共五六百个学生。4个日本教官，6个蒙人教官。夏天6到11点，下午是2点半到6点半。晚上休息，白天训练。上课的时间很少，就是跑步，用木头做个人拿刀砍，耍枪，在地上爬，跳墙，是个纯军事的学校，准备培养军官的。

学校是德王办的。德王是日本人在的时候内蒙古的主席。最小的娃娃12岁，最大的18岁。送来一个娃娃，学校奖给西公旗王爷5个“骆驼”，就是印着骆驼的钱，钱都归了西公旗公爷了。

1945年我18岁，苏联红军和蒙古军队从张家口过来打日本人。

军队围住学校，缴了枪，把枪烧了。大部分东北的学生去了乌兰花，参加了蒙四师，让毕力格巴特尔接收了。一部分回家了，我也回了西公旗。当时，西公旗一半是共产党，一半是国民党。我当时害怕会被当成日本特务枪毙了。

回来途中，走到百灵庙，放了几个月的羊，也是要看看形势。看着稳定了，再回西公旗。那个时候我 20 岁。

回到西公旗，就在郝云龙的部队当了兵

回到西公旗，他们让我当兵，在郝云龙的部队。郝云龙的司令部在现在的飞机场那里，蒙人汉人加起来有几百人。

那年的一个晚上，有一帮部队，二三十个人过大坝沟。我姥爷在黑地里划了根火柴，外面的一枪就把他给打死了。这个部队的军官也把这个士兵就地枪决了。那是一个国民党的杂牌部队，游兵。

还有一个牧民在家里睡觉。这群兵进去抢东西，怎么也叫不醒，就给抬在外面，还不醒。拿了点东西，走了。这个人第二天才醒，还很奇怪怎么睡在外头。

老人说着也笑了起来，然后继续说。

郝云龙脾气暴躁，一不对付就拿鞭子抽人，每天都烫料——就是抽大烟。手枪放在枕头跟前，一出门就装在身上。

他瘦瘦的，高高的大个，长脸，从不正眼看人，都是用眼角看人。他有两个老婆，大老婆是伊盟人，小老婆是额日和道尔吉的孙女。

我问：听说这家伙是个神枪手？

老人一撇嘴：枪法也就是蛋球事。

10 个酒瓶子，郝云龙顶多打三两个，多数是瞎打。他手下的一个团长敖其尔巴图枪法好，一边骑马可以一枪一个椽子。郝云龙都

怕他。

敖其尔巴图 1950 年劳改 3 年，出狱后死在家里了。

1949 年 6、7 月，郝云龙还和解放军在包头东的撒拉旗打仗，一晚上就给打败了。我那时留在司令部站岗，看着郝云龙跑回来。9 月 19 日，郝云龙又起义了。

郝云龙起义以后，说要去见毛主席。两个马靴里一只放着手枪，一只放着子弹，让卫兵给查出来了。就不让他见毛主席了，在昆都伦庙那给押起来，后来拉到乌日图高勒的一个沟沟里枪毙了。

解放后，各旗的王爷、官府，包括东官府额日和道尔吉，都给带到呼市，让交代问题。当时的政策是，交代了就没事情了。回来后，额日和道尔吉还当了副旗长。那个时候他家在东大沟里住的，后来搬到乌拉特中旗，在那边死的。

1949 年 9 月，我跟着郝云龙部队起义，西公旗的兵都被蒙四师收了，选了一批年轻人到地方当干部。然后，去呼市 3 个月，去集宁 3 个月，去固阳两个月，都是时间较短的学习。

我说叫“巴音花”吧

1950 年以后，当了扫盲干部，干了两年，后来调在五原县的石墨矿做领导，待了两年，又转回乌拉特前旗哈彦呼同当乡长。哈彦呼同归了包头后，前旗把所有的蒙族干部都调回来了。我就在先锋当乡长。

1956 年开始，先锋把蒙汉两家分开，成立新的乡。当时这个地方叫哈拉罕卜隆，就是稀麻湾湾的意思。开人民代表大会讨论新的乡叫什么名字。我说，叫“巴音花”吧，巴音是财富的意思，花就是开花的意思。我这么提议，代表们也都同意。后来我们就把公章都这么刻了。

巴音花就是今天的白彦花镇，很多人还不知道这个名字的来历。

1958年冬天，把我调到乌拉特前旗交通局当副局长。一直在交通局。

“文化大革命”的时候，挖“内人党”，给抬回来了。罪名可多了，“内人党”“乌兰夫狗腿子”“外蒙特务”“日本特务”“黑马队队长”“白马队队长”……一共18个帽子。在哈日布拉嘎查，在房梁上吊起来，昏过去3次，头发都掉了。

最厉害的时候是1966年到1971年。把七勺锅烧红，让弯腰在上面烤，两个手举在上面。那个时候全身都是黑的。现在头晕的毛病就是那个时候留下的。老婆也给一起斗，让她往起站。老婆说，你们拿出罪行来，拿不出来，我就不往起站。他们就揪她的头发。

整我们的人都是当地人。有的已经死了，有的还在。

他们把我在工作岗位上获得的奖状都没收给烧了。

直到现在，我也闹不清楚什么是“黑马队”“白马队”。

1974年以后就不厉害了。

1976年以后正常了。

晚年最大的希望是给父亲立个石像

1996年从交通局离休。全旗离休干部大概50多人。现在一个月1500块钱，医疗费实报实销。一年的旗财政给这些离休人员170来万元。

现在不种地，就是放牧。老婆有200来亩草场。修高速公路给补偿了4500块钱，嘎查给分了10亩地，还收了1000块钱的开发费。10亩地包给别人种玉米。以前订合同的时候，说好要给1600斤料和五六车草，一车有个四五千斤。2008年开始，只要钱了。一亩地包100块钱。

现在就 8 头绵羊、9 头山羊。本来是 10 头山羊，还有一头不知道哪里去了。想放就放，不想放就在那圈着。

有一个亲女子，让车给碰了。有 3 个外孙女，大的在磴口司法局，二的军校毕业分配在阿盟，三的在呼市军校念书，2010 年毕业。

还有一个经由的大女子，在哈尔布拉，退休了。

晚年最大的希望是给父亲立个石像，像鲁迅、刘胡兰一样立在乌拉特前旗的好地方。想修个陵园，这样可以让学生一个礼拜、半个月来浇浇水，弄个教育基地什么的。原来白彦花的书记答应过的。

1986 年，巴盟民政处答应给两万块钱，发到乌拉特前旗了。那时的旗长答应给立这个碑，后来调走了，这件事就没了。到现在，没人知道这个钱在哪里。现在问民政局的人，问谁谁也不知道。

《鸿雁》的家乡

呼斯楞的一首《鸿雁》已经唱红全世界。有几个人知道，《鸿雁》的作者居然是一位清朝的活佛，第三世梅力更葛根？几世梅力更葛根都是非凡的人物，高居于蒙古文化之峰顶。他们最大的贡献是建立了蒙古特色的藏传佛教仪轨。我力图为梅力更葛根传下来的蒙文诵经仪轨申请国家“非物质文化遗产”项目的时候，唯一在世的掌握全本仪轨的喇嘛劳布生僧盖突然圆寂了。结果我自己也成了故事中人。

梅力更召和梅力更葛根

在乌拉特前旗，早就听说了原乌拉特西公旗的旗庙梅力更召，而梅力更葛根更是非凡的人物，在清朝历史和近现代史上都很有地位。

梅力更召建于300多年前，梅力更葛根至今传有八世。对于蒙古文化来说，数位梅力更葛根称得上是一座又一座高峰。其中最高的是三世葛根罗布桑丹毕坚赞，称得上“蒙古文化中的成吉思汗”，也是中华民族罕见的天才。

对于梅力更葛根的成就，已经有很多学者做了大量的研究。这些研究是以蒙文发表，我无法阅读。后来前旗的一位同志叫杨桂林的，通过八世葛根嘎拉森丹毕嘉拉森的侄孙额尔登巴图的介绍，知道了我对梅力更葛根研究的兴趣，就给我介绍了一些有关的基本资料。

一世葛根帝怒瓦（1588—1670），诞生在与土默特部相邻的乌拉山前一个崇信喇嘛教的贵族家里，早年四处云游，被迎奉到梅力更小庙的时候已经50多岁了。经过20多年的潜心研修，这位精通蒙、满、藏、汉语言的葛根，将部分藏传佛教的经典著作翻译成蒙文并坚持蒙语诵唱。

二世葛根丹金嘉木苏（1671—1716），诞生于乌拉特中公旗的梅灵苏木，5岁坐床。在仅45年的一生中，用蒙文翻译多部藏传佛教的经典著作。为了提高蒙语诵经的节奏感与流畅性，对经文的语言结构、音节做了大量改革。康熙二十八年（1689年）对梅力更召进行了扩建。

三世葛根罗布桑丹毕坚赞（1717—1766），诞生于乌拉特中公旗阿鲁科尔沁苏木一个牧民家里，5岁被认定为转世灵童。这位葛根是一位在蒙古语言学、宗教学、历史学、医学、工艺美术学、历法、文学、哲学、翻译学等方面成就巨大的文化巨匠。他精通蒙、满、藏、汉、维吾尔、梵、沙拉等9种语言，曾在印度学习多年，获得佛教界最高学位。回来后即对梅力更召的很多制度进行大胆改革。他以梅力更召为基点，在其24座属庙推广蒙语传教诵经，最昌盛之时，蒙古地区2400～2500座庙都是以蒙语诵经。他根据在西藏看到的查玛舞，结合蒙古民族舞蹈和音乐的特点，重新编排，独创了蒙古的跳鬼动作，并编写了《玛德日查木物舞》《灵贺查木舞》等著作进行推广。在语言学方面著有《蒙文字母变异》《阿字初》等字母教程。作为佛学家和诗人，创作有《八十一首诗歌》和道日玛（佛教艺术）、祷告、撞铃、答辩、沐浴、供食祭祀、吉庆祭祀等宗教内容的颂词。在史学方面，著有《黄金史》《善布拉传说》《天堂传记》等，其中《黄金史》至今仍是研究成吉思汗和北元史的经典。医学方面著有《梅力更葛根之妙方》《阴山本草》等。历法方面著有《历法学中心论点》《日月环令的法则》《时间的年轮》《历法之根本》《寻找日月之跟踪》等。经文著作有《美岱颂》《祝福颂》《喇嘛祭》等。译著有《阎罗天子》《玛哈嘎拉》《扎木苏荣》《华斯曼》《敖其尔巴尼》《阿尤喜》《宗教之兴盛》《秘史》等。

四世葛根罗布森丹金嘉木苏（1772—1812），诞生于乌拉特东公旗第八代王爷都西雅公苏丹那木日布登的王府中。乾隆四十四年（1779年）由西公旗第十代王爷噶勒桑车凌上奏乾隆皇帝，诏准为四世梅力更葛根。年41岁圆寂。

五世葛根伊西却巴拉（1814—1843），诞生于乌拉特中公旗贵族哈德曲布家中。7岁坐床，30岁圆寂。他编写的诵经诗歌一直传诵到今天。

六世葛根贡桑扎布（1844—1848），诞生于乌拉特中公旗第十代王爷拉旺仁庆的王府中。王爷只有这么一个独生子，被选定为六世梅力更葛根后没有送到召上去供奉，结果5岁就圆寂了。

七世葛根伊西巴图丹朝日格（1848—1898），诞生于乌拉特西公旗阿勒奔苏木巴音恩德日噶查德力苏太沟牧民玛日希拉官家中。1851年在召上坐床。精通蒙、藏、满、沙拉语。继承一世葛根的传统，使召内的佛教彩绘、诗歌、查玛舞等宗教艺术日臻完善。还精通蒙藏医学，常以精湛医术为牧民看病。

八世葛根嘎拉森丹毕嘉拉森（1898—1972），诞生于乌拉特西公旗哈日诺东佐领苏木巴音宝力格嘎查牧民利脑日布家中。5岁经清朝光绪皇帝诏准坐床。精通蒙、藏语，将部分藏文经典译成蒙文。22岁获“贡布汗布”（即大寺主持人）的职位。为梅力更召塑内蒙古地区第一大佛像——80尺高的“满达日神”像。一度同情支持乌拉特早期革命者恩克巴雅尔的革命活动。曾任伪满洲国“喇嘛印务处”副处长。抗日战争期间尽力保护梅力更召内的文化遗产。新中国成立后曾任全国佛教协会理事、全国人大代表、全国政协代表、内蒙古佛教协会主席等职。

这里到处流传着梅力更葛根的故事。只要到了牧民那里，总会听到关于葛根的传说。

坚决保留《经诗》的斯庆格

一个偶然的原因，我认识了青格勒巴图。他是巴彦淖尔市人大代表。人家介绍说，他是八世梅力更葛根的后人。他的大哥孟克巴图是内蒙古自治区佛协副主席，是梅力更召的八世却尔吉活佛。他的二哥叫额尔登巴图，就住在乌拉山镇。

一次，青格勒巴图来到我的办公室。他说，我是学体育的，以前对葛根的事情很少了解，母亲和哥哥知道得多。

青格勒巴图真的把他的哥哥，额尔登巴图，一个高大厚道的蒙古汉子，请到了我的办公室，同时还带来了几十盘磁带。

额尔登巴图指着那些磁带说，这里录的是藏文也没有的经。老葛根罗布桑丹毕坚赞留下敬摩纳山神的经文，都是他自己创作的，自己作词、作曲、配器。这个录音带是他父亲——八世葛根嘎拉森丹毕嘉拉森的侄子——斯庆格录的。

八世梅力更葛根嘎拉森丹毕嘉拉森，就是我的叔祖，1972 年去世的。

“文化大革命”中一直在呼和浩特市石来图召住，就是 14 号院。去世后，当时的自治区民委把骨灰收去，一直不给。

邓小平第一次出来主持工作的时候，给他平反，重发工资。原来每个月 180 元，到 1972 年补发了 1 万多元。

1978 年邓小平复出，父亲斯庆格向自治区民委和佛教协会要求收回葛根的骨灰盒。他们一直把骨灰盒放在火葬场。如果是放在庙里，我们也就不要了，放在火葬场就不同意。父亲在呼市待了一个多月，打了官司，终于把骨灰盒搬回家了。那个时候，大家还是很怕的。

几个信徒一起帮忙，把骨灰放在山里埋葬了。用水泥封住，不让水渗透。到了1980年，宗教信仰稍微放开了，形势才好了。

骨灰埋好了，父亲就着手录音。

父亲领着十来个老喇嘛坐着汽车到了青海塔尔寺找会念蒙文经的老喇嘛，吃住行费用都是父亲自己出。用了七八天的时间，在塔尔寺录出来。很多的经文，老喇嘛们自1949年以来就不念了，有的已经不熟悉，重新回忆起来，重新练习，然后再录音。那时，用的是两个砖头大的那种录音机，460块钱在包头买的，当时都是天价。

刚开始要录音的时候，派出所说，不要搞这个东西。

当时的旗委领导对他说，不要搞牛鬼蛇神。

当地镇党委也说，不要在白彦花搞，到别的地方去。

父亲说，我搞这个录音，不是牛鬼蛇神，是为了保留文化遗产。他们在庙里待了半个多月，目的就是为了留下记录。如果有文化、有知识的人想研究的话，我们可以无偿提供。

我们曾经向内蒙古大学一位教授提供过，他还把梅力更葛根留下的《经诗》拿走了，到现在没有还回来，出版了，里面连提供者都没有提一下。

父亲当时想，自己文化程度不高，怕失传，那个教授搞研究，就无偿提供。

大哥孟克巴图对父亲这样做很有意见：我是你儿子，又是庙里的活佛，你不给我，给他干吗？而父亲的意思，不是为了钱，就是怕失传。

因为《经诗》，父子两个人到父亲死时没有解开这个结。

你父亲一直和八世葛根在一起吗？我问。

额尔登巴图接着说。

他以前在包头日本人办的蒙藏学校上学，全是蒙古人。后来到张家口念高中。当时八世梅力更葛根嘎拉森丹毕嘉拉森是伪满洲国的佛教协会主席，正在张家口。日本投降之前，他已经回到梅力更庙了。父亲拿着两麻袋葛根的工资，去火车站买票回包头。两麻袋钱刚好买两张火车票。他还带了一个同学走。从张家口到包头，火车走了12天。那天上午9点多到了包头，徒步走回梅力更庙，见了嘎拉森丹毕嘉拉森。葛根是出家人，没有夫人，把父亲斯庆格当作亲小子。

苏联红军占领张家口以后，就把日本人培养的这批学生全拉到蒙古国继续学习，大学学成后又送回中国，很多人都成为领导人。现在活着的还有两个。

他回来后，不到20岁，接受了西公旗的一个保长职务，还担任西公旗的文书，直到解放。解放后，当前旗的行政干部，任办公室主任，正科。还做过粮食局局长，是前旗邮电局第一任局长。后来镇压反革命，搞肃反，几次运动，一直到1962年，他都没有牵涉进去。

但是他开始担心总有一天要搞到自己头上，就主动要求回家当牧民。

1966年，“文化大革命”开始了。第二个被打倒的就是他。

第一个被打倒的叫同森其其格，50多岁，一个妇女。家里敬了一种很厉害的神，叫“安塔”。当地人知道，庙里没有安塔，只有户家才有。有安塔人家的门前，骑马的人必须下了马徒步过去。一般人家也不敢去闹，很忌讳。

安塔是一种很特别的木头，上面缠着哈达。传说，如果在供有安塔的户家门前奔马而过，就会死掉，雷打雷劈。侮辱阿塔，会祸从天降，天塌地陷。

那些斗同森其其格的人把安塔放进她的裆下，穿了绳子挂在肩上，头上戴着白色高帽，写着牛鬼蛇神的字样，在街上游斗，然后再把安塔给烧了。后来，每次批斗的时候，都有她，到处都是“打倒同森其其格，烧掉安塔!”

第二个挨斗的，就是父亲。罪名有三，第一是伪保长；第二是日本人；第三是牛鬼蛇神嘎拉森丹毕嘉拉森的崽子。后来又成了“内人党”，在部队牢房里圈了一年多，是部队站岗的地方。

解放后，嘎拉森丹毕嘉拉森一直在呼市。“文化大革命”当中，他虽然职务去了，工资减到每月保留 18 元的生活费，但作为内蒙古自治区佛教协会第一任会长，也是当地的宗教领袖，据说因为周恩来总理有过指示，并没有挨斗。

“文化大革命”中，挨打的情景太多了。我们家里三五天就有人来，挖地拆墙。挖地挖到有 1 米 5 左右，30 平方米的屋子里挖了十来个小阔子①。当时我 12 岁，下到阔子里正好到肩膀。他们还用斧子敲墙，哪空的挖哪。

人走后，我们用土填上。又来人再挖。

所有的财产没收，人给赶到了亲爷爷奶奶家里。亲爷爷就是嘎拉森丹毕嘉拉森的亲兄弟。

父亲当时是这里最有钱的人。嘎拉森丹毕嘉拉森的工资当时和乌兰夫的差不多，相当于 10 个童工的钱。

白天劳动，不挣工分。中午吃完饭休息，又开批斗会，用皮带捆着。晚上收工时再批斗。

目的就是让他自杀。每次批斗完，都给条绳子，让他在路上自杀。他坚决不自杀。

他是个非常有骨气的人。1994 年在包头附属医院泌尿科做手术，因为没给麻醉师红包，两个小时后，麻药没给够就走了。没有麻药的手术又多做了 1 个小时。当时医生和护士都很敬佩他。

“文化大革命”中，这里打“内人党”时，揪出来的人都是几天几夜不睡觉，拿火烤，脖子上用细铁丝吊个石头蛋。一般人受不了，一个村子可以牵出 20 个人。只有他昏倒多少次，7 天 7 夜，最后什

① 小阔子：小土坑。

么都没有承认。

有人教他，承认了就没事了，承认了保命。但是他就是坚决不承认。部队上这才说，算了。治病又治了七八天。

我们给他送过油烙饼，烟叶。他以前抽海河烟，后来送卷的烟。

见过毛主席的八世葛根嘎拉森丹毕嘉拉森

八世梅力更葛根嘎拉森丹毕嘉拉森 1888 年出生，1894 年坐床，当时是清政府皇帝派钦差来直接任命的。清代就参与政治，自己养兵养过一个连，和西公旗的王爷有矛盾，还动过武。

当年西公旗王爷找继承人的时候，他反对让奇俊峰接班，认为是女人，主张王爷的兄弟接班。奇俊峰曾派两个兵刺杀他。

这两个兵过去，一见葛根就磕了头，哭着说：您赶快跑。

葛根跑的时候，没顾上穿鞋，有人在后面开枪，子弹打穿了佛衣，留下两个洞。

说着，额尔登巴图拿出了一个纪念章，红底上面有北海的白塔、五颗星星、麦穗、长城状的修饰纹。他一脸郑重地继续说。

从清朝皇帝、伪满洲国、国民党到共产党，都很重视嘎拉森丹毕嘉拉森。

当年去北京，上午 10 点多见了毛主席，下午见刘少奇，王光美也在，还有刘少奇的两个助手、一个蒙文翻译，共 5 个人。刘少奇给戴的牌子。1966 年，“文化大革命”中老葛根把什么都丢了，就是留着这个牌子，藏在衣服里，舍不得丢。1970 年以后拿出交给了我的母亲。他和刘少奇说了些什么，谁都不知道了。

以前家里有几箱子书，麻纸上记载的很多，包括家谱。“文化大革命”红卫兵搬出来都给烧了。就留下了一部《经诗》，因为当时不在箱子里。

家里只留着嘎拉森单毕嘉拉森的舍利子、手章和这个牌子。舍利子是他的本身，手章意味着他的权力、地位，这个牌子上面的塔意味着佛的庙宇。这三个合在一起，就是家里供奉的神。

历代梅力更葛根都有医学成就。嘎拉森单毕嘉拉森不仅念经，而且是蒙医。他有一种治露肠子的疝气的药，原来在梅力更庙放着，后来给抄了。

还曾经有满满一钵的麝香，还有一大包珍珠。有人说，以前我的亲爷爷打猎，打了从南方过来的大雁，身体里有珍珠。有一只大雁掏开身体，最多有十几颗珍珠。

“文化大革命”时抄家撒了一地。红卫兵不认得麝香，说是地主老婆抹的香水，就倒了一地。真正的虎骨，当时也很多。

老葛根在世的最后几年，就是额尔登巴图的母亲，也就是斯庆格的妻子，一直在身边照顾。

葛根大爹

额尔登巴图请我去了他母亲那里。

一个平常的小院。院中有一棵不大的果树。老人满头白发，很富态。这应该是一个见过很多世面的老人，一个很善良的老人。她以满脸的慈祥迎接了我。然后就坐在床上和我讲述了很多老葛根的故事。她管八世葛根叫大爹。

葛根好像是1949—1966年的全国政协委员，1954—1966年的全国人大代表。

有个大爹小时候的传说。他那会儿天天放牛，一次下大雨了，就在地上画了一个圈圈，坐在那里，结果雨进不去那个圈圈，人和牛都是好好的。

我和孩子的父亲斯庆格结婚是在1955年二月初二，当时前旗的恩克巴雅尔旗长、巴图书记都来了。

那是头一次见大爹。

1956年生儿子，老公的奶奶给取名叫额尔登巴图。因为孩子的爷爷叫额尔登和西格，有些近似，我不想要这个名字，就骑上马去庙里找大爹，请大葛根取名。大葛根给起的还是额尔登巴图。回来了，奶奶问：起的什么名字？我说：还是额尔登巴图，你们两个研究好了的。

说到年轻时候的事情，老人的笑容一下子也年轻了。

第一次去大爹那里，大爹还给了点钱。不知道给多少，忘了。

1956、1957、1958一年一个娃娃。还有一个朝格勒巴图。青格勒巴图的名字是他父亲起的。

1959年葛根来了老宅。在白彦花巴音宝力格住，来了家里，看见娃娃穿得不好，生活不好，就说到庙上去拿点旧衣裳。

原来说想在山坡上盖个场房。葛根说，你们盖得大一些，我老了和你们住。

1962年，我们在半山上盖了一进两开的房子，水泥地板的。泉水就在那个地方的半山腰中。房子盖起来，夏天呼市热的时候，葛根来住了一次，住了几天。

以后额尔登巴图得了软骨病，去呼市的时候，大爹给了钱，还给了好多吃的。

那是1968年，葛根住在呼市的希日图召，住的外面的东房全堆着经书，很多都是用金粉写的。

后来，没人伺候他了，也不给发工资了，供应的东西也不多了。肉、奶食什么的都是我们这里送过去。喇嘛们给戴上个紫帽帽斗一顿，什么也不给。每个月就发个十来块钱。我晚上坐上火车去看他，记得是快车4块6，一顿饭3毛钱，下了车再坐公共汽车去旧城1毛钱。一年去个八九趟。

“文化大革命”的时候，喇嘛衣裳不让穿了，大爹就把自己的喇嘛衣服给一条条拆下来，说可以给孩子做衣裳。大爹让裁缝做好衣服后，把布条条都留下。

人家问，留下这个做甚啊？

大爹说，我们闺女会做，她拿回去给孩子做衣服，布条条可以做坎肩，给娃娃穿。

那三个儿子的裤子、褂子，都是靠大爹这么救济哪。

葛根也是个好大夫

斯庆格的爷爷过去是西公旗的呼修杰和日勒旗，相当于现在的副旗长，是这里的大户人家，牛群、羊群都有，还有管家。属于姓郝的那个苏木的。娶了大老婆不生养，只好同意给娶个小老婆。那个时候说，从太阳升起来的地方，就是从东面娶来的媳妇，可以生儿子。管家的老婆引上去了土默特旗，在那里娶回来一个女子。这才养下了。

大老婆很厉害。管家的老婆后来又看上了东面的一个漂亮姑娘。大老婆说，不行。就继续往东走，又看见一个姑娘，不如第一个漂亮。大老婆看上这个了。说是为了生儿子，又不是为了别的什么。

爷爷的个子非常高大，生下来就是查干喇嘛[①]。这个人的文化水平很高，甚也不做，就是打猎。那还是清朝的时候，让他当官，不做，就喜欢打猎。坐的、卧的不打，只打跑的猎物。有一次，说是王爷过来看见查干喇嘛的马子在，就叫上查干喇嘛过来。他只好去了王爷那里，当秘书。就写了几天字，跑回来了，还骂那个马子。

葛根是爷爷的叔伯哥哥。葛根的母亲是大老婆，生了葛根和他的妹妹。小老婆生了很多，包括郝振华。郝振华是黄埔军校毕业的，

① 查干喇嘛：意为白喇嘛。

在日本学医后回来在东北战场被俘虏。听说改造以后，给了师级待遇，但是坚决返乡。后来自己得了胃癌，自己治疗。自治区来人要他的方子，就是不给。他说，我天上飞过，地下跑过，现在你把我圈在这里，我干嘛要把方子给你们留着？

葛根也是个好大夫。胃穿孔的病一服药就好了。“文化大革命”的时候，葛根的秘书对老人很好。后来，葛根把自己的秘方留给了秘书。有人来问我们要药，也按那个方子抓药，二三服药就好了。

那个时候，葛根病了，但还能挪动身子。他以前没有这个病，是“文化大革命”时候把房子给了别的干部，自己移到没有炕的房子里，睡木床受寒，落了个抽筋的病。葛根犯病的时候，就这样把腿和手举起来，抖着。

我每次一听见他说话的声音不对劲，就赶快用胳膊和腿压着他，就会慢慢过去。

去呼市伺候了几天。队里追查，只好回来了。刚回来没几天，大爹自己在家里，坐在床前跌在地下，摔坏了。估摸也是看见闺女走了，心里带了气。这一次摔得没法动，就瘫痪了。瘫痪了 3 年。我们只好雇一个人照顾他。一个比葛根还大几岁的喇嘛，图尔古特人，来自西藏的喇嘛。

那个喇嘛转的地方很多，见识广。喇嘛和葛根一天到晚就叨唠神、鬼什么的，别的不说。老汉去住了 40 天，就听了他们 40 天的鬼和神。喇嘛伺候葛根，直到走。

我说，你伺候大爹走了，你来这里我伺候你走。

他说，你们已经戴了“帽子”，我去了给你们增加负担，等你们摘了“帽子”，我再去。

这个老喇嘛也是在那个庙里没的。

我以前和那些迷信的人打交道可多了，那会儿不相信那些人的话。现在，我可真想问问他们鬼到底是个什么样子。

葛根快走的时候，我去问他，将来找个干净的地方，放在哪里？

他说，就在庙的山里那个石头坷佬佬的地方，如果不行，就放到盖场房的那个地方吧。后来就放在那里了。

葛根走的时候，用过的私人物品都给没收了，说是给单位分。

我说，这是私人物品，为什么不给家人？我就把那些东西给锁住了。单位也给锁上了。就这么上了两把锁，谁也开不开。骨灰盒开始也不给。过了几年，才通知可以拿骨灰盒，私人物品也全给了。

葛根病了以后，主要是腿不行，最大的愿望，就是引他到东北一个地方洗温泉，说没有别的毛病，到那洗了温泉，腿就好了。我只能来回跑，老汉戴了“帽子”出不来，谁也没有办法带他去泡温泉。

那个时候，葛根存下好多布票，还说等腿好了以后，小子过来可以自己去买东西。

说着，老人拿出一套自己做的刺绣来，是八骏图。老人指点着上面的图案说：这个中间是皇帝、皇后，还有龙、凤，中间是火。

一共做了 3 套。一套供在五当召，一套供到新疆的一个庙里去了。

我们看不惯奇俊峰

他爷爷看不上跟前的女子，娶的是达拉旗的，也是那个地方当官人的女儿，叫宝银宝力格，就是富裕的泉水的意思。有一个牛年闹革命，已经是近百年以前的事了，蒙古国过来人把梅力更庙给烧了。葛根的妈妈就把宝银宝力格的白房子给拆下，给庙上盖了房子。

有人说葛根：你一辈子念经，能念出个什么？有什么用啊？

葛根让他去 7 个寡妇家里，从每个寡妇家里拿一根针。结果只拿来了 6 根。葛根说，6 根行了。就把 6 个针头攒在一块念经，念完后把针慢慢地扔下，6 根针就变成了一个小斧头，上面还有一个豁口，因为差了一根针。

你们也了解郝云龙和奇俊峰吧？我问。

知道。这里的老人都听说的。郝云龙把奇俊峰杀了。我也看不惯奇司令。

贵族和贵族，台吉和台吉，可以经由。奇司令没有生育，她的那个小孩也不是从贵族家里经由的，是从汉族家里经由来的。

西公旗王爷夏日布的大老婆是牧民的女儿，生了个儿子，后来和他的儿子都死了。二老婆叫花日哈腾，我们都叫华日太太，没生养。奇俊峰是三太太，也没有生养。第四个老婆叫乃玛金，是白彦花人，可漂亮了，也没生养。

奇俊峰的儿子是从包头经由回来的。奇俊峰说，是自己养下的娃娃。可是有人看到她经由了小孩过来。日本人来之前，她跑到陕坝去了。孩子 12 岁了回来的，但没有那个印章就没法坐王爷的位子。

这个小子的老子来认儿子，奇司令不给。小子的老子就向东官府告状说：我的小子做了王爷，我到了这里连口水也没有喝上。

奇司令往东走的时候，郝云龙就在半路上把她拦住了，软禁了。

奇司令的人把东官府给围住。郝云龙去问东官府怎么处理奇俊峰，东官府让郝云龙杀了奇俊峰。

郝云龙也问奇俊峰：杀谁？

奇俊峰的意思当然是把东官府的人给杀了。

郝云龙杀了奇俊峰。

要是按照奇俊峰的意思，杀的人就多了。

郝云龙没有小子。东官府说，你要是杀了奇俊峰，我就经由一个孙子给你。杀了奇俊峰后，东官府的两个孙子一个也没有经由给他，倒是把一个孙女给聘过去了。

郝云龙，大高个，眼梢向上，自然的卷发头。当保安司令的时候把土匪收回来，管住了，牧区安宁了一点。郝云龙之前，这边土匪很多。这个中滩尽是土匪，先锋、黑柳子都是土匪窝，牧民的羊、牛，尽给土匪掠走了。我婆婆家的羊黑夜里就被土匪叼走过。现在黑柳子的公路，以前是土匪走的路。一天来了 3 个，把我爷爷的 80 个马子给叼走了，只留了一个马子。我爷爷空拿着套马杆回来的。现在丢只羊都很伤心，那个时候丢一群马，不知道怎么伤心呢。

我看过那个写奇俊峰的电视剧，里面有很多不对的。

看来，对于郝云龙有很多不一样的观点？我问。

老人点点头。

葛根的小名叫白馒头

讲讲你们的家世吧。我说。

青格勒巴图拿出了一个写满蒙文的小本，说是抄的家谱。老人看了看，继续说。

青格勒巴图爷爷的爷爷，曾祖爷爷，叫淘苏布日，是旗的海里亨。这是一种官名，翻译不过来。以前问蒙中的校长，人家是大学本科学的翻译，也翻译不出来，说不清楚海里亨到底是什么意思。

祖爷爷叫桑普里淖日布，是西公旗的公理台吉，也叫协理吧。他们弟兄两个，弟弟叫额日赫芒格莱。

青格勒巴图的爷爷叫查罕喇嘛。

葛根的父亲叫额日赫芒格莱，说不清楚做什么的，是本地的贵族。

葛根的小名叫查干曼图，就是白馒头的意思，做喇嘛的名字叫嘎拉森丹毕嘉拉森。葛根也是弟兄两个，哥哥叫桑比勒淖日布，是西公旗的台吉。

葛根同父同母的只有一个妹妹，叫娜木桑。

娜木桑还有个小子，叫当斯仁，可聪明了，什么书看下来，都过目不忘。也是个小活佛喇嘛，额尔登宝力格的活佛。

解放以后，当斯仁就还俗了。在兽医站工作。结了婚，有3个女子，1个儿子。自己后来病死了。最小的女子在临河念书，当初说要经由给我，说你没有个女孩，我死了也没有人照顾她。我说，你活着就别给我了，等你死了我肯定照看。一九八几年的时候，他老婆先死了，这个闺女发高烧，16岁时死了，当斯仁没多久也死了。

说着，老人拿出当斯仁的照片给我看。那是个非常精干清秀的男人。大眼睛很有神，看样子很善良。不能想象这么一个人的家庭，竟然有这么多的不幸。

葛根的同父异母兄弟有几个。一个郝振华，蒙名叫西日喇嘛。还有乌能德力格尔、刚其格斯仁、巴布道尔吉。

葛根在梅力更庙上办过一个学校、一个毛织厂、一个皮靴加工厂。学校吃住不要钱，主要教蒙语，还教过算术。一个在这个学校里学习过的学生，后来去了北京，成了大学生，现在在民族出版社工作。

老汉斯庆格，当过国民党的保长。刚解放的时候，是旗里的粮食局局长。那时候，粮收回来，没有放的地方，就放到庙上了。乌盟的盟长比力格巴特尔过来批评：粮食哪能放到庙上？结果倒了一个地方，粮食做害得不成，浪费了。

老汉一气之下，不干这个局长了，就去文化馆做馆长。文化馆里面唱戏的乱七八糟，馆长这个差使也麻烦。不干了，就在旗里当蒙汉翻译。

娜布沁格日勒，就是树叶子发光的意思

您自己哪？我问。

老人笑了。

我叫娜布沁格日勒，就是树叶子发光的意思。72岁了。

聘的时候，葛根也来了。

葛根一般不能回家，回来最多两天，就要回去。回家带着很多人，还有仪仗。先要把佛像引在前面，后头是葛根骑着马，有人提着香炉，有人打着黄色伞盖。今天来，第二天就走了。

以前，葛根有好多徒弟。解放了，就散了。

有一个徒弟叫孟克吉日嘎拉，葛根像对亲生儿女一样对待他。解放后，还送他去读过中学，还帮助他结婚，给他娶老婆。可是，"文化大革命"时期，葛根倒霉的时候，这个最亲的徒弟走了，再也没有回来过。所以，葛根才过来和我们说：我老了和你们住在一起，你们盖房子盖得大一点。

在呼市的时候，很多人都找葛根看病。葛根还担心人家说闲话，就把两个板箱子的药都放在庙上了。那个时候，每年五月端午，他都上乌拉山主峰大桦背采药，有100多种。

东西倒是无所谓的。生命最重要。

娜布沁格日勒老人说到这里，沉了沉，然后又说起来。

我们家族是外蒙古来的，我这是第六代了。祖上是成吉思汗的十户长，和蒙古的皇帝搁不在一块，就来了内蒙古。西公旗有个叫桑布淖彦的官。我们祖上的人娶了桑布淖彦的奴才，也就成了他的奴才。那一代有10个孩子，有一个是要来的，可能是宁夏回民那里经由的。

因为孩子经由过来了，那个回民孩子家里的人就开始到这边做生意。从包头过来，用骆驼驮货。一年到头，从包头拉到西面，再从西面拉到东面，不知道多少骆驼。我们家人就黑夜里给人看骆驼，人家给大洋。所以，我们这个家也逐渐有钱了，羊也有了，马也有了，牛也有了。

这个经由的孩子娶了个蒙古女子，没有养娃娃，就又经由了一个蒙古娃娃，也是从那9户人家里经由的。这个蒙古娃娃就是我爷爷。到“文化大革命”时候，被打成牧主。其实，都是自己劳动攒下来的。

爷爷生下4个小子、两个女子。两个小子当了喇嘛。三爹当兵，在东官府看门，背着个枪。

爸爸是老大。我小时候调皮，那个时候家里700多只羊，每天早上起来就揽羊。揽不住啊，小娃娃没办法。

爸爸给我起了个外号叫阿拉腾嘎德斯，就是马桩子的意思。

说到这里，老人大笑起来。

过去的草好，牛一天挤两次奶，就没时间休息。40来头牛要挤奶，3个人挤完奶还要墩奶子。奶子吃不了就要墩。柜子里的奶食品满满的。记得打仗的时候，把能放90斤的口袋里放满了酪旦，一共放了4个口袋，有酸的也有甜的。我们装上往山里跑。

在山里，三妈生孩子。那时我10岁，每天给三妈熬稀粥，天天吃烧山药。现在，一点土豆也不能吃了。

15岁那年的春天，旗官府的三儿子说要来娶我。那个小子有点调皮，我爸我妈不给。不给人家也要，把聘礼放在家里就走了，说那天定婚了。我妈没办法，姥爷来了还说我妈。

冬天，解放军来了。正好那个三儿子的眼睛瞎了。大舅说，先治好眼睛吧，女子已经聘了，怎么都是你家的人了。这样15岁时没有娶成。

解放后，宣传自由恋爱。我大舅就把他们家给的那个聘礼退回去了。说，让娃娃自个决定吧。

已经有小学了。我很喜欢念书，就去念书。学校在小庙沟，校长是那个三儿子的哥哥，他说我年龄大了不要我。可是，里面有比我大的也在念书。前旗就那么一个学校，没办法。

回来了，我就是想念书。东官府自己家里请了老师，给孩子和跟前的人教汉语。我妈说，去他那念书吧。就和他的孙女一起住，念汉文。念了一个月，说老师是个反革命，抓走了。我就没地方去了。

后来，恩克巴雅尔旗长来了。

那个时候的旗长每天下乡，为人民服务，吃饭不给钱还算贪污。我跟他说，我想读书。他答应下来，说准备送几个青年去学习，回来后当干部，那是1951年。我妈不让走。恩克巴雅尔说，我们的数目是定的，缺一个人怎么行啊。我妈让媳妇走了。媳妇出去学习，当了干部，后来离婚了，当了别人的媳妇，那人现在是个大干部。

邻居向解放军的一个指导员说，这个女孩想念书没念成。指导员就到了家里和母亲说，昆都伦那有学校，甚也不要，拿上铺盖走就可以，出来也可以当干部，参军也可以。母亲就是不让走。

我就是太听话了，说不让走就不走。现在可恨母亲了。

那家的头戴好，都是金的银的

到了夏天，母亲说给我说下女婿了。

我哥当了干部，跟妈妈说，妹妹大了，让她自己找吧。

妈妈说：那家的头戴好，都是金的银的。我哭得不成。

我就是想不通，成天愁得不成。17岁了，女婿还在念书，我说这是图甚呢。

17岁聘成了，和人家一起住了3年多。我和妈妈没说，要求离婚。

我那个时候不会说汉语，找了一个老师给当翻译。法院里都是汉人。我说：我想读书读不成，父母包办了婚姻，我想离婚。

在那家里生下一个小子。他家最想要那个头戴，都是金银珍珠做的，那个头戴可贵了。我甚也没要，就回娘家了。养下小子，没奶，儿子放在娘家，喝牛奶养大的。通过法律，男的把头戴要回去了，儿子没有要。孩子是在姥爷家长大的。

做闺女的时候，要的人可多了。成人家的媳妇了，就没人要了。以前不知道这个。离婚的时候，法院的汉人认识斯庆格他爸，说有个离婚的媳妇可好了，快找吧。

这下和斯庆格结了婚，生下 3 个娃娃。“文化大革命”中被当作牧主斗了。“文化大革命”后到北京十三陵做买卖，又让人给骗了。我这就 72 岁了，甚也没学下，现在甚也做不了了。

老人望空叹了口气：就是没学习。

一九七几年的时候，大爹跟斯庆格说，户口拿来，我给你全办在呼市。他就是不去，因为当时在呼市都是吃玉米窝窝，还定量。他胃不好，不当干部了。

打右派的时候，他给人家写右派材料，写完材料跟旗长说，这个人的材料不够右派。

旗长说，不够就加点。

斯庆格说，那哪能乱加？

旗长说，不加，小心你也成为右派。

斯庆格一怒就不干了，回牧区了。

不想，后来牧区也开始搞了。一下子给戴了 7 顶“帽子”：牧主、苏联特务、日本特务、“内人党”、国民党保长，还有什么的。

后来就放牧。大集体挣工分。年年下个一百四五十个羔子。一年下来，就要把羊群分开，把好羊留下。我在那站着一叫，羊听见我的声音就上来了。我那个羊确实是好羊。坡坡上和我住的六七家，就我家羊的颜色最好。

家里那时有个狗叫阿狮龙。那个狗子可好了。下羔子的时候，就给围好。一次，我把一个包包忘在树上了，这个狗在那里看了一天一夜。每次我喊羊的时候，狗就去把那些不听话的小羊羔给断回来。狐狸多，要是没有狗，很容易丢羔子的。

有时候我对阿狮龙说，我断这群，你断那群。它就知道了，像个牧民一样把羊给断好，还在回来的路上等我。

我们有个邻居，张三户。解放前，两家可好，把孩子们都领在家里。可是这个狗就是不让这个人进门。他以前给抓了壮丁，回来的时候什么也没有。我和婆婆放着庙上大爹的羊，他也帮着。放了几年，他说想找老婆，要我帮找一个。我们就帮助给找了一个，是个蒙古人的闺女。“文化大革命”的时候，他说他是我们的长工，给他娶的老婆也是我们的一个长工。就这样，我们成了牧主。

这个狗眼可真厉害啊。

有人要来听房，这个狗咬得不成，得罪人了。

老汉挨斗，红卫兵杀不了狗就打老汉。老汉回来说，是我重要还是狗重要？

我没办法，就把阿狮龙送过去了。狗走的时候，也掉泪了，知道不行了。打的时候，就趴在那里，一动不动，让红卫兵给杀了。

我把那个狗头放在山上，把狗皮做成褥子，哭了两天。

从那以后，喂不成狗了。放羊还是得要狗，可是别的狗都待不住，跑了。我还跟孙子说，要给这个狗做个歌子：有这么一条好狗，它的名字叫阿狮龙。可没人做。

阿狮龙的毛特别长，眼睛很凶，脖子下面有一条子肉，和牛一样。家里没人，谁也不让进。

我在家里的时候，吃的都是好的，嫁到他家里来吃苦了。来的时候，床单、枕头是新的，褥单子是新的，就褥里子是旧的。

现在人老了，天冷的时候，老想我小时候的袍子，长毛的、短毛的都有。哪像现在的东西，薄薄的不管用，多穿几件又笨得慌。

娜布沁格日勒老人说到这里把自己抱紧，好像很冷的样子。

怀念喇嘛劳布生僧盖

“在他去世前一个月，我们还见过。”娜布沁格日勒老人这样说，他们一家都在怀念喇嘛劳布生僧盖。

喇嘛劳布生僧盖是后来唯一在世的能够诵念全本蒙文《大藏经》仪轨的僧人了。

我曾经去过僧盖的家里，一个很普通的院子，几间并排的土房，屋子里很干净。

我们见面的时候，喇嘛劳布生僧盖 76 岁，黑黑的皮肤，身材高高的，很精神的样子。

僧盖说，以前内蒙古师大和内大的专家曾经来整理过有关资料，但是只整理了三分之一。还有英国、新加坡、日本和蒙古国的人来。特别是一个英国女专家，会讲蒙语，来了很多次。但是他没有告诉他们什么。他还保存了大量的古经文。

我们相约一定要把这件工作做好。我着力向国家有关部门报告，报告得到自治区民委和宗教局的支持，特别得到国家文化部领导的支持。就在这一过程中，不过才两个多月的工夫，喇嘛劳布生僧盖突然圆寂了。

我专程去了他家里吊唁，见到了他的两个女儿和两个外孙。他们说，老人一直在等着我。

我不能在这里掩饰我的悲哀。

一种辉煌文化最后的传人，就这么瞬间消失了。要知道，在极盛的时代，内外蒙 2500 多座藏传佛教的庙宇，都是按照梅力更葛根的方式诵经、祈祷、跳金刚舞……

我不知道该如何抚慰这位老人的在天之灵，也不知道如何抚慰他泪眼盈盈的家人。也许，把他的孩子们给我讲述的这个多少有些传奇的老人的简历记在这里，可以算作是一种纪念吧。

劳布生僧盖，1931年阴历二月五日出生。3岁的时候，父亲当兵，一出门就再也没有回来。小时候没有念书，7岁在乌拉特西公旗乌日图嘎查的加斯穆勒庙里出家。学经，还学医，师父叫劳布生道尔吉。

15岁时学会了所有的经书，全部能背下来，可以代表师父单独出来诵经。

内蒙古解放的时候，1948年，因识字懂医，就招干在乌拉特中旗畜牧局的海流斯太兽医站做站长。还俗了，曾去东北学习。当了20来年的干部，据说还有提拔做副旗长的机会。因为从小在母亲身边长大，母亲在前旗，一直身体不好，自己也脾气倔强，一咬牙就把工作辞了，回到母亲身边，还当了生产队长。

当干部的时候，认识了达茂旗的一位下乡女干部，结了婚。妻子没的时候，留下了3个小孩，当时儿子3岁，两个女孩子一个5岁，一个9岁。3个小孩都是他自己拉扯大的。

“文化大革命”时不让念经了，他坚持自己在家里念经。放羊的时候，跑到外面去念经。他在山洞里面保留下不少经书。

抓“内人党”时，他曾上山想自杀。想起家里的孩子还小，没有自杀成。就在外跑了一年多，等这个事件过去，才再回来。

改革开放后，梅力更召重建，要老汉回去当喇嘛。老汉每天黑夜里自己抄经书，带了20多个小喇嘛做学生。后来因为种种原因还是回了家，在家里继续自己的修行。其间，接受过英国牛津大学的教授等专家的探访，倍受尊重。

我一直挂怀的是迄今已有300余年的几世梅力更葛根的心血——蒙文诵经仪轨，并和旗民宗局一起曾专门起草了《关于抢救和整理乌拉特前旗藏传佛教蒙文诵经民族宗教文化遗产的紧急报告》，力图申报国家“非物质文化遗产”项目。报告里写道：

在以蒙古族为主体民族的乌拉特地区，藏传佛教是主要宗教之一。自梅力更召（原乌拉特西公旗旗庙）建召初始，蒙文译经、诵经就成为该召传承藏传佛教的独有方式，迄今已有300余年。梅力更召及属庙的蒙文诵经，不仅在中国，就是在世界也是独一无二的；蒙文翻译的大量佛教典籍、经卷成为我国民族宗教文化遗产中的宝贵财富；蒙文经卷及标准的吟诵方式已逐渐融入了当地信教群众的民族风俗、生活习惯、道德规范、文化艺术等中，成为我国民族传统文化的重要组成部分。因此，整理和保护蒙文经卷及标准的吟诵方式，保护和传承这一民族、宗教、蒙古语文三位一体的民族宗教文化，是我们义不容辞的责任。这必将有利于促进民族地区的经济、文化和社会发展，调动信教群众建设社会主义和谐社会的积极性和创造性，促进民族团结，维护边疆稳定。

2013年5月，一个前旗朋友来京告诉我，当年僧盖掌握的经文基本上都整理出来了。

一生中的黄金时间就是知青那段

乌拉特前旗是个文化底蕴深厚的地方，画画、写字、作诗的人很多。这里记的是一位得过自治区和国家级奖励的当地画家班头。他回忆起来说："一生中的黄金时间就是知青那段。"

乌拉特前旗旗检察院等几个机构联合举办了一次反腐倡廉书画展。展会上，我看到一幅名为《乌拉山》的国画，角度是从空中对乌拉山的俯视，全不像以前看的那种壁立千仞或松柏常青，而是几笔勾勒出来山的走势，颜色也都是用的土黄、赫青什么的。画幅虽然不大，一种灵气呼之欲出。我问文化局局长画的作者是谁。局长说，这是本旗文化馆的一位画家，得过自治区和全国奖。

第二天，在局长的安排下，这位画家来到我的办公室。他叫赵旭方。瘦高的个子，皱皱巴巴的白衬衫，一头可能怎么也不会梳理整齐的乱发，一脸的羞涩，不停地抽烟。与其说是个艺术家，不如说像个一直没毕业的高中生。

但是交谈没有任何障碍，赵旭方十分坦诚地说开了。

中学美术组的那几个人后来都挺出息了

我的祖上是山西忻州人，清朝末年来到绥东地区，就是现在的乌兰察布盟。那一代应该是爷爷的父亲。

父亲1948年来了河套，现在的杭锦后旗。他在呼市初中毕业，到杭后参加国民党的河套行政公署工作。那个时候，这个地区是董其武部队，傅作义在北京。

1949年9月19日随部队起义后，父亲去了当地的税务局。

母亲的老家是河北省定兴县的，姥爷那时候在修京包铁路。较早开发河套的汉人叫王同春，是河北人，所以这里河北老乡多。冯玉祥后来有本回忆录，说王同春是个“民族英雄”。王同春大概是清末过来的。姥爷也是看这边不错，就留下来，开始种韭菜，靠着种韭菜发了家，成了当地的一个小财主，慢慢地就把老家的亲戚都弄过来了。

母亲念书念了5年，解放了。

我是1956年在杭后生的。1959年，河套行政区重新划分，父亲调到安北县，我就随父亲一起过来。1963年上小学，还经常回杭后。抗战的时候，傅作义留下的东西挺多，给我留下的印象很深。

舅舅是个画画的，过去是个教师，在杭后。他经常给影剧院画广告什么的，我也受他的影响。

小学的时候就爱好画画。初中的时候，有个叫肖云升的，是乌拉特前旗一中的老师。“文化大革命”时给打成了“黑帮”，从巴彦淖尔盟发配到旗一中。他原来在巴盟群艺馆，是搞版画的，30多岁，已经有点名气了。他在一中教美术，成立美术组。当时有六七个学生，都是十五六岁。这个组里的学生后来都挺出息的。

赵文华，现在是青岛大学美术学院教授，画油画的。

谷彦彬，是内蒙古师大国际设计学院院长。

“文化大革命”中，我们出“大批判”专栏

“文化大革命”的时候搞大批判，画宣传画，提个铁桶，满街写

标语。主要是批林批孔。前旗一中在街上有个“大批判”专栏，我负责版面设计，画宣传画。一个月出一次。临出的时候，可以不上课，我就连夜加班。想起来，当时很疯狂。

各个单位都有自己的专栏，数一中的最好。我们的专栏一出来，看的人很多。看的人多了，就有动力了，下次就会更努力地画。

我们四五个人一起搞。其中有一个叫杨章会，负责板报。现在是巴市书协副主席，内蒙古十大青年书法家之一，中国书协会员，在内蒙古很有名气。他的字就是那会儿练出来的。

还有一个抄板报的，叫张文斌。当过旗委机关党委书记，现在不知道去哪里了。

现在都没有这个舞台了。那时学校全力支持。我和后勤的人说一声，要甚给甚，钱也有了，甚也给买下来了。那是头一号政治任务。

我那个时候有点名气，和学校的团领导很惯的。一次开团员会，校团委书记问我：你怎么不去开会。我说：我不是团员。她很惊讶：你怎么不是团员？同学里农村来的多是团员。我们这些城里的，家里多少都有点问题。

临毕业的时候，团委改组，准备发展我入团。一看我的外调材料，父亲过去参加了什么反动团体，属于国民党的旧政府职员。那个时候搞“群专”，还住了好几年牛棚。

1972 年初三，巴盟师范到一中来招生，200 多参加考试的一共只有 5 个合格。一调查，4 个家庭有问题。政审不合格的就打下来，包括我在内。走了两个，一个是谷彦斌，一个是赵文华。谷彦斌父母也是“黑帮”，但他入了团，所以让他走了；赵文华的父母是一中的老师，也让他走了。

打下来的 3 个，一个叫李若愉，女的，父母也是“黑帮”，家庭问题受牵连。还有一个叫乌恩，蒙族人，现在是内蒙古民族学院教务主任或副校长。前几年乌恩还来前旗挂过副旗长。当年他父母是

“黑帮”，父亲是“内人党”。

审查的时候，肖云升老师想替我们向招生的老师说情。招生的老师一点也不客气：你就是个“黑帮”，你教的几个学生也都是“黑帮”。

没考上，很伤心。当时的社会环境就是那样。

说到这，赵旭方使劲地摇了摇乱发凌空的头。

学画画是很偶然的。小学的时候，成立美术组，全校搞写生比赛，画一个笔筒。老师就让我去。我和两个同学一起去。我们去晚了，在最后一排坐下画。我一会儿就画完了，有个同学根本就不会画，我帮他又画了一张。后来公布结果，美术组选中了六七个人，有我，还有那个同学。那个时候，小学美术组主要是画漫画，讽刺不正之风，也画些好人好事。

进了美术组，第一次，让我画漫画。我就画亲身经历：一次在路上看到一个老人背粮背不动，我们几个小孩就帮她背回家。交上去，老师很高兴，就登在学校的板报上。从那时候开始，我就喜欢上了画画。

我从小就出板报。小学出板报，中学还是出板报，现在在文化馆搞展览，其实还是出板报。

下乡的时候编一个知青小报，叫《山花》

1974 年 7 月 15 日，我高中毕业，就下乡。好像是最后一批下乡，那已经不是插队了。到了旗商业局办的一个知青点。

这时候，父亲已经从牛棚出来。牛棚，那个时候不叫“牛棚”，而叫“毛泽东思想大学校”，那是很严肃的事情。邓小平出来主持工作的时候，政治环境松动了。父亲参加了工作组，就挂在商业局。我就参加商业局的知青点，一直到 1981 年。

我们这一去甚也没有，都是现搭的帐篷，新建的厂。厂长听说我会画画，就让我搞厂区规划。大家也都满怀雄心壮志，还出了一个知青小报，叫《山花》。每个月一期，各个知青点交流。前旗的知青点有七八个，都有自己的小报。

小报内容挺丰富，有散文、诗歌、民间说唱。我还想办法弄成了油印版，套色油印。一期十来页，每年 12 期，连续出了 4 年。大小咱也是个主编。

赵旭方高兴地冲我笑了笑。

现在还留着吗？我问。

赵旭方的高兴劲一下子没了，很遗憾地又使劲摇了摇头。

都是我一个人干，版面设计、编辑、刻板，都是我一个人。厂里也是为了省钱。内蒙古知青办下来视察的时候，看见这个，挺感兴趣，就全拿走了。

如果能留下来，一定是那个时代最珍贵的记录之一了。

人一生中的黄金时间就是知青那段

厂里还成立了一个文艺宣传队。我们下来的学生都是一中的文艺骨干，有这个基础。在文艺宣传队里，我还当编剧兼道具设计、制作。反正是在农村演，也没个甚。编点相声，数来宝，三句半，串口词。

在一中的时候，我还是一中“鲁迅学习小组”成员。一中的老师写信让我写点东西。我就把那个相声寄过去了。后来他回信说，把我那个相声寄给了《华北中学生报》，给登了。我那个相声就是讲一个中学生的下乡过程，怎样把厂子变成了家，题目就叫《家》。

我们那个宣传队，经常去工地演出。一次演出的时候，我正好得重感冒，硬撑着演下来，回来昏迷了两天。那个时候天寒地冻，比现在冷，都是冬天演出。

我们的宣传队开始有点名气了，旗里就让我们去巴盟参加一次会演。

要修水库了，就是修红山水库。各公社都要派人去。要派车、派牛拉土。我们厂里没有牛，就派了 4 个人去村子里换了 4 条牛。这 4 个人是去村里给老百姓打井。这叫换工，牛都有编号，谁换来的都有对应。

我在工地上赶的那条牛是条很大的黑牛，换工的叫李义，也是个黑大汉。我们就说，这条牛就是李义。

说到这，赵旭方快乐地笑出声来了。

知青那段很有意思，人一生中的黄金时间就是那段。

水库指挥部也出了一份报纸，叫《红山快报》，就把我抽到那个指挥部里搞报纸，也是版面设计、刻板。一个负责人叫任德云，老三届，是一中的高才生。别人出报纸，都是写好，修改了再上。他不是，就是躺在指挥部的大通铺上，他说一句，我刻一句。有的时候，还一边和人下棋，一边给我说。我就盘腿坐在一边，刻蜡版。刻完了，给他念一遍，就行了。中午印，下午发出去。就一页纸，内容多的时候两页纸，每天都有。我在那边帮了半年忙。

还有陈春明，也是老三届的，是“文化大革命”时候前旗一中的造反派司令。他最红的时候，父亲给打成“黑帮”了。人们传说，他父亲是刘毅的秘书，刘毅是上海国民党将军。本来是造反派的司令，正到处带人斗人，突然父亲成了“黑帮”了，只好赶快跑。跳上火车，想起来没带衣服，又想回家来拿衣服。可火车不停啊，就跳车。一跳，正好撞在火车道旁边的水泥桩子上，把鼻梁骨给撞断了。人们以为他死了，还贴大字报，说“黑帮分子”什么什么的。没想到，后来又给救活了。这么着，他属于残疾人了，到指挥部来帮忙，主要到下面采访点消息，也帮助写点文章。

这个人数学学得好，下乡以后，一次参加考试，考了巴盟第一。

佘太的书记以前是和他对立的那一派，就是不让他走。后来到学校当了校长，就在那里退休了。

造反派头头大多是好学生，在学生中有威望的，一般人还当不了。

既然是养鸡的，就画养鸡

1979年自治区有个科技美展。那个时候搞美展是国家出钱，组织画家集中创作。我接到通知，就画了一幅草图，一个老饲养员教小饲养员养鸡，题目是《初春》。

我在的繁殖场，那个时候副食紧张，商业局管副食，所以搞养殖。种饲料地，也放羊，养鸡，养兔子，养猪。进口猪进来的时候很壮，让我们养得瘦骨嶙峋，我们叫它“断狼猪”，是说猪瘦跑得快，比狼还快。家兔喂成野兔了。鸡不在鸡场里下蛋，到处乱跑，有的时候就到我们铺上下蛋。

把那个小样送到盟群艺馆，正式的名称叫内蒙古科技美展巴盟组委会。周凤生看了很感兴趣，他是群艺馆美术部主任，也是巴盟美协主席。

这以前，有个全盟的美展，也是集中创作，我参加了。画了一幅画，也叫《初春》。知青已经开始回城了，恢复高考了。我画的是，老师在考场遇见了自己的学生，他们有的是士兵，有的来自农村，有的来自工厂，考前又相聚在一起，意思就是教育的春天。当时，我自己的感觉很好。那是一张工笔画。“文化大革命”时候，画工笔的多，因为比较保险，成功率高，能修改。前旗的老师对这幅画感觉也很好。

画交上去了，领导来审画。我第一次见到周凤生。他问我，你干什么工作的？我说是养鸡的。他说，你是养鸡的，不画养鸡，画这个干什么？我说，我不喜欢养鸡，看着烦，我就喜欢这个。他说，你既然是养鸡的，就画养鸡。明天拿一个小样出来。

听到这里，我突然想起中央提倡的“三贴近”。这不也是“三贴近”吗？前辈们早就说了，我们党从来就提倡生活是文艺的源泉，要从群众中来，为群众服务。

赵旭方并不知道我想什么，继续说自己的。

我和一起来的同志一说。他们都说，别管他，这幅画很好，你就画这个。第二天，周来问我，小样出来没有？我说，没有。场里就给了我这么点时间出来，我没有时间了，就这画吧。周一听说，对不起，那我就枪毙了。这幅画就没有能参加全盟的美展。

第二年，参加科技美展，我吸取了上次的教训，画了养鸡的。我画得很上心，周凤生也满意。

这样就抽到盟里参加科技美展创作组。一个旗县二三个人，一共二十来人。画了两个多月的《初春》，就是我交的那个小样，后来入选全内蒙古的画展。

这画是写意的。一个老汉，一个小姑娘，百十来个小鸡，各有神态。那个小饲养员是个小女孩，小鸡都是雏鸡，就是这么个寓意吧。画面很生动的。

就画自己身边的乌拉山、乌梁素海

这次和周老师待了一段时间，他成了我的老师，对我以后的创作有决定性的影响。他特别教育我，创作要来源于生活。以前的老师都是教些美术技法，从这开始，我开始搞创作了。以后的创作，都是反映自己熟悉的东西，人物是自己熟悉的，山水就是身边的乌拉山、乌梁素海。

说到这里，一直摇头晃脑的赵旭方的神色郑重了许多。

恢复高考的时候，准备高考。那正是场里最忙的时候，只给了我4天假。考点在明安乡，连夜坐火车去的。

那年我准备报的是美术院校。考完之后，才知道没有美术院校，白考了。1978年有美术院校招生，专业考试过关，进入复试了，文化课差了几分。复习时间太短，没走成。1979年又参加考试，也是内蒙古师大。在临河学习班期间，周老师是内师大美术系巴盟招生小组组长。素描，色彩，创作，速写，考到最后一门到时候，老师说不用考了，那年侧重招东三盟的学生，就是锡盟、兴安盟、哲里木盟的，“文化大革命”中归了东北。我们这里是走走过场，所以也没有考。再后来就超龄了。

还有两次机会。一次是天津美院给了我们巴盟两个指标。正好搞内蒙古自治区成立40周年展览，没走成。还有一次内蒙古师大搞成人高考，给我一个指标，我已经调到文化馆，工作正忙，也没有走成。后来参加一些函授的班，大部分都是自学的。

以前画油画，肖云升、周经络、周凤生，这几个老师都很厉害，所以我的基础还算扎实。自己也爱看书，主要是自学。我舅舅爱画画，他的书可多了。肖云升教我的时候，也给过我一部分书。过去政府大院的旧车库是教育局的库房，里面是破“四旧”时候收来的书。木头大门，关不严，经常进去翻书，看见好的就拿回来了。

1981年回城，去了商业局的服务公司。那段时间是画画最多的时候。心情好，经常出去写生。1984年调在旗文化馆。那时搞建国35周年前旗成就展，就是全旗的两户“文明户”和“万元户”的展览。我在文化馆的美术组当组长。文化馆的任务，一个是建设下面的文化站，一个是辅导乡下的美术爱好者。搞些创作，主要也是反映前旗的生活。

有过一幅油画，叫《饮》。那是一次到大佘太下乡，天晚了，走到一个水井旁，看到一个牧民在那里饮马。觉得很美，就给画了下来。这幅画后来在内蒙古西部美展得了二等奖。还有一幅叫《绿风》，题材是取材于阿勒奔那达慕大会套马比赛，也在全区文化群艺馆干部技能展演上获得优秀奖。

一九九几年开始，我们旗文物工作比较活跃，经常普查。在小佘太这个地方感触很深。小佘太有秦长城，汉代光禄塞古城，阴山岩画，好多汉墓，好多新石器时代的遗址。前旗是内蒙古的文物大旗。我对前旗的历史很感兴趣，近几年一直画这方面题材的东西。

画了一批油画，都是取材于小佘太的，像反映阴山岩画的《岁月留痕》等，有4幅画被北京一个出版社出的《中国中青年美术作品集》收录。

还参加了乌梁素海的旅游建设，在那里当前旗的景观设计、规划设计、施工时候的美术指导，大概待了两年时间。在此期间，白天黑夜在乌梁素海，对乌梁素海有了感性认识。有一次，乌梁素海祭敖包，看到蒙族家庭三代人换衣服，画了一幅《草原五月暖风来》，参加全国少数民族风情书画大赛，获了优秀奖。

乌梁素海边打苇帘，很壮观的。那些妇女的装扮很有意思。很辛苦，工作环境恶劣。去拍了片子，搞了创作，叫《乌梁素海编蒲女》，在全市画展上获了金奖，入选内蒙古第三届中国画展。

这些都是国画。表现乌梁素海，还是国画更有味道。

1989年成为内蒙古美协会员。那个时候的条件是，必须参加过3次区展。我差一次。周凤生说，赵旭方在群众美术组织工作方面是作出贡献的。这里有个农民画家杨永林，我曾经在前旗给他搞了书画展，还给他在内蒙古美术馆搞了个人书画展，当时很轰动。

画小庙沟，是一种祭奠

咱们这个地方，汉武帝时代是最繁华的地方，现在也是文化深厚，画画写字的都很厉害。

每年都组织采风，自费的。

前旗的地理环境非常好，地貌非常美。很多人住在这个地方，久了，就熟视无睹。现在中央美院的那些学生，技法都比我们强，但没有生活。我们这里有生活。

巴盟那些人很羡慕前旗，说前旗的这些作者相当团结。每次盟里一搞展览，都是前旗的最厉害。

我有一幅画画的是咱们乌拉山的小庙沟。那个地方以前很美，河湾转过来得很急，山上都是山榆。后来修公路，把山给炸了，简直惨不忍睹。那幅画实际上是一种祭奠。

那是个速写，技法不太追求，就是一种感觉，不太细致。

以前画油画，现在国画的构图都是油画的构图。

咱们这画画的有四五十人。

既然这么团结，为什么不搞个乌拉山画派或乌梁素海画派？我问。

他好像是从很远的地方望了望我。然后说：我很喜欢黄秋原，还有张力，他们的画都很有内涵，死后才出名。

黄秋原发明了一种山的画法，好像在中国画画山的技法体系中独树一帜。我说。

他点点头：南方的山和北方的山不一样。南方的山是穿衣服的，北方的山是裸体的，有一种苍凉感。怎么表达这个？我现在就想找到一条路子怎么画乌拉山。现在的东西，其中有很多别人的东西。想找出自己的东西来画，用自己的语言。

找到了就成大家了。我说。

他又点了点头说：中西画的区别，就是它的笔墨，西画比不了的。我也喜欢。现在，中国画的水平普遍提高了。长条条的少了，方的多了，也想学西画不用装裱，直接放到框里。

有时觉得现在的全国美展不该办，因为体现不了真正的水平。

好多名家办什么工作室，其实都是商品社会的产物。去那个工作室待一年，出来就有名了。

我画画就是因为喜欢，画出来就高兴。

前旗有一批不错的画家。画国画的有一个叫解鸿田，老三届的学生，是个很有思想的人。他画的全是乌拉山，都是大画。笔墨上有点欠缺，他就追求气势。文字也很好，有文才。

还有一个杨章会，是写字的，是国家书法协会会员。

我们3个是前旗的“三喇嘛”，关系相当不错。前旗书画界这么团结，和我们3个有很大关系。每次活动都是我们3个人。每次盟里搞展览，我们3个都去，有一个不去，盟里就问：那个哪去了？怎么不来？

我们的作品都不卖。没人卖，都送人了。

河北保定有个画派，画河北平原、收割后的大地、玉米、高粱、向日葵。咱们这是花葵基地，本身就是一个题材。

我们那有个学生，以前老画西藏题材。我说，你又不在西藏，你能画出来？这里有多少蒙人，你干吗不画？他说，咱们这里都是黄土嘎拉的，没有人家的好。他就是画西藏，画了好几年，没画出来。现在不画了，人都废了。

我也画过这边的少数民族。不过，这边的少数民族汉化得很厉害。有一次，我去写生，提前给乡下打招呼。第二天一去，倒是鲜鲜亮亮的，仔细一看，穿的都是戏装。我说这不行。乡里的人说，以前的那些服装早没了，现在谁穿那些东西啊？

其实，乌拉特蒙人有自己独特的气质，和东三盟的蒙人还不一样，很质朴、直爽，但也有些胆小。

书画作者到乡里很受欢迎，让我们留点字画。有一次，我们下乡，我说大家不要尽写唐诗宋词什么的，就写点当地的东西吧。杨章会那次有点准备，一会儿就顺顺溜溜地写出来了，大家很高兴。让解鸿田写的时候，他头天喝醉了，这个时候就怔怔地坐在那里发呆。一会儿提笔写了两行字：

空旷寂寥，满山不毛。

当地领导一看，脸色陡变，有些不快。

哪知这家伙笔锋一转，接着写：

边塞古城，万古风高。

大家又连忙叫好。

这家伙是个酒鬼，酒量不大，一喝就醉。那年地税局要点字，我把他找来。他正好醉了，我就让他在办公室里写。他就醉醺醺地写了几幅。一看，真不错，就放在地上。当天晚上，暖气跑水，都给淹了。早上过来，没办法把宣纸揭起来。我把他叫过来说，你再写。结果，怎么也写不出昨天晚上的东西来了，还是那个内容，就是没有那个味道了。

我们现在平时画的机会少了，白天看看书，帮着办个展览什么的。

对于我提出的搞乌拉山画派的建议，后来没有得到很明确的答复。也许这个建议有些不着边际。

后来听说，乌拉特文化艺术大楼快盖起来了。我相信，培育大师，造诣深厚、勇于创新的大师，对于雄伟而慈祥的乌拉山来说，对于广博而温柔的乌梁素海来说，是一件早晚会实现的事情。

骑兵连长回到草原

他完整地经历了牧区的“文化大革命”时期，19岁当生产小队的队长、民兵队长，然后参军入伍，成长为骑兵连长。复员回来又做过工商所长、农区的乡长，抓过最难抓的计划生育工作，退休的时候是一个牧区苏木的人大常委会主任。

乌书记身量不高，但是结实厚实，黑黑脸，饱经沧桑的样子，一接触就知道，是个非常精明又善良厚道的人。

第一次进我的办公室，乌书记在我的书柜前停留了一会儿。他是在看里面摆放的一个旧滴水瓦当，上面有个朦朦胧胧的虎头的样子。

我说，这是去德布斯格庙的时候在庙墙头上拣的。

乌书记说：一九六几年拆庙，庙里的东西随便拿，后来都送回去了。在井汀工作的时候，西面有个稍高些的庙址，经常放着桌子、凳子，都是以前庙里念经用过的。那是个野滩滩，我还很奇怪，不知道是哪家放的。后来才知道，是喇嘛给算的，说谁家有庙里的东西，快放回去吧。可是庙已经给拆了，又不敢拿回去，就放在面上了。“文化大革命”那个时候，还没有红砖，庙里的砖是最好的。破除迷信了，就争着把庙里的砖往回拿，砌土房的砖马头，椽子下面一般都要个二三百块，还有灶台、火炕头。后来，都赶快送回去了。

听了这话，我心里也有些惴惴不安。

乌书记没再多说什么，我们就坐下开始聊天了。

乌书记的名字叫乌力吉巴图。

有1万只羊的"万"

乌力吉巴图，蒙语的意思是坚固的寿辰。巴图，是坚固的意思；乌力吉是寿辰的意思。今年53岁。

原来是额尔登布拉格苏木的人大常委会主任，52周岁退下来。

祖上就是乌拉特部落人，西公旗正苏木的，也姓正。不敢自称是哈撒尔的后裔，只敢说是哈撒尔奴隶的后裔。

父亲是原来西公旗扎萨克（旗政府）衙门的秘书，就算是这个地方文化层次比较高的，还任过学校教师。王爷也办学校，为自己培养人才。父亲比较机灵，被选中上学。

都是王爷摊派下的任务，给苏木选拔几个童子，苏木章盖指定的。当时的人们并不乐意当学生。还有一个规定，有两个儿子的必须有1个当喇嘛，如果有3个儿子的话，就让两个去当喇嘛。家里自己决定，聪明一点的去当喇嘛，笨一点的留在家里。要早有思想准备，到七八岁就要送去。

在没文化的人们看来，上学是不乐意的，又不能放羊，又不能砍柴，没用。

日本侵略时期推行奴化教育，父亲学了点日语。

回来后，就在西公旗的衙门当秘书。那时秘书和现在的秘书不一样，不是专门坐在办公室，而是轮值，一轮就是3个月，自己带上马匹去。3个月后回来，就和你没关系了，该干什么还干什么。我们住在乌日图的沟口上。那里有个小学，父亲就在那个小学里教书。

他那个文化程度，在西公旗为数不多。有个一解放就在本地当副旗长的喇嘛扎布，是现在额尔登布拉格党委书记的父亲。父亲和他是日本人学校的校友，好像还是同届的。

解放以后，父亲分在达茂旗百灵庙工作。1953 还是 1954 年的时候，调到乌拉特前旗，在白彦花镇畜牧改良站当站长。父亲年轻时候爱喝酒。我们刚懂事的时候，就记着他经常醉。1959 年得肺结核去世了，才 37 岁。

父亲的姊妹居住比较分散。姑父是东北蒙人，是解放军公安部队的一个小军官。那个时候，中滩农场改为劳改农场，他这边认识的姑姑，1969 年调到天津，一直在那边生活，姑姑也跟着去了。2001 年姑姑没了。我在部队的时候，曾去呼盟接兵，路过天津，中午下车，只有一下午的时间。碰上几个天津人不说实话，知道路也不告诉你，有的告诉了也是错的。结果没有找着姑姑家，归队的时间到了，只好走了。

母亲是个真正富裕的大家族的人。姥爷家在公庙以东的官牛犋一带。官牛犋是官府开的牛犋房。牛犋就是放牛和牛犋的地方。姥爷他爸，名叫图蒙，就是“万”的意思，号称有 1 万只羊，蒙话就是“有 1 万只羊的‘万’”。他有 6 个儿子，3 个当喇嘛。剩下 3 个儿子，全部卷进达格登大喇嘛和夏日布公爷争权的斗争。姥爷正是壮年，排行老三，老大、老四都是喇嘛。还有一个喇嘛兄弟早先去世了。

弟兄 3 个还不是一派，两个是夏日布的，我姥爷卷在达格登这一派里。他们之间没有直接打过仗。我姥爷和夏日布打过仗，在一次战斗中，可能击毙过对方的一个人。一个旗的，互相都认识。他知道自己把谁打死了，没有封闭消息。当时也谈不上保密，让对方知道了。

达格登被围剿而全军覆灭的那一次，他正好回家。上一次战斗中被他打死的那家的亲戚，黑夜里去了十来个人，把他从家里抓走了。过几天发现是给拉在黄河边上打死了。亲姥爷名叫东海，他的军事技术过硬，号称神枪手。

因为政治斗争，达格登在西部占上风的时候，把那两个跟夏日布的姥爷的家产给抄了；达格登失败了，亲姥爷的财产就让夏日布的家丁给抄空了。家里已经没什么东西，就是羊群给赶走了。政治斗争的结果是老姥爷家整个衰败了。

母亲是哈日穆迪苏木的，就是姓郝的那一支人。

以前这个地方的人，能歌善舞，这是乌拉特人的特点。舞保留下来的不多，但是歌子多。有一首歌是唱我那个姥爷的，谁写的说不清，是爱情歌曲。有这么几句：

骑着的枣瘤马套步点，
坐下唠嗑数东海好。
骑着黑色的马套步点，
交朋友的话还是东海好。

说着，乌书记还真的哼了出来。

这是牧民自己唱出来的歌子，女方唱男方，是一种表述倾慕的歌，流传甚广。既然号称“1万的‘万’”，肯定是女孩子们追逐的对象。我们听过别人唱，但是妈妈不让唱，说是老人的事情。

一个人叫孟克宝音，前几年在东哈拉罕当队长，小子在巴盟蒙中当副校长，前两年死了。年轻的时候很英俊，让日本人抓壮丁给抓走了。他有个情人叫毛蛋，其实应该是牡丹的意思，正如“林花”应该是莲花的意思。毛蛋也给他唱了首歌。歌里有这么几句：

黄色的汽车（日本的）呼呼的开来了，
英俊的孟克宝音走了他乡了（抓壮丁了）。

这两个人都活到20世纪80年代后期。

那个时候，歌子里的人和比赛得第一的有名气的马，当地人都是按英雄来看待的。用迷信的话说，精神头大，鬼气冲不了。就这个意思。

这个地方，好多的歌子，都有真人真事对应。有梅力更葛根的有教化意义的歌子，也有很多其他的歌子。

学校的事情都是我自己去办

我6岁的时候，父亲没了。母亲30来岁，嫁了继父。兄弟姐妹9个。6个男孩，有3个“截山”兄弟，就是同母异父兄弟。我11岁开始念书，实实在在念了5年半，还学了两年半汉语。每学期学250个字，学了1000来个汉字。那个时候，中学、小学都在一个院子里，一个年级四五十个人。初中有，但没有教室，就用我们小学的教室。

“文化大革命”开始时，我16岁。那时，队里有“忠东彪”司令部，全公社都归它。学校有个“毛林司令部”。

一次，“忠东彪”在现在的白彦花的大礼堂揪斗公社革委会主任。我也跟上去看个热闹，觉得没有什么意思。我在那转悠，我们同学就过来，说我是个叛徒，背叛学校了。因为这个发生口角，他们把我捅了一刀，用蒙古刀捅在骨头上，“嘎吱”一声还划着骨头了。我是看着刀过来，照着心脏过来的，一转身用胳膊挡住了。我住进白彦花的医院，学校花了50多块钱。

学校开学了，老师来找我。我当时的成绩在学校里是数一数二的。老师很惋惜，不想让我辍学。家里人说，上个学给弄成这样，再上学把命也丢了。回来就在队里务农。

现在的学历是中央农业广播学校巴盟分校毕业，文化程度是中专。汉字就1000多个。因为拼音学得不错，对我后来有用。到了部队，认识到没有文化不成。我有个小板凳，每天中午睡觉的时候就坐在那里写生字。还跟着几个高中生战友，自学了物理、数学、化学。

1983年，已经是连长了。锡盟军分区办了一个高中文化补习班，我报名考了进去，脱产学习半年。结业的时候，锡林郭勒盟教育处统考，过了，有高中学历，有毕业证的。1998年报考农广校，2000年拿了这个中专文凭。

学习，就是这么走过来的。当兵以前不甚通汉话，汉话是在部队学的。部队中河北人、东北人多。咱们这个地方的蒙人听我的汉语口音，都说我是东北蒙人。

我这一生还是比较顺。1960年开始懂事，人家都是饿的时候，我们家好像不是那么饿，粮食缺，奶食不缺，用奶食补。那个时候政策倾斜，对我们少数民族是照顾的。没有发生饿死人的事。

1963年上学，二哥拿着两块5毛钱去报的名，就是学费，再不用给学校缴钱。到了二年级，我就有助学金了，学校月月还给发6块钱。每次到了时间，就是自己去领。一分钱也舍不得花，都拿回来给家里。

家离学校不远，1公里多。每天跑校，带个缸子，把糜米捞饭放进去，用风雨布一包，或者带个饼子，去学校锅炉房打点开水吃。

大哥已经当兵走了，三年级的时候二哥又出去了。国家鼓励上学，家里也没有什么负担，就是开学的时候拿两块5毛钱学费，一个学期就学下来了。当时中国乒乓球队拿了世界冠军，开始乒乓外交，我就爱上乒乓球了。学校用泥砌了几个乒乓球台子。每天下午5点钟放学一玩就玩到天黑。母亲看见不回来，就来找，拿着棍子追着打。

还有两个妹妹也在学校里面上学。

懵懵懂懂中，“文化大革命”开始了

“文化大革命”开始的时候，学校组织初中班的和老师宣传“十六条”。汉语有“十六条”的歌子，学校找人翻译成蒙语的歌子，跟着一起唱。就这么懵懵懂懂中，“文化大革命”开始了。

有一天在家，突然听到白彦花的街上斗牛鬼蛇神。那个时候还小，不知道牛鬼蛇神是个什么东西，就约上几个同学一起出去看。一个女老师，戴着个高帽子，上面写着什么记不清楚了，胸前戴着个牌子，把蛇给打死了挂在那个牌子上。一共是 4 个老师，1 个女老师和 3 个男老师，都给按着，低着头，看不清楚。给关到二中的一个小屋子里，用柳条子把窗户都给钉住。

过几天，学校组织我们造反。二中、蒙完小、蒙中都参加了。排着长队，去东大沟的口上。队伍特别长，大概有 1 公里，敲着鼓，打着红旗，人多了。那才知道什么叫造反。

街上开始贴大字报。兽医站的职工给站长额尔登格西格也贴了大字报，列了不少罪名。公社的领导都给揪出来了。站长有点害怕，就自个拿了一瓶子酒、两盒烟上山了。在山上，抽了一盒半烟，把一瓶酒都喝了，想上吊。找了个石崖，上面长个柏树，套上绳子。绳子是哈达搓的，人胖，给跌下去了。民兵拿着枪来追，说畏罪潜逃。

这个人从悬崖上掉下来，又不想死了，就往回爬。爬到家门口，又给捆住。公社派来 55 马力的铁牛拖拉机，拉到公社“专政”。圈起来就叫“专政”。但也请大夫把伤给治好了。

继父也给专政了。那个时候，上午还在批斗别人，下午可能就被专政了。不过，也不记得受到什么特别的歧视。麻烦的就是，随时来抄家。不过家里也没什么东西，就是把柜子翻乱了。

母亲嫁过来的时候，头上戴的那些东西早就变卖了。家里特别穷，人口多。冬天的一个晚上，我们一家都在炕上睡着。听到门上咚咚的，造反派踢门，那么大的声音。我们都在被窝里看着。进来了五六个人，把凉房什么的都翻遍了。后来大部分人走了，还留着两个人，一个是叫红旗的蒙人。我们家的躺柜上放着一个毛主席的半身塑像，磁的那种。他就把那个像拿起来，翻过来，看见里面放着一个蛇蜕。这个东西有药用价值。如果牲畜眼睛上长肉，眼角膜增生，可以把蛇蜕捻碎，放到牲畜的眼睛里，几次就能治好。那时候蛇蜕已经很少了，不知道母亲从哪里找到这个东西，一时没地放，就放在毛主席像里面了。这下子可惹大祸了。

继父、母亲站在墙跟前，低着头。

那个叫红旗的一挥手，说：看，这就是侮蔑毛主席的罪证。外面的人都带着绳子，立刻进来把继父捆起来了，然后带走，估摸也是扔到 55 马力拖拉机上的。我们都躲在被窝里没有敢出来。

拉过去问：蛇蜕是谁放的？继父说是我妈放的。不行，就打。最后承认是他自己放的。

斗了半个月，又劳动了一个月。

这是最激烈的一次专政，最倒霉。人一旦成为专政对象，就基本失去自由了。

知识青年下到牧区

1968 年秋后，第一批知识青年下来。

开始就是借个房子，男的住一边，女的住一边，自己起火做饭。记得 10 个人左右，有高娃、马大副、杨文、贾保住、展振民、康桂兰、高梁、张力军、张文荣，还有个姓何的最早上大学走了。成为一对的是贾保住和康桂兰。展振民和高梁是后来回呼市结婚的。

那年冬天，我继父他们这些“五类分子”给知识分子盖房，土打墙。那批知识青年的确不错，有高中生，有初中生，和队里相处和谐，没什么偷鸡摸狗的事情，多从事农业劳动。张力军那些有文化，识谱子。

那个时候队里小年轻没有成家的，男的 20 多个，女的 10 多个，一共 40 来个。组织个铁姑娘突击队，在白彦花还是有名气的。我们的民兵连，是巴彦淖尔盟“三落实”典型。“三落实”，就是组织、政治、军事落实。歌咏比赛，哪个地方的也比不过我们。因为有这个懂音乐的张力军，可多教给我们了。

我是“五类”分子子弟，就不那么容易头脑发热，对于逆境的人还有一定的同情心。事情不由你，是社会走到那个地步，你必须做出牺牲。

我当兵的时候还去看过他们中的两个。马大副在内蒙古体校当教练。马大副和杨文走得最晚。国家重新统考，他第二年考上内蒙古大学体育系了。1981 年我在内蒙古教导大队，去看过他。他又领我去看贾保住，贾保住在呼市的手电钻场当技术员。后来没再联系，听说都很好。

1975 年，贾保住和康桂兰成家。他们各自把自己的弟弟送到这里来下乡。那年是最后一批知识青年下乡，这说明他们在这里感觉挺好。

第二批知识青年不是呼市的了，是前旗本地街上的。也是 10 个，6 个男的，4 个女的。多是咱们的一中、五中的学生。我家属就是其中之一，也是在队里找了两间土房。

那个时候，打砸抢早过去了，就是看干活是不是吃苦耐劳。他们下来的时候，比较幼稚，小的十六七岁，耐不住，比不上那批呼市老三届的。有个人去耙地，把牛套上，农具也装着，自己就回前旗了。还有一个叫任飞翔的，下来后，在我们附近的瓦窑队，听说先锋公社有个会武术的，就去拜师父。师父教了几招，学了半年，把这个招数练会了，觉得很灵。听说白彦花火车站有几个挺能打架的灰皮，觉得自己一个人能打三四个人。他就找到了，让人家上来。没想到这几个灰皮不按正规打，前面的人拉开架势，后面的人拿起铁路上的石头，“啪”地一下子把他打倒了，然后别的人再上来拳打脚踢。

前一批知识青年不熟悉。那个时候我才 15 岁，参与得少。风沙大的时候，记得他们用毯子把门窗堵住，里面黑得一团。后一批知青和我们年龄相仿。整天在一起，自己开火，轮着做饭。尽是不会做饭的，一做就或是生了或是糊了。我们那里没有派饭。公社把人送下来，队里给买了锅灶，分一部分口粮，剩下的部分由粮库补齐。标准是一人一年360斤粗粮，带皮子的。

1972年、1973年一次分粮，社员都拉粮回家了，他们的粮食没有拉走，就留在场院上。结果晚上下来了洪水，把他们的粮食给淹了。我们连夜赶着马车到了场院，抢出上面干的，下面大部分都已经泡水了。反正全给他们拿回来了，最后怎么吃的就说不清楚了。

比较艰苦的营生是上山背柴火。我们领上山，他们连干的湿的都不认得。我们自己上一次山一般要背120斤到150斤柴，少了就觉得白跑了。他们背上七八十斤就受不了，龇牙咧嘴的。

1975年最晚一批下来8个，大部分是哈拉罕镇的，二中毕业的城镇户，还有呼市来的包括贾保住和康桂兰的弟弟。那两个弟弟之间的关系可好了。

第二批1972年下来的，1973年就有走的。郭桑根给地质队找走了，去了伊盟的一〇七地质队。第二个走的是贾富尔，去了乌拉特前旗的二轻局，后来当了前旗的云母矿矿长、巴盟铁矿副矿长。第三个走的是宋爱军，去了供销社，解散以前调到乡镇企业局当办公室主任，后来当了副局长。乡镇企业局变成旅游局后，他又当了副局长，去年和我一起给裁掉了，现在在家。任飞翔是第四个走的，就是那个让人家从后头拍了脑袋的，1984年骑摩托摔死了，记不得在哪个部门。

19岁的生产队副队长，军事过硬的战士

1973年，我19岁，是生产队副队长，专门管生产。头衔很多，还有团支部书记、民兵连副连长。我们老队长岁数大了，接近60

了。队里选举，说这个后生不错，让我做就做了。专管生产，六七十个劳动力，加上半劳动力，共有百来号人。每天给安排，都是在喇叭上吼。

民兵连天天训练。冬天 6 点起来，训练一个半小时，训练队列、刺杀、投弹。有真枪，半自动步枪。全队 12 个基干民兵，12 支枪，真家伙，还定时射击。投弹一般不敢让人多投，就选四五个。平时训练，经常给旁边的队和乡里表演，还给来过的前旗武装部表演。

我们民兵连是巴盟的典型连，奖状贴了一墙。验收的时候，巴盟军分区副司令也来了。

我 1974 年底就报名参军了。那年去锡盟的 260 个，我们这些当地的老百姓 199 个，兵团战士有 61 个。新兵分成三大块，有的在边防 3 团，一部分在锡盟军分区，我给分配到骑兵 2 团。

参加两个月新兵训练后，分到连队。我分到骑兵 3 连。锡盟军分区盖医院，我们新兵炸石头、烧石灰。我在那待了半个多月，烧石灰，后来又到石场炸石头。秋天就回到连队了，冬季军事训练。秋天参加了拍电影《祖国啊，母亲》，一天给 1 块 5 毛钱补助。后来还参加拍过别的。

第二年，也是冬天训练。1977 年当了骑兵 3 连的 9 班长，冬天大雪成灾，人踩进去，裤裆挡住了雪，脚还没落地。第一场雪，我们一个排坐着两辆拖拉机给团里拉马草。装起草了，一辆拖拉机坏了，毛病找不到，就开始下雪了，拖拉机就扔在滩里了。另一辆拖拉机拉上满满的一车草往回走，一个排 20 多个人都爬那辆车上。走到半路，拖斗的两个胎都爆了，拖斗的延杆都拖到地上。离营地还有 90 来里地。20 多个人就把大衣脱了，放在拖拉机的草上。

开着拖拉机，一个排的人冒雪往回跑。从毛登牧场——毛登是木头或树林的意思——起跑了 50 多里地，两个多小时。天已经黑了，拖拉机的大灯在后面照着。跑不动了，就解散，能跑的赶快往前走，向连部报告。

我的副班长特并太第一个跑到连里报告。连里给团报告，团里去了一辆解放车。离驻地还有七八里地，解放车接上了我们，把我们拉回来了。这是我们经受过的最艰苦的一次考验。

听说有了白灾，中央特别重视，派了8架直升机，还派了安-24、安-26各一架，双翅膀的安-2飞机12架，定点运救灾物资。安-24、安-26从呼市运，每个受灾户不能低于5斤干粮，有窝窝头、玉米饼子、面饼，都是能干吃的东西。还有不知道哪个厂家给的甜饼干、咸饼干，飞机场上放得和麦垛一样。我们担任机场警戒，帮助空投。我们战士每天坐着安-2空投，我就坐了3次。头两次没什么，第3次晕机了，下的时候下不来，下来站不住。

机场的早点有稀粥、包子、鸡蛋。我们有个保定的兵叫赵富贵。那天，他说想坐飞机。早上吃早饭的时候，有人教他好好吃，吃饱了才不晕机。那小子就把那棒子面糊糊喝了3碗，上了飞机。机舱里面，一般麻袋都先装一半，扎紧，再在外面套个麻袋。这样空投到下面，里面的麻袋挤开，外面的麻袋就满了。20麻袋空投两次，一次空投10麻袋。

到了空投地点，领航员吹哨子，拿喇叭喊。那小子喝多了粥，还戴着口罩，飞机一俯冲，肚子里的粥就从口罩旁边直接灌到耳朵里了。

那场大雪，弄得没有存贮马草，喂了20来天，全团没有草了，就把马赶在我们自己的牧场上。第二年春天的时候，1600多匹马就剩下100多匹，不是死了就是跑了。到了春天，雪化得差不多的时候，派出十几个小分队去找马。部队的马有记号。骑兵多是汉族，但是找马的都是蒙族。

我们那个小分队队长叫祖日赫，是个老军人，军马所所长。有一次走到一个非常平坦的地方，因为雪给平了，中间有个两米多深的壕，大概100多米长的雪带。他让司机往后倒100多米，然后开足马力冲过去。司机说：不行，这样危险。祖日赫就骂起来了。司机倒车 200 米，开足马力往雪带里冲，陷进去了。那是军用解放车。我们只好马上去挖。挖出来后，是司机反过来骂领导了。

五六里地以外有个蒙古包，我带了四五个战士过去。正好是个民兵连长。他听了说，那个壕你能过的了？我们骑马都不好过去。这里什么也没有，我给你去叫上几个人。两三个小时以后，他还真叫了 20 来个人，都骑着马，拿着绳子，去拉汽车，终于拉出来了。

1977 年，参拍了一部电影《阿丽玛》。1978 年又参加了《火烧圆明园》中清朝骑兵的镜头，不多。1979 年我们去军马场待了一年，那是在西乌珠穆青旗和赤峰的林西县交界的地方。那是个好地方，是兴安岭的西梢子。山上的黄花、蕨菜到处都是，有狍子、黄羊。我们这个排主要在那里的军区农场种地。我当 7 班长。

我们的排长有病，几乎请了一年的假在呼市看病。一个排就我一个人带着，带得挺好。

从那回来，1978 年 12 月，我就提干了。我们原来连的指导员魏继统、连长李有田，都是很正直的好人，一直对我很重视。我在地方当过民兵连副连长，到了部队，各项工作都是尖子。1976 年是全团示范班的战士，1977 年曾代表锡盟军分区参加过内蒙古军区军体比赛，平时指挥军事训练的时候，口令喊得好。这也得益于小学时候课间体操，我就是全校喊体操的。所以，可能口令我还比较入耳，比别人吃得透些。

在部队我是个军事过硬的战士，刺杀，队列，口令，越野跑，5 公里全副武装越野跑，在全团都是过硬的。当班长的时候，难训的兵都是我来带。所以当排长当了一年，1978 年 12 月到 1980 年元月，提成副连长。1980 年元月到 1981 年 6 月 13 号，由副连长提成连长，进步相当快，在团里的干部摊上这个的还少。

但是，后来就完蛋了，当了 6 年连长没有进步了。1982 年、1983 年出现“文凭热”，我一考试就不行了。我的学历是初中。

1983 年以后，不是中专毕业的就不提了。1986 年正好精简，就是精简100万那次。我那个时候已经三十四五岁了，跑也跑不动了，部队不养老啊，早点走，还能找个地方。部队也一个团精简成一个营了。就递了报告。那些年轻的有学历的在那里，我们这些老的就走了。

进入正规化前的计划生育工作

回来，安排得不错，在工商局。局长找我谈话，说你下去吧。这里没有位置，没法安排，你去西小召当所长吧。我说，我不懂业务。他说，没关系，我给你配两个业务强的。

就这样，我当了两年所长。

头一年，遇上在这当组织部副部长的巴拉根。以前当兵走的时候，他是白彦花革委会的主任。回来我没有找过他。那天，我在公社的时候，走廊里有人叫我“乌力吉巴图”。我当兵后都叫我乌力吉，没人叫我全名。回头一看是他，就在一起坐了坐。

他说，去沙德盖吧。那个时候，不像现在交通方便，去沙德盖回家回不来。我说，我不去。1988年秋天，他又让人去考核我，说这是个民族干部，可以用就用。旗里准备调整干部，让考核你，让你去乡里工作怎么样？因为不是巴部长，所以我说话不那么随便了，只好唱高调：反正是共产党员，党让去哪里就去哪里。又在乡里搞了一次民意测验。

没多久，1989年1月调令下来了，副旗长给我打电话说：你回来一趟，有个好消息告诉你。回来后，给我看了任命，是金星乡副乡长。那是个最穷的地方。我一听就说不去：“你跟组织部说，我不去”。副旗长说，那就不对了。不能因为穷就不去。以后可以再换。要是这次不去，你就出局了，以后就别想进步了。我一想也是，就去了。

在金星乡，一待就是整整8年。农区工作实际上非常艰苦。收摊派，收税，生产的活有春播、浇水，“三夏”就是收麦子、夏粮入库、夏灌，还分管3年计划生育。金星乡计划生育工作的规范化是我搞的。

当时超生特别多，节育绝育工作没法展开。1989年冬天，我们强制百姓做了90多个绝育手术，最多的一天我们做了七八个，老百姓骂得厉害。

旗里下来工作组，办法就是三句话：“通不通，3分钟，3分过后龙卷风。”龙卷风的含义是，家里搬东西，什么都不给留。

1990年冬天，计划生育局长带队下乡，攻克“尖顽户”。去乃马岱，也是金星乡的一个自然村。一家姓范的有3个闺女，非要生儿子。咱们做不动工作。那次，乡里去了20来个人，旗里去了十来个人，屋里屋外全是人。去的时候，可能走漏风声了，男的在，女的不在。后来问这个男的，怎么也不说。差不多有两个小时，突然得到消息，说女的在几百米之外的另外一家，就派人给硬拉回来。男的哭了，女的还是不做。局长下令搬东西。超生罚钱都是有数的，超生两个，也差不多1万多。搬东西搬得只剩下炕席。这时，有人开始拉黑牛，就是唱红脸、说好话的：你快做吧，家里搬成这样了，生出来怎么活啊？还是不做。把火炉子也搬上车，圈里的两个猪儿子也给拉上去了。

还是不做。

把凉房打开，把粮食倒在口袋里了。女人扛不住了，就骂男人：生了儿子也活不成，日子没法过。我要做了。

他们家什么也没有了，就到邻居家去做，是妇联主任家里。弄了一块两米见方的布，往顶棚上一吊，挡灰尘。然后把缝纫机往炕上一顶，缝纫机上放上枕头，人上身在缝纫机上，两条腿在炕上，两边医生和助手一站。

肚子一拉开的时候，刘局长说：往回搬东西。再把人家的东西搬回来。

这种手术一般顺利的话半个小时，困难的 50 来分钟。那一个冬天的 90 来个手术基本上都是在这种条件下做的。有的就是在妇联搭一个手术台，一个一个地来接着做，再用车送回。

也有顶住的，东河就有一家坚持不做。已经有两个女儿了，女方公公是个队长。公公说了，搬东西就搬吧，生下来儿子我给你配。也就搬了几百块钱的东西，缝纫机处理了 100 来块钱，还有些就是铺的盖的。那家人显然有准备，看得出来。

极端手段太多，但是不这么搞也没办法。这种办法还管用。现在，行政法颁布，就不行了。

整整 3 年，金星乡的计划生育工作算是进入正轨了。

管摊派和管水

金星乡是个半农半牧村。那个地方有个牧业行政村，叫巴音村。我在金星乡待了 8 年，就包了 7 年这个地方。年年收摊派，收水费。这是一项比较难的工作。一般白天收家里没人，一直到晚上十一二点还在家家户户转，磨破嘴皮。

全乡那个时候的水费一共十一二万元。收到八九万元，再收就难了，总有不缴的，有的累积到第二年，第三年。收水费的任务最重。不是水管部门收，而是乡里收。有时候遇到尖顽户也要搬东西，要搬那个值钱的东西，畜力车、四轮车，还有粮食，以小麦为主。一般畜力车、四轮车这些，放上两个月，人家缴上钱就给拉回去了。粮食这些变卖了就抵水费了。

收税的任务比较少。家家户户都有任务粮，就是农业税。一亩地农业税 8 块 3 毛钱。1989 年、1990 年还有收粮、糖菜、油料这三项任务，每户必须种。都要下核定任务，在完成任务的情况下，剩余地可以自己决定种什么。生产资料是半控制状态，化肥、柴油都是按照任务的比例，低于市场价，低于议价，供给一部分。任务必须完成，完不成就由别人干。

黄河水用量一般半个月前报计划，决定哪一天开闸，要多少流量。浇水，都是包队干部下主干渠。5 月 1 日来水。一开始水来了，为了早浇抢水，农民之间经常互相打架。

最难受的是阴雨天。上面按照计划给你放下水来，晚上下雨，套内地区就骑不成摩托车，要一家一户地问。旱的时候抢水，这个时候又都不要了，这家推那家。咱们这个套内地区，西高东低，每一公里下降 12 厘米，一道渠是十几公里，落差在 1 米左右。所以，看不出放多少水来，下面渠里已经憋得满满的。队里的干部每天都穿着雨鞋，披着雨衣，把这家说了放口子了，到了那家的时候，这家又给堵上了。干部最怕的就是浇地期间下雨。

还有记水费。渠口总闸头计算流量。为了少记水费，各个村都给闸上送钱，送鸡，送羊。反正都送了东西，说得都挺好，这家少记点，那家多记点。反正总量都是一样的，没法子作弊。水闸归河套灌业局管。说是有一年有一个主管农业的副旗长，杀了 3 只羊给闸上送去，连着套内 7 个乡的书记给送礼，都是为了拉关系。

金星乡那个地方比较偏僻，全旗最小最穷，旗上领导很少去，整体工作搞得也不咋的。乡干部的编制 22 个，农牧林水是直统，不在乡的编制里，人财权都在农业局、畜牧局、林业局、水利局。农机具也在人家自己手里。那里的干部都是下派干部。最早的时候，乡政府只有行政编制，还没有事业编制，事业编制都是派来的，农牧林水派自己的干部。人财权下放是 1991 年、1992 年，所有的干部全部编给乡政府。乡里才既有行政编制，又有事业编制。

金星乡纳税面积 2.2 万亩，可耕地 6 万亩。纳税面积是 1958 年核定的，以后没有变过。河头地差不多两万大几亩，就是防洪坝以里、黄河的行洪段，如果洪水大，就全淹了。河头地不缴税，一般以队为单位，也是分的，相对平衡，但是有办法的人总能占得多些。

1996 年 9 月，我调到额尔登布拉格苏木任党委副书记。这里原来叫阿勒奔公社，1958 年成立的。一直叫到 1984 年社改乡，才变成额尔登布拉格苏木，就是宝泉的意思，也是这个地方的老名字。

现在旗常委、统战部长，是我们当时的党委书记，我们一起待了 10 年。乡长换了 3 个，但是党委书记、副书记一直没换。开始去的时候，党委书记和乡长不对路，闹得厉害，你告我、我告你，整整告了 3 年，1999 年把乡长调走了。第二个乡长待了一年多，选举落选了。好多问题没有处理好，他比较年轻，34 岁，工作方法比较简单。12 月，从本乡选了一个，一直当到 2005 年。他走了，我也退休了。

在这里，工作倒是一直很顺，连续 6 年是全旗目标考核超标单位，我也连续 6 年被评为优秀领导干部和优秀党务工作者。最高的荣誉，是 2001 年被评为全盟优秀党务工作者。

无论干什么工作，都能拿得起来

我没有熬成真正的领导，但无论干什么工作，都能拿得起来，都扑下身子真真诚诚地干。

人不可能总是一帆风顺的，要有点磨难，那是好事。

首先遇事我能够冷静地考虑，很少头脑发热。在乡里几年，锻炼了我在社会上没什么惧怕，见了谁我都不怕。好多同龄人的毛病，就是一个害怕、害羞，本来能够办成的事情，这个"两怕"就把人囚在那里了。我就没有这个"两怕"，该说的能说出来，该做的也能做出来。

2002 年退的时候，老书记在，说不要走了。当时，乡里接着开两会，党代会、人代会，让我帮助筹备这两个会。筹备了 1 个月，把会按时按制开完，该当选的领导都满票当选了。

去年主要是负责修路。一共 8 个矿，每个矿管 3.2 公里，沙石方他们自己组织，路线、宽度、高度是我设计的。去年一年修了近 27 公里的路，其中有行洪地段没修，总长将近 30 公里。还有没奠路基的 6 个矿，每个矿拿 6 万块钱，雇交通局的铺路车给整平洒水碾压。剪彩的时候，旗里领导都来了。

正式开工以来，全乡干部都包工，分为 8 个标段，一个副科级干部包一个段，我是总指挥。

去年 9 月苏木成立了宝泉矿业公司，管理乡里的各个矿山的运行。我任总经理，原工资不动，只给第 13 个月奖励工资。这个公司原先打算自己办个选矿场，但现在严格控制新选矿场的审批，比较难办。我们想办，自己又没有钱，就得从外面引进，试了几次。

这个公司也是个空架子，说管理矿上，又不能进入人家的程序内，就是成天查矿。我现在是协调小组组长。矿和牧民之间的矛盾我去协调，防止矿石外流，要留下资源税。矿石主要是向包头、明安外流。

海流斯太

已经退休的老书记很关心当地的生态问题，对于可持续发展有自己的见解，更提出要建设生态友好型的牧区、为牧民设立基金的想法。

在牧区走访，干部间最流行的话题就是禁牧。早上吃饭的时候，和额尔登布拉格苏木党委副书记苏宝山和信访办主任谢明二位同志坐在一起，又就这个问题聊了一会儿，我也顺便把牧民讲的情况和他们了解到的进行了对照。

全额尔登布拉格苏木有75万亩草场，2005年开始实施禁牧，一亩补11斤粮食，按每斤5毛5给，2006年还没有兑现。项目有没有实施完，还要经过自治区验收。

山里头有3000来人。实行苏木合并后，连城镇人口共有1600多户、5000多人。其中，牧业人口2700多，户均2000多亩草场，户均养羊四五百只。按此计算，户均收入1万多元。

如果雇羊倌的话，一个羊倌看一群羊每年最少要给五六千元，要包吃。东边还要贵些，八九千元。

一头羊，一年要补3～5个月的料。一般11月开始补料，有的是放半年喂半年。每天1只羊最少二两料，健康些的，还有如母羊怀孕的，要三四两；种公羊要补半斤以上的料。

羊群也讲究公母的合理搭配，30只羊要配1头种公羊。如果800多头羊群中只有5头种公羊，必然会出现空胎现象。

这边草场比较少，比不上乌拉特中旗、后旗，那边都是户均草场万亩以上，基本可以实现轮牧，这边轮牧较难。

每年仅禁牧直补就有1万多元。其实不如直接给了牧民，然后彻底禁牧，这样过三两年，退化的草场就会有所恢复。像现在这样，牧民又拿钱又继续放，每年5月卖了绒后，就是天天在小卖部里喝烧酒了。

沿途都是选矿厂

吃完早饭，和乌书记一起出发去海流斯太嘎查。

我问乌书记，海流斯太是什么意思？

乌书记说，就是有榆树的地方。

路直直的，但70多公里的路，只有西边的一半33公里的路铺上了沥青。铺路是由乌书记负责。他讲起了怎么到沿途那些开矿的公司里筹钱的故事。他这么一说，我才开始注意到，在路和山之间经常有一些支架，还有烟冒出来，山脚下有一些矿山车像小火柴盒一样游动着。乌书记说，那都是选矿厂。一般来说，有个百八十万元就能在这边开一个。因为来得早了，最少的成本才30多万元。这边的山上全是铁矿，日本人侵略的时候就来开过。最近好像又探出了八九亿吨的铁矿。

选矿厂逐渐多了起来，隔个10分钟就能看到路边插着一个歪歪斜斜的木头牌子，上面的字倒是端端正正地写着：××选矿厂。

路上也开始频繁出现运矿石的大车，其中一辆竟然把我们的车逼到了路外面。乌书记在车里大骂起来，说会找人揍这家伙。我笑了笑，心里其实很喜欢这边人的粗犷。

这边的铁矿石不愁卖，离包钢就两个多小时的路，有一车卖一车，一吨矿石35～40块钱，据说品质好的还有卖到新疆的。

开着车，见到前面有两个年轻人在招手，就停下了。他们是搭车的，去前面的一个选矿厂上班。他们上了车，我问他们一个月能挣多少钱，他们说大概有个千把块钱，甘肃口音。

巴特尔毕力格，“英雄的志气”

慢慢地，连路都变成黑色的，一点土色都没有了。

顺着这条黑路，拐进了一条很宽很深的大山沟里，沟口就是一座矿山。继续往沟里走了四五里地，上了一个小坡。上面有几间明显没有住人的旧房子，只有几只羊在院里院外警觉地看着我们，还有一群就站在房子一边约有十米高的几乎直上直下的石壁上。乌书记进了院子，进了屋子，又出来，微微有些紧张。

我说，可能主人暂时出去了。

乌书记站在那里往四外看了一看，猛地拍了一下脑袋，指着沟对面的一个砖房院落说：在那。

下了沟，再上坡，车停到一个要宽阔得多的平地上，一个疏疏朗朗的院落的后面。一只高大的狗在门外不远的地方叫了几声，一看主人出来就趴在地上不动了。

我们被迎进一个不大不小的房间里，地上铺着瓷砖，家具比较新。床、桌子、沙发各安其位，还有很大的彩色电视，TCL的。墙上贴着两张图片，一张上有成吉思汗和36个分封王的头像，一张是成吉思汗的疆域图，成吉思汗的头像隐隐出现在上方，下面是一队骑马的蒙古骑兵站在地球的边缘。

男女主人都应该在60岁以上了，样子很和善，身体看起来很健康。男主人要高一些，瘦瘦的，手里夹着旱烟管。老人先简短地介绍了一下自己：我叫巴特尔毕力格，可以直译为“英雄的志气”。今年61岁，属狗。从1977年起就在小队、大队里当干部，2000年退下来。

顺治三年，乌拉特三公旗调到这里

老人好像早就做好了准备，拿起身边一摞书中最上面的一本，给我讲起乌拉特三公旗的历史。

乌拉特三公旗的祖先，是呼伦贝尔草原呼布特内满查干地方的。

呼布特是沼泽地、湿地的意思，内满是 8 的意思，查干是白的意思。很有可能，是这个地方曾有过 8 匹白马，起这么个名字做纪念吧。听说现在这个地方已经划在蒙古国了。

顺治三年（1649 年），3 个公爷带着部落上路，走了三年，1652 年到的这里。说是为了镇压西藏，还有包括新疆这一带的回族，防止他们入关。

搬过来定居，三公旗的人口分了，但地域没分。东至转龙村——现在包头附近，南到伊克昭——黄河一带，西到二郎山以西——现阿拉善，北至哈喇汉——现在的蒙古国，这边一管蒙古国人都叫哈喇汉人。

清朝为了管理方便，有个明确划分：前蒙古，后蒙古。前蒙古，基本相当于现在的内蒙古，有 49 个旗；后蒙古，基本相当于现在的蒙古国，有 56 个旗。

那个时候，政府分三个层次：旗，盟（蒙语叫朝格勒汉），中央。像乌拉特西中东三公旗、四子王旗、达茂旗和哈喇哈右旗等，都属于乌兰察布盟。那个时候的乌兰察布盟和现在不一样，除了四子王旗还属于它，其他的以前都是别的地方的。

这个编制一直延续到 20 世纪 50 年代才改了。

河套地域就是以原来乌拉特三公旗作为基础地域，后来成立巴盟才有五原、磴口这些农业县。

早先这个地方没有农业。清朝的制度，是各个公爷要去朝廷值日。北京专门有行宫，也就是办事处。办事处的开支相当大，朝廷给的费用相当少，连年下来亏空很多。这样就摊到牧民身上。牧民们很难受。公爷就想了个办法，跟皇帝说，我们这里良田万顷，但是需要人耕种。朝廷同意了，但是要求保证建好水利。

这样就在所有能够过水的地方开始大量开荒，也就是现在的前山，像先锋镇一带，主要是西公旗的地方。

旗是一种军事编制。3 个旗，相当于 3 个师。三公旗从呼伦贝尔盟移到这里以后，把着几个卡子。像哈德穆勒，就是现在沙德盖。据说是成吉思汗当年领军向南进发的时候，来到乌拉山北麓，看到全是森林，非常密集，辎重过不去。探路后，发现哈德穆勒这个沟还比较平，就让部下把树伐倒。哈德穆勒，蒙语里就是割出来的路的意思。还有昆都伦——现在属包头市，和西山嘴的卧羊台，都是军事要地。

成吉思汗打下天下后，封给他的亲弟弟哈撒尔 10 个旗，乌拉特是其中一个。这个旗的蒙人都是哈撒尔的属民的后裔。清廷把这个旗的王爷的 3 个儿子，又分出三公旗。西公旗是三公旗中的老大。

“乌拉特”来历的三种说法

关于乌拉特名字的来历大概有三种说法，比较接近的是“手工艺工匠”的意思。乌仁乔德，就是“能工巧匠们”的意思，后来简称为乌拉特。乌仁，就是手巧的意思，巧匠；乔德，是“们”的意思。这个部落是给哈撒尔准备刀枪马具的匠人们的部落。

能够考证的是，乌拉特的蒙人里有姓金的，蒙语的意思就是金匠，加工金子的。实际上，是做金属加工的。比如“阿拉腾”是金的意思，“阿拉特沁”就是金匠的意思。阿拉腾后面一有字，就念“特勒”。

有姓黑的，写成汉字就是“郝”，主要来自哈日努德苏木。这个苏木的人多做笨重劳动，重体力活的。

有一个额济格沁苏木，是做奶食的。

还有一种说法：哈撒尔手下有个能打仗的前锋，前锋的蒙语就是乌日德。乌日德也是个部落，清朝的时候才分成三个部落。

第三种说法是：这个部落在分的时候就叫乌拉特部落。

三公旗的苏木的编制也不一样。西公旗有 12 个苏木，中、东公旗各有 6 个苏木。这个编制不是一开始分的时候就这么多。几个旗成立以后，经过战争，西公旗是老大，打仗打得多，俘虏多，把俘虏编入自己的苏木，然后就成了自己的。俘虏不一定都是蒙古人。经过战争而统一，蒙古族也是一个大一统的民族。

那个时候的编制，不是光这一个苏木直接管理，下面有台奔，就是五十长的意思，50 户为一个战斗小组。当然，台奔可能管 30 户，也可能管 200 户。

西公旗的苏木全部编在原有的苏木里面。比如今天抓了 10 个俘虏来，有的苏木给 8 个，有的给两个。这样有的苏木很大，大到可以分成两个，像西公旗的阿拉特沁苏木，就有大、小阿拉特沁之分。

听风，就盼雨

这时，外面传来了隐隐的雷声。巴特尔毕力格突然有点坐不住了。我知道，这边的人天天盼的就是下雨。有了雨水，才有草长，才有羊畜的生长。我也就起身和老人一起出门看了一眼。

这一眼也把刚才匆匆进来的院子看了一遍。院子大概有七八米宽，10 米长，院子前面是一个和院子同样大小的畜圈，畜圈的一角都是柴火。柴火垒得整整齐齐。

去一个蒙人的家里，首先要看他家外面的柴火，柴火越多越整齐，说明这家的主人越能干。

这个院子的位置很有些意思，三面是山，只有东面是一条大河沟，很深，但是已经彻底干涸，完全成了路。我们就是顺着这个沟上来的。沟对面的坡上，就是我们来的时候先去的旧房。现在看那个旧房子旁边的石壁也非常有意思，干干净净的，没有一丁点土。

天色已经有些阴了。看着那条大河沟，可以设想，这里以前是多么壮观的一条波涛汹涌的大河啊。那个时候，谁会像这样，谁又用得着这样，听风就是雨。

乌拉特三公旗的划分

望了望，也就回到房间里了。乌书记说，老书记原来是中公旗呼日沁苏木的。呼日沁苏木就分为前、后两个呼日沁，是因为人口增多分开的。人口增多是因为繁衍，也有的是因为俘虏多了。

巴特尔毕力格抽了口烟，接着说。

原来三公旗的大体划分是这样的：从哈德穆勒以西，到西面的河套地区，包括二郎山，是西公旗。哈德穆勒以东到转龙村——现在的包头，前山一带，昆都伦以西，沙德盖苏木的别克提，呼和，海流斯太，这是中公旗的范围，包括现在的中旗的西半部和后旗的全部。现在包头昆都仑的庙就是中公旗的旗庙。那全是好地。

包头的东河转龙村的东面，到昆都仑河的东岸，再到五当召，就是现在的营盘湾，还有现在的明安、小佘太，和现在中旗的东半部，这是东公旗。东公旗的旗庙叫阿布太庙，在营盘湾那一带。日本人来烧了一回，国民党也来烧了一回，现在没了。

西公旗的衙门在现在白彦花镇所在地，中公旗的衙门曾在中旗的川井——现在边防一团团部在的地方，在现在的朝阳乡的大努其都和巴音乾达孟都设过。西公旗的衙门是固定的。中公期的衙门是游动的，倒是符合游牧特点。东公旗的衙门暂时说不清楚在哪里。

老人说着，开始翻那摞书，似乎要找到东公旗衙门的确切地点。我本来想帮忙找找，一看都是蒙文书，也就收了手。看着老人有些着急的样子，我说不必那么准确，就是讲自己熟悉的故事就很好。

对哈撒尔的诅咒成了祝福

老人听我这么说，松了口气，把书顺手给了坐在一边一直没有说话的老伴，接着说。

我姓郝，哈喇沁苏木的都姓郝。

乌拉特部落的主人哈撒尔射箭特别有名。据说一次成吉思汗西征，回来的路上，哈撒尔由于一件事情犯了法，按律当杀。这个时候，正好来到了咱们的小山嘴，就是现在的卧羊台，那有一口很深的枯井。成吉思汗对哈撒儿说，我现在不杀你，我煮一只整牛，放到这口枯井里，再把你放进去。下次我西征的时候，你要是活着，我就放了你，你要是死了就算死刑。

然后，成吉思汗继续向东走，走到了现在的明安川。那个时候，有个巫婆，法术高明，施了法不让成吉思汗过去。成吉思汗和部下商量：咱们怎么办？连个巫婆也打不过。部下们就说：这个巫婆，没有哈撒尔，谁也打不过。

成吉思汗就让部下把哈撒尔放出来。

哈撒儿说：为了等你们，我没吃牛肉。现在身体虚弱，需要调养。

成吉思汗同意了。

哈撒尔又提了要求：给我 100 天的时间调养。每天给我吃一只全黑的绵羊，不要有一点白毛的。100 天后就可以了。

100 天以后，哈撒尔基本恢复了，也拉得开弓了，就把弓箭拿上，找了个地方。

弓箭和箭袋这一套东西就叫沙德盖。哈撒尔把这套东西插在一个山顶上。这个山后来叫红山。这一插就插了个洞，现在还有泉水，一直有水。

哈撒尔过来站在郝业尔哈日上，就是两个黑山头的意思，一个脚踩着一个黑山头，面朝北站着。现实中，这两个黑山头相距大概一两公里，放箭袋的地方距此地三四十里地。

老人指着外面不远的山继续说：在离这个地方不远的山里，巫婆正站在泉水边，往桶里担水。哈撒尔念念有词说：如果射中的话，她朝前倒，对我不利；朝后倒，对我手下的百姓不利。希望她尽量向前倒，宁愿对我不利。

结果一箭射中。但巫婆没有马上倒下，而是看了一眼箭来的方向，向侧面倒下了。哈撒尔自己和部下也都没有不利。

巫婆倒下了，还没死。她已经猜到了是哈撒尔吃了黑绵羊的肉，所以就诅咒，以后这个地方的黑绵羊永远不要长到 100 只，还诅咒哈撒尔断子绝孙。但这个咒语没有说完，说了半截。按照蒙语的说法，要说“断子绝孙”的话，是“子孙”在前面说，“断绝”在后面说。“断绝”这个词还没有说，巫婆自己就死了。结果诅咒反而成了祝福。

后来，哈撒尔的子孙特别旺盛。但在这个地区，全黑的绵羊就没有了。我这么大了到现在也没有见过。

以后这个地方就叫沙德盖。巫婆倒下去的时候，把水舀子扔在了另一个山上。小佘太的一个山就叫石那干，就是水舀子的意思。

后来，有人去红山山顶祭敖包，上面真的有水。整个山没有树，都是粉红石头，山脚下有点树。每年在那祭敖包。也是从那以后，住在那边的人，每年都要祭敖包。

草原上的男人都要有这么个烟袋

老人说到这里又开始抽烟。大概发觉我盯着他的烟袋，就微笑着递了过来。我接着抽了几口，味道不错。但我不是抽烟的人，只是想尝尝味道，真正感兴趣的还是那个烟管和上面的小银饰。

黑色的烟袋倒是一般，烟管的材质看不大清楚，小小的铜烟锅子锃亮。烟嘴是白玉的，感觉那不是一般的玉。烟杆和烟袋之间是一条银链，打造得很精致，链子的头是个龙头，龙眼、龙鼻十分细致逼真，甚至龙嘴里还有一个长长的舌头伸出来。

“这东西，在前几十年可以换一匹马子，”乌书记坐在我身边也仔细瞧着说，“那个时候我们草原上的男人，就像现在你们城里男人要有个好手机、好手表什么的一样，都要有这么个烟袋，那才是好样的。”

“我这也有一个，”乌书记看见我对烟袋上的银饰爱不释手，就拿出了一串钥匙，果然上面也是一个雕刻得很精致的有着小龙头的银链子，“这是我参军的时候母亲从自己的烟袋上解下来的。从那以后，我就一辈子带着，所以一直感到很幸运，朋友很多。”说起母亲，乌书记的表情很动人。

乌书记曾是阿勒奔苏木的人大常委会主任，现在是苏木宝泉矿业公司总经理。61岁的人了，满头黑发，竟然一根白头发都没有。

我看了看巴特尔毕力格老人的头发，一眼看过去竟然也找不着一根白头发。倒是老人自己指着鬓角说：有了，已经有一根了。

博赫布日金的胸腔住了一群狼

巴特尔毕力格老人接过我递回去的烟袋又来了兴致，又讲了一个传说。

你们都知道蒙古人最喜欢博克，就是那种高高胖胖的摔跤手。但是你们知道为什么乌拉特没有著名的博克吗？

有一个民间传说。

乌拉特本来有很优秀的博克。那是在一个部落里头，就是在现在的川井地区，以前住着一个叫博赫布日金的人。当时，博赫布日金是乌拉特部落的第一摔跤高手，已经把本部落的所有高手都摔遍了。

哈喇汉，就是现在的蒙古国一带，和中原地区的物资交流集中在张家口，川井是来回驼队的必经之路。博赫布日金就到川井的驼道上等，过了驼队就拦住问有没有摔跤的。要是有，立即就要摔倒他。

没有驼队的时候，博赫布日金也在路边待着，没事就抱起整个整块的大石头垒在那里。现在那还有。

一天天晚了，博赫布日金正准备回家，路上来了一个老头。他就问老头：听说哈喇汉有很多摔跤的，等这么久，怎么一个也没有等到？

老头下了骆驼，开始端详他：你站好，我看看你是不是摔跤的。

老汉绕着博赫布日金走了两圈，突然从后面用两个膀子把他一压。博赫布日金的两条腿没有跪下，但两个膝盖也差不多快到地上了。

老汉说：我现在老了，年轻的时候也是摔跤的。看你还不错，就收你为徒弟吧。说着，老头就把自己的烟袋送给了博赫布日金。

博赫布日金连忙从身上拿出鼻烟壶，送上，算是认师。

老汉后来要走了，告诉博赫布日金，哈喇汉那边大概是什么时候要在哪里开那达慕大会，让他去。

博赫布日金一直在等这个日子，终于启程了。

走到半路的时候，到了一个水井边上。井边站着个姑娘正在饮骆驼和牛。博赫布日金就问：那达慕大会在哪里？

那个姑娘回头看了博赫布日金一眼，拿起饮骆驼的石水槽子指了指方向，石水槽子里的水一点也没有漏出来。

博赫布日金一看，就举起一头两岁的骆驼，也冲着那个方向说：就是那边吧？

到了那达慕大会，真是没人能摔倒博赫布日金。

过了两天，人们都说，乌拉特的就是厉害。还是把那个最厉害的请来吧，不然奖金就让乌拉特的人拿走了。

过了几天，听说最厉害的真的来了。

博赫布日金偷偷过去，撩开毡房帘子一看，就是那个女的。

看见那个女的把上衣脱了，用红布裹自己的奶头。那个时候，摔跤不让女人参加。那个女人要参加就要先把自己打扮成男的。博赫布日金一看，也有点担心了。

过了几天，开始比赛了。果然就是这个女的。

上了场，博赫布日金就来回转圈，不敢让她抓住，知道她力气大。然后就一个劲地抓人家的乳房。摔跤的人手劲大，一下子抓了个奶头下来，把人家给弄死了。

弄出了人命，博赫布日金就赶紧往回跑，知道人家要报复。

半路上走进了一个蒙古包，里面坐着一个老婆婆。老婆婆问，从哪里来的？博赫布日金说：从那达慕上回来的。

老婆婆问：怎么回来的？

博赫布日金说：让人家给摔倒了。他不敢说实话。

蒙古包的火盆旁边有一堆扎嘎，就是梭梭林根部的树桩子，那种木头的木质特别硬。那个老婆婆眼睛红红的，一边叨唠着说：“我有一个儿子，也去那达慕了”，一边就用手把那个扎嘎捻成粉放到火盆里。

博赫布日金趁着老婆婆出去的时候也试了一下，根本没有那个力量。

睡觉的时候，等了半天老婆婆才睡着。他就把蒙古包掀起来压在老婆婆身上，赶紧跑了。老婆婆追他，没追上。

博赫布日金回来后，不敢声张，就偷偷地娶妻生子，准备好好过日子。

生了一个儿子和一个女子。等着孩子长大了，博赫布日金想试他们一下，把一个饮马的用大石头压住，跟儿子说，你去饮马吧。过了一会儿，儿子回来说，我不行。

博赫布日金一看，说没有传人了。然后说，告诉你姐吧。他姐姐过去，过了一会儿就把马给饮了。后来，博赫布日金就把这个女子聘到了哈喇汉。

后来，哈喇汉的摔跤好手特别多，乌拉特却没有了好手。

又过了很久以后，摔跤手博赫布日金死了，乌拉特这个地方的狼特别地多了。后来人们发现，狼就住在这个摔跤手的胸腔里面，肉早就没有了，他的胸腔是个洞，住了一整个狼群。

以前，乌拉特有很多摔跤好手。到了现在，乌拉特就没有一个好手。前旗没有一个能比得上中旗、后旗的。一办那达慕，一等奖就是外面人的，当地摔跤就没有厉害的，体能竞技不行啊。

几句话说得大家都唏嘘不已。

乌书记这么一个当地土生土长的人，也承认从没有听过这个传说。他静静地想了一会儿，说：这两个的确是事实——羊群里没有全黑的羊，乌拉特没有好摔跤手。

供“安塔”的人家

巴特尔毕力格老人谈兴正高，又说起了当地的一个风俗。

过去这个地方，有乡亲家里供一种神位。是筷子长的红柳，在那个上面缠了五色绸缎，在家里祭祀。

这不是来自于神的，是这家某一代，如果有一个很有天才、很厉害、威望很高的人，他快死的时候，家里人就准备好这么长的红柳木，大约有个五六寸，等他即将咽气的时候，拿上让他把最后一口气吐在红柳上，然后用五色绸缎包起来，那种带穗穗的绸缎，然后供奉起来。这个就叫“安塔”，汉语是争气、争斗的意思。供奉的就是人的最后一口气，消灾辟邪的。

安塔，一般是在房子的西南或西北拐角的房顶上盖个小房房，供起来，前面有供品。有人骑马过供安塔的人家的时候，必须下马，不然自己就要有灾了。

说着，到了吃午饭的时候。巴特尔毕力格带着我们出来，到了几里地外的一个小饭馆里。反正是开车去，不觉得远。

小饭馆其实是个简易工棚改建的，看来是工地上工头们常来吃饭的地方。

老人和所有见着的人都真诚地打着招呼，看得出来，这些人非常尊重这个老人。

快吃完的时候，我趁着老人到门外说话的工夫要去结账，乌书记一把死死拦住了我，说老书记说好了是他请客，要是你结了账非和你翻脸不可，下午就什么也聊不出来了。我只好作罢。

回来的路上，坐在车里，我不由得又赞叹起他们二位的头发是这么好。

老人撸撸头说，都是因为太阳太毒了，把白头发也给晒黑了。

那个时候，咱们这个山山水水都是最美的地方了

回到屋里，老人一坐下又接着讲起来。

我们海流斯太生的土人，小的时候就在这里。那个时候，山上和门前这个地方，都是树。从这里到山里都是泉水，水里长的都是水柳，山上都是樱桃树、柏树、榆树、桦树、杨树、松树，还有很多结果的树，像桑树、野杏、面果树。面果树和樱桃差不多，果实和沙果差不多，现在基本上没了。还有酸枣树、公树。公树的汉文名叫酸黄檗，和柏树不一样，是一种药材树。没有黄连的时候，就把酸黄檗的根和苦豆草根晒干，熬起来给羊下火。山上这些树都长得满满的。

河滩里，从这里到山里，都是泉水，有黑格棱（一种灌木）、樱桃、杨柴（专在沙漠里长的）、麻黄（不怕火烧）、沙蒿（品种很多）、沙柳。

沙里面的草本植物就有100多种，药材有灼基、沙蒿、沙葱、着蒙、登消（专在沙里长）、艾蒿（扎针灸的时候捻成绳绳点上）。小时候抽风，没有火柴的时候，用火镰打燧石，用艾取火。石头就用山上的纯硅石，白色的，用火镰打，用嘴吹。那个时候，去包头才能买到白头洋火，划在哪都能划着，不安全。蒙语叫“取灯”。

成吉思汗曾经路过这里，禁不住地赞美：

> 鹿和狍子都能在这里生存，
> 妇孺老幼都可以在这里居住，
> 这是多么美的地方。

这个山上，20世纪40年代还有鹿，咱们的老一辈人见过。山上有狐狸、狼，还有豹子、青羊（山羊类）、石羊（野生盘公羊和家养的绵羊交配生的）、狍子（属鹿一类）。

北面的沙里面动物多，最常见的是黄羊。黄羊有两种，查干奈的这个品种，个大，肉多，包饺子绝了。还有一个品种叫苏勒特黄羊，尾巴比较长，尾梢子上有黑毛，体形较小，多的一群就有四五十个，也有十来个一群的。

我十来岁在阿勒奔上学，中午骑马去学校。在阿勒奔东畔的沟里，都是黄羊正在回来喝水。一跳一蹦的，蹦得高，很难打。1960年的时候，政府部门专门组织各处的好猎手打黄羊，往旗政府里送。

遇上的时候，黄羊刚喝完水，受了惊，从水边匆忙跑开，有的就从你身边跑过，一伙伙跑到山上，然后回过头瞭你。

那个景象，一说就想起来了。

那个时候，咱们这个山山水水都是最美的地方了。最有价值的东西是那个青羊，人跌断腿后，或者头疼，就用那个畜的血，最管用。青羊的皮子值钱，解放前，能穿青羊皮子大衣的都是有钱人，越冻越暖。还有鹿，我在山里见过那个鹿的角角，就是鹿茸，那时候打鹿的都是取鹿茸的。一九六七六八年的时候还在山里见过。

还有野猫。以前这里没有猞猁，大约是改革开放以后有了猞猁。不知道从哪里过来的，尽叼羊。

还有叫布拉嘎的，一种獭类，最大的特点就是皮能做成帽子戴头上，下雪天不挂雪，又耐潮。

药材有党参，在大树底下长，一扎就出奶子一样的水，补气的。有大黄、黄芪、铜颈草。铜颈草是和红铜一样的草，专在不见阳光的地方长，女人生了病就喝这个草的汤。汉人有个顺口溜：

铜颈草，苏柏柳，

前炕喝了后炕有。

现在基本没了。那个家伙不见阳光才能生长，现在哪有不见阳光的地方。以前可多得是。

滩里面的马莲根，一九六几年的时候，说是可以当棉絮那么用，做垫子都是马莲根絮面。就几年，给掏尽了。

有的是当药材给挖了，有的是滩里点火就少了。杨柴那种东西，不论湿干，只要点上就能着。所以那个时候，人们为了省事，抱了杨柴回家烧火。才几年都没了。

一部分是因为天旱，一部分是人为的破坏，一部分药材被人刨干净了。

还有白索阳、红索阳。红索阳是在哈妹根上寄生的，白索阳是在榛榛林根部寄生。都没了。

还有叫桑日朗的，多年生的草本植物，可以入药，最粗的两三公分，长在地上深达1米多，是一种珍贵的药材，益气补肺的，沙生的植物。

山上还有一种叫玛奈花的，大名叫木香花，也可入药，驱汗发热，用于感冒发烧的。现在也没有了。

以前甘草也到处有的。

山上光蘑菇就十多种，还有野葱、二叶葱、山丹丹、野蒜也叫野韭菜和泽盂，是用来调味的。

总的来说，以前这个地方，草药是很多的，人能吃的很多。由于天气的原因，更多是因为人为的原因，很多消失了，或者非常少了。

这么好的山山水水。乌拉特前旗吃的水尽是乌拉山的水，都是阿勒奔的水。种地的，打深井，就是这个山里的清水。慢慢的水都没了。越没水越打，越打越没水，有的地方已经打到200米深了。

说到这里，巴特尔毕力格突然停了一下。

喜鹊失业了

微微有些惆怅的巴特尔毕力格又接着说。

我的父母都是这个地方放牧的。

刚解放，乌拉特中公旗在包尔汗图办了一个学校，10岁以后在那边上学。10岁以前就在家里喝奶子——也不管是牛奶还是羊奶，抓秏子。

那时候，喜鹊可多了，孩子常上树掏野鹊子蛋。现在，鸟也都搬到城市里了，因为城市里树多。以前冬天，哪家门前不是有十来窝野鹊子。

现在，真正的乌鸦也没了，以前山坂多的是。只要门前好多鹊子叫，就知道来人了。现在是电话通知了，电话就是喜鹊，喜鹊失业了。

说起喜鹊，巴特尔毕力格又是若有所思的样子。

小时候，一到七月七，喜鹊就不下山了，都不见了。传说喜鹊去给牛郎织女搭桥，头对头搭桥。过十来天再见喜鹊的时候，喜鹊脖颈的毛毛真的不见了。那个时候都相信，喜鹊确实是去搭桥了，让牛郎和织女踩的，现在也说不清楚。

念了两年蒙校，包尔汗图的学校撤了，1957年就到西官井去读书，又念了两年，都是蒙校，又给撤了。1959年快冬天的时候，去阿勒奔读书。那个时候已经成立阿勒奔人民公社。放假的时候，坐拉矿的大车回家，在阿勒奔念到小学毕业。我是阿勒奔蒙完小首届毕业生。

少年变青年的时候跑回来了

回来又在白彦花蒙中念了1年。那个时候，正是少年变青年的时候，不想念了，就跑回来了。

那个时候，负责的人也多，讲究实事求是的人也多。我也算念得不错的，老师来叫了我两次，我就是不走，从此一直待在乌拉山。

现在背也驼了，牙也掉了。

1962年回来，1964年社教，1966年正好20岁，“文化大革命”开始了。

“文化大革命”的时候给定成牧主，后来平反了。

以后，放了一群羊。当小队长、大队长。2000年，年龄大了，也就退了。

现在没地，有一个草坡坡，1997年划分草场的时候，给了3000来亩的草场。放牧的时候，不管谁的草场，都是随意去的。现在开矿，开到谁的地面上，谁就享受补贴。我的草片上没有矿点，只有过车的时候，有点补贴，一年补个两三千块钱。如果出来矿了，大体上，一个口子一年一户给上一万五千元。这个是嘎查和矿上定的，这个嘎查里的都差不多。

我们这就是个路过的。

我们的羊，连羔羔就是300多头。今年绒卖了3万元，每斤144元卖的。

以前我五花花牲畜都养过，现在就这一群山羊。要是像现在这样旱下去，怎样提高牧民的生活啊？

要建设生态友好型的牧区，能不能给牧民设个基金

现在正在搞阿勒奔的十一五计划。

这里原来是很好的地方。随着时间的推移、人为的破坏，变得越来越糟糕了。政府应该采取措施，就像中央说的，要建设生态友好型的牧区。

现在像咱们这种特殊的地方不多了，前山一个，后山一个，有两个牧业乡。这里矿产比较丰富，开采力度大，对这里的生态破坏得也比较厉害。

咱们海流斯太没有地。

能不能，把开矿收的税拿出一部分，给牧民设个基金，把牧民的生活稳定在现有的基础上？

前山的各个嘎查基本上还是两种经济形态都存在，有农业、有牧业，可以靠两种生活。我们这里能不能发展饲草料地？巴音温杜尔、弥尔图、海流斯太、呼和温杜尔和梅力更，这几个地方都比较特殊，只有牲畜，没有地。这种经济类型的，在全旗范围内，也不是很多，加之人口分散，人也不多。要是能从财政上给予特殊的补贴，也不会对旗财政造成过大的压力。

特殊照顾不是很难的事情。十一五计划宣布建设社会主义新农村。在这个地方，可以国家投资，个人合资，开发饲草料地。现在，缺乏饲草料地是影响牧民生活最关键的地方。

第一，饲草料地建设非常重要。

这边一户人家多的 300 头羊，大部分是一两百头羊。要是 300 头羊，就能有 200 斤绒，一年 3 万来块钱。买草料，防疫，就要上 1 万块。每家还有学生，剩下的就是买个吃的。

去年 1 亩地的玉米秸秆是 80～100 块钱，一车能拉 5 亩地。5 亩地玉米草的成本是 400 块钱，拉回来的车费是 300 多块，装一车要 120～160 块。拉回来一车草要 1000 来块钱。平均 50 头羊一车草，300 头羊就是 6 车草，就是 6000 块。

光草，一头羊一年平均 20 块钱。

还有料，300 头羊，要 1.5 万斤料，就是玉米。按 7 毛 1 斤的料，去年还是 4 毛 8，算 5 毛钱，就要 10500 块钱。

再有防疫医疗，平均一头羊三五块钱。少做可以，一旦得病更可怕。平均下来每头羊要 5 块钱。

各种费用加上，生产投资过大，实际上要 1.8 万块钱。那 3 万多块钱的收入就剩 1.2 万块。有矿点的还有点收入，没有矿点就没多少收入。占草场的过路才给点。

因此，这个地方的饲草料地的建设势在必行。牲畜少的家，都是来五去五，陪点辛苦。有的连生活都不够。

第二，希望国家帮助优化畜群结构。要精简现有畜群头数，以草牧场的面积限定畜群头数，就是草畜平衡。这个工作难度大，但是必须做到。

第三个措施，就是在减少牲畜头数的基础上，大力推广轮牧、休牧，给草牧场一个休养生息的机会。

这个地方，还是轮牧好。这边放半年，那边放半年。这样，草也能长起来，牲畜也能有吃的。

再有一个措施，农牧区结构调整落实后，剩余劳动力应尽量输送到其他地方。或者旗内的选矿，补助因为牲畜头数下降而造成生活水平下降的家庭。

现在，当地的牧民由海流斯太嘎查委员会联系，把富余劳动力安置在海流斯太的几个铁矿。咱们这个地方的富余劳动力找到第二职业是可行的。嘎查的领导们做得很对。铁矿一年生产 8 个多月，每个月有个 1000 来块钱的收入，一年下来大概有 1 万多块钱的收入。

嘎查为牧民办的事情，真心真意，取得了好效果。但据说，嘎查里面没有什么收入，靠山吃山，靠水吃水。这么好的资源，嘎查里面没有收入，就不是很乐观的事情。希望乡里面帮助留一部分收入给嘎查。

嘎查没有收入，是因为当年的领导没有和矿上约定，后来领导变更，也就没人要得来了，没人愿意给了。

海流斯太铁矿是集体经济，对当地的发展有贡献。当初，拉杆上电，是人家出的钱。去年又把附近的木电杆全部换成水泥的，花了 30 多万元。

海流斯太铁矿建场初期，资金困难，说当时给不出来。2000 年前后，矿场答应给嘎查每年 1 万块钱，但是嘎查基本没留，全变成牧民的补贴发放了。

海流斯太铁矿做得不错。但是其他选场可能不行，在谁的草片上给谁补 1.5 万元，对当地嘎查就不管了。

现在海流斯太嘎查有六七个选场，阿勒奔（苏木）就有 31 个选场。现在还有正在新建的 3 个选场。苏木一年 4000 万元的利税，都靠着这 31 个选场。必须平等，让它们都担负一定责任，这样才能壮大集体经济。

这里的农牧民都没有税，老百姓还吃补贴。有的时候给点饲料，有的时候给点钱。

国家有三项补贴补助。牧民的补助全年休牧是一亩补 4 块 9 毛 5，本来自治区给 5 块钱，让巴盟扣了 5 分钱。这里 55 万亩全年闭牧，其实一般一家也就是几百亩休牧。

农区粮食补助。一亩地全年补 6 块 1 毛 2 的柴油化肥。亩数乘以产量（3 年内均产），500 斤乘 3 分钱，一亩地平均 15 块钱。加在一起大概是 21 块钱。

退耕还林能有 160 块钱。有人以前为了少缴税报得少，现在给补贴，又后悔了。

最后还想说，工作了 20 年，应该给我个荣誉本本。现在老了，也不好意思去乡里。没汗马之劳，总也有个拉马之劳。干了这么多年，能不能给个荣誉证？钱又不多，一年就补个 300 来块钱。听说现在又涨了。

老村干部和老嘎查长，每个乡或苏木给 25 块，旗里给 25 块。其实，乡里不给，只有旗里的 25 块，一年就是 300 块钱。后来有个乡，把有些没当过正队长的，连妇女队长、民兵连长都给报上，上面就给取消了。

我这一生的工作都离不开老伴

谈话快结束时，我正准备走，老汉突然说还有话要讲。原来是想说说一直坐在身边一言未发的老伴。

年轻的时候不重视文化，念书念到初一的时候，自己不重视，其实学习得也可以，就自己回来了。老伴也是念到六年级就回来了。家里困难，女孩子读书也不算什么，就回来。

当时，念书的人比较少，就请回来当民办教师。教得也不错，在学生家长那里也不错，经过考试也是国家正式教师了。她是一九七几年开始当的教师。

这一生当中，最遗憾的就是没有文化。所以下定决心，培养娃娃们。

现在两个大闺女都中专毕业。大女儿在呼盟新巴尔虎右旗档案馆工作，二女儿在中旗海流图居委会工作。

三小子从呼市农牧学院毕业，本科生，在内蒙古轻工业研究所。

四女儿在通辽民族大学，大四了。

一生信奉公道二字。一生工作努力，自认为，没人骂，在当地是人人尊重的。但是一生的工作都离不开老伴。

我这家庭是和睦的家庭。我这一生没有留下什么财富，留下了几个人才。

老伴叫萨仁青格勒，就是月亮一样明亮的意思。

一直坐在那里瞪大眼睛看着巴特尔毕力格的、瘦瘦的萨仁青格勒竟然有些羞涩了。

乌拉山后山三牧民

一个有着一肚子的乌拉特西公旗的传说；一个当过侦察兵，胸前文着奔马的纹身；一个在当地收入上等。

额尔登布拉格苏木是纯粹的牧区。和别的镇不一样，这个苏木党委的书记和苏木达都是蒙族干部，这里的居民也多是蒙族人。一般说“后山”，就是这里，乌拉山的北面。

“三菱”变“二菱”

第二天一早，乌书记开来了一辆很旧的三菱越野车，是为了陪我进山特地调来的。

进山没有公路，都是土路。车在土路上颠簸得很剧烈，给人一种很强烈的越野感觉。我突然想自己开，乌书记很爽快地同意了。

车在土路上猛烈地颠簸着，我想放慢速度，乌书记却催我开快，因为这样的路面越快越好走，可以用速度省略那些细微的不平。我当然愿意开快，就按着他说的加快速度，果然颠簸程度有所减轻。开起来后，从后视镜里看到扬起的灰尘飘得非常远。想来当年成吉思汗的骑兵们，大概也就是这般纵马驰骋的。

乌书记说，他以前就是骑兵，边防军，转业回来的。

车越开越快。但是没过多久，乌书记就让我停下来，因为他听到车身发出了一种异常的声音。

我们下了车。果然，右后轮减震发生了断裂，已经磕碰油箱了。再开几分钟，一旦油箱漏油，会不会爆炸都不好说。

乌书记给镇上打电话叫人过来。我打开我的手机，才发现这个地方已经靠近山跟前了，一旦进山就连电话信号都没有了，不禁倒吸了一口凉气。

我们停在用铁丝围住的一个巨大的牧场外面。山似乎很近，不过都知道“望山跑死马”的道理，怎么也要四五十里地外了。山，光秃秃的，没有树，相当苍凉，牧场上的草正在返青，但是相当稀疏。要知道这已经是夏至时节了。

对着荒凉的大山，乌书记说起小时候的事情。他们经常去山里玩。那个时候，一进山，脚下就是一层厚厚的树叶，踩上去就像地毯。山风从四面八方吹来，夹着各种各样的树的味道，最浓的是柏叶的味道。山里到处是泉水，渴了趴在那就喝，那个水是甜的。

说着，镇上救援的人来了。他们开来一辆更老的北京吉普2020S。至于三菱车，就是用凝成股的8号铁丝把减震绑好固定。

“把二菱开回去吧。”很有军人气质的乌书记冲着他们挥了挥手，把三菱叫成了二菱，表示了自己的态度。

2020S是一款很经典的车。小的时候，每当这样的车经过的时候，我们小孩子都要驻足，遥望乃至在心中评判很久，如果有个小伙伴，就会一起说起上回见到这辆车的情景，车上下来什么人，或者一晃而过之间看到了什么什么人。

坐在2020S上，才知道这是乌书记花7000块钱买的一辆二手车，昨天刚到手，还没有验车。原来想买回来找个熟人重新检修，油漆一下，换换内饰，没想到一下子就用上了。

一听是私家车，我决定不开了，同时也多少有些内疚，那三菱应该是由于自己的车技而变成“二菱”的。

很快进了山。真进了山才知道，山其实不高，山路也不陡峭，都是比较平缓的山坡，有些起伏，总的是逐渐爬高。在这样的路上开越野车真的是享受啊。

乌书记笑呵呵地说：我们这种人就是又没钱又想玩车的人。

大概跑一个多小时，开始看到山脚下的人家。快到那个人家的时候，一个当地的女人侧骑着驴，慢慢地走在路边，很仔细地打量着我们的车。一开始，我以为是乌书记的熟人，但是乌书记没有任何反应。车经过她的时候，看见她头上像阿拉伯人一样包着格子头巾，一刹那让人有身在异域之感。

车很快上了一个小坡，停在那个院落的门前。门前有一根很高的杆子，似乎是一种标志。杆子上拴着一匹褐色的马，马嘴上有一个袋子，袋子里是草料，马嘴里嚼着，一边警觉地看我们几眼。马并不高大，但很粗壮。这是典型的蒙古马，极有耐力，跑起来十分平稳，当年的成吉思汗铁军应该就是靠这样的马横扫欧亚的。

门是漆成暗红色的铁皮门。根本不用敲门，门上有个小开口，乌书记很熟练地把手伸进去，门就开了。一进门，见到右手边墙上挂着的马镫和马鞭子，我知道，这是真正的牧民家了。

院墙是砖墙，院子在200平方米以上，北墙前是连排的高大砖房。乌书记没有把我带到那排高大的房子里，而是进门后向右到了一间相对要矮窄得多的屋子里。

里面有两个白发苍苍的人。一个是真正有些衰老的老人，另一个只是头发正在变白的中年人。他们都有着明亮的眼睛和黑红色的面庞。最吸引我注意的是那个中年人，身材很高而有些单薄，穿着件浅蓝色布衫，敞着怀，暗红色的胸前文着一匹飞奔的骏马。他上身还斜背着一个真皮的盒子，很像枪盒子却又不是。他看我注意他，就解释说，老人是这家的主人，而他是偶然过来帮忙的。

老人把我让进里面的床上，自己则坐在一把椅子上。我们隔着一张桌子，桌子上有一个很大的铝盆，里面放着大饼和奶食，看来这是给我们准备的午饭。我没有多客气，用奶茶泡了炒米，吃着大饼。大饼看着很一般，一入口竟然很香，很新鲜。我连声叫好，蓝衫中年人厚道而不乏得意地笑了笑，拿起旁边的矿泉水瓶喝了一口。

坐在我对面的老人的身形略有些佝偻，看得出在观察我，也在琢磨着到底和我说些什么好。也许我对大饼的叫好一下子缓和了什么，老人很自然地介绍起自己。

“嘎乌力吉”，全前旗也没有和我一样的名字

这个地方以前是额尔登布拉格苏木的白彦花嘎查哈雅尔忽同。现在，额尔登布拉格苏木给合并到阿勒奔苏木了。

哈雅尔忽同是两眼井的意思，以前这里泉水很多。

我叫嘎乌力吉。前面的嘎字，是个藏文的开头。乌里吉是寿辰的意思。过去，到处都是喇嘛，生了孩子，就专门提上东西，奶子、黄油什么的，去庙里求个名字。这是很有道行的孟克宝音老喇嘛起的，全前旗也没有和我一样的名字。

我今年 66 岁。牧民。当过大队队长、书记 21 年。

我们老两口有 3 个小孩，全部成家了。现在和二小子一家一起生活。

有个马群，十几匹马，还有绵羊 200 多头、山羊 300 多头，有饲草料地 30 亩。

我爷爷辈在这个嘎查的巴彦温杜尔沟上住。爷爷的弟兄有 5 个。

我能记得最清楚的是姥姥，也在那一带住着。

为什么要搬到这？因为姐姐嫁到这里。

母亲叫嘎日布，父亲叫塞力布杂布。父亲年轻的时候，还是民国时期，给抓了壮丁，就再也没回来。那是一九三几年，给阎锡山的兵抓走的。

在中滩那个地方，最早有阎锡山的农垦部队。

我有弟兄3个、姊妹4个。姐姐70多岁，老大68岁了，我是老二。

六七岁时候，日本人来了。我没见过日本人，但是看到过像我们现在搞飞播的那种飞机，沿着山脉飞。姥姥告诉我，要是看到飞机，就躲在石崖下头，因为要是飞机看到了小孩，就会像老鹰抓小鸡一样把小孩抓走。有个时候，一天飞几批，一批十几架。我躲在石崖下面，又想看又吓得不成。后来知道，那是日本人炸五原城的飞机。

当时的主要生活来源就是放牧。粮食的来源，叫“拣田”，拣糜子。前山的在前山拣，后山的就到大佘太、台梁那去。还用畜产品兑换。

民国晚期，流通的也是纸币。阎锡山的钱，是一万二万，一千二千的。后来货币贬值的时候，人们不是数钱，只是数捆了。钱太不值钱了，老百姓糊窗户，都用的“万元币”。

有个亲舅舅叫嘎巴吉，上过日本人办的学校。那个时候上学不自愿，不管你乐意不乐意，不管你是不是不想去，来了抓上就走。他学了三四年，相当于小学文化，懂蒙语，懂日语。那个时候，在这个地方，已经很有文化了。学成回来，因为家庭生活困难，就用“夹闹”抓黄羊、狐狸、狼。有一次，“夹闹”夹住一只狐狸，就用棍子打。以为打死了，扛上往回走。其实狐狸是昏过去了，半路上又醒了。这样受了惊吓，回来得了一种病，不到一个月就走了。

说到这里，乌书记似乎也很感兴趣，就和老人讲起了蒙话，表情非常生动。过了一会儿，乌书记给我做了翻译：

过去这个地方叫嘎日地，他们的羊场房在现在的西羊场。有一天，突然来了10辆卡车开到羊群边，跳下来几个人，都是日本人。有一个懂蒙话的，叫那个放羊的上车，领路去西山嘴。他就领上去了。到了山嘴那一带，见到战壕，突然出来一群黑压压的穿蓝色军服的兵，那是傅作义的兵。

日本兵和傅作义的兵交了火。他躲到了车底下。

一会儿日本兵把国民党的兵给打乱了，就开着车撵，撵到了半山，抓住了十几个国军，剩下的都跑了。

日本兵就把国军两个一对，捆在车后头给拖死了。

回到西羊场，日本人拿出几个罐头给他吃。他已经给吓得不得了，不敢吃。日本人就自己大吃了一顿。然后把他放回原来的地方，往大佘太走了。那个人想的是，能拣条命就不错了。

以前要是砍活树，要外加很重的处罚

以前的山上不会这么秃吧？我想起乌书记说过的甜甜的山泉和山风中四散的柏叶清香，问老人。

说了两个可笑的故事后，听到我这个问题，嘎乌力吉把头低下，然后轻轻地点了点头。

过去，乌拉特的三公旗有这么一个规定：如果是放牧，牧场可以交叉；如果是开荒种地，你必须在自己的范围内。管理得很严。

西公旗公爷在的时候，对保护山林有规定：山畔畔上可以住，山里面不能住。那个时候的苏木，也相当于今天的苏木。现在不叫乡，是因为想保持这个民族的传统叫法。各个苏木都有自己保护的林片，由各苏木的“章盖”，相当于现在的苏木达，直接分管负责。如果上山林要搭棚子的话，只能砍伐死树。要是砍活树的话，一个是没收，一个还要外加很重的处罚。

林产品可以交换一些东西。三个指头粗的椽子，砍下来，送到现在的河口，可以到套里换到 1 升——相当于现在的 3 斤——糜子。把农区的糜子运回来，用自己的碾子碾米。有的时候是自己用手，这么着把皮子褪了，才能吃。

老人说着做了个用手搓的姿势，然后看了我一眼。

老人的目光很单纯，但是在我们一刹那的对视间，我仿佛看到那一山的苍翠，然后在下一个刹那间又立即是满目苍凉。

这个对视让我回忆了很久。后来每当我回忆起他的眼神的时候，我只记得他微微低下的那长满白发的头颅。

在那对视之后，我慌忙向房顶上无意间望去。在房子的最高的地方，也就是两根细木并排做成的房梁上方正中，放着个正方形的红布包。里面应该是些辟邪之类的经咒吧？我这么猜想。这是一种文化，也是一种感情，对自然之神的感情。

蒙古人以苏木为姓

老人似乎没有在意我这么多的想法，接着换了个话题。

一般在形式上，蒙古人的名字没有姓，这个地方的汉人也这么认为。实际上是有的，蒙古人以苏木为姓。

我就姓正，是中心的意思。我们那个苏木就叫正，是当年公爷直辖的苏木，所有的人员都是为公爷服务的，有后勤、出纳什么的，相当于现在旗委、政府办公室。这个苏木有文化的人比较多，出秘书，苏木也重点培养。

那个时候，当秘书的没有工资，只有一个职务，都是轮班，一轮 3 个月。吃住都是公爷统一负责。交通工具是马，自己带鞍禅，就是一整套马具。

乌拉特西公旗有 12 个苏木，就有 12 个姓，这个姓和汉族人的姓是有区别的。人不多，一个苏木也就是五六十户。

苏木是一种军事编制。正姓的苏木比较高级一些，打仗的话，如果正姓苏木没有搭起帐篷，其他的 11 个苏木就没有权力择地搭帐篷。也就是说正姓有权力择最好的地。反正，什么都有层次，都有说法。

不仅仅在西公旗的俗民里是这样，在庙里也是等次明显的。梅力更召是我们的旗庙，下设24个小庙，这里面额尔登布拉格的庙相当于中心庙。中心庙最小的班顶，就是徒弟，去梅力更召的法会帮忙的时候，也是在伙房里帮忙，倒茶端饭。其他庙里的班顶去，只能在马棚里面，或者劈柴火，不能接触人吃的喝的东西。庙的等次不够，小班顶去也要受罪的。

德布斯格庙，大倒是大，但不是直辖庙。只是因为那个庙的活佛努力，庙才盖得好。

梅力更葛根的鞍禅都是银子的

（八世）梅力更葛根，一般的庙都不去，但是额尔登布拉格庙请活佛的时候来过一次。那时我十多岁。请葛根的，是后山的一个后生，18岁了，叫丹斯仁，在这里做活佛。

那是20世纪40年代，梅力更葛根从白彦花的乌日图高勒翻过山来的，就住在乌日图高勒的一个牧户家里。这里的喇嘛早就拿上羊背子和吃用在那边招待了一晚上。第二天，喇嘛和部分俗民骑着几十匹马迎出了三四十里以外。从下马到庙口都铺的红色的毡子。

葛根的马一到，两个喇嘛就把马的嚼口抓住，把葛根从马上扶下来，一直扶到正殿坐在正当中，再专门有两个人把葛根的靴子脱下，葛根盘腿坐下。这时，有喇嘛念起了祝福的辞，殿里都是俗民在跪拜。

喇嘛就念经。俗民挤得满满的，不停地磕头。那个葛根很是气派，很威风。

葛根骑马，马的那个鞍禅都是银子的，可不是小马匹用的东西。凡是用布的地方都是绸缎做底，绣出来的。马肚带、马禅，凡是能装饰的东西，都是银子，马嚼子也都是银的。要是现在，怎么也得要十几万块吧。相当漂亮。

梅力更葛根还有10个护兵。

这10个兵都是梅力更召附近的本地人。想给梅力更葛根当护兵，很难。那个时候军饷不全，这10个护兵都是能发饷的。每年初三还是初四的时候，把这10个兵请回来，葛根亲自倒茶，敬酒，放上手扒肉，下厨，用银碗敬酒。有的兵喝多了，还骂葛根。葛根就一笑，说：骂就骂吧，就这么一天。

乌拉特有3首民族歌曲，是各种庆典上必须唱的主题歌。歌词是前世梅力更葛根作的，就是说不清楚是哪世葛根作的。

这个地方办事业，就是婚宴喜事，都要先唱这3首歌，不然就会被认为不懂规矩。

老人说到这，停了下来，开始大口喝起奶茶。

我想老人可能有点累了，就转过头请那位蓝布衫的中年人聊几句。他很爽快，大嘴一咧笑了。然后说起了自己的故事。

老人68岁上得的儿子，就叫“68”

我叫吉仁内玛，今年50岁。吉仁内玛是“68”的意思，我是老人68岁上得的儿子，就给起了这么个名字。

1975年，我从北京军区205师614团2营营部特务连班长复员，去了呼和苏木机场的派出所。有人在我酒醉的时候借枪，结果走了火，枪响了，给劳教了1年。回来后，在呼和苏木一队石拉敖来嘎查担任了4年嘎查长。然后，一直在这边做马匹。为什么总背着个望远镜？是因为能看到自己的羊群在哪里。

我这胸前绣个马子，是因为以前有个小子，5岁上没了。他属马的，我想他，是个纪念。我从小也爱马子，不喜欢狼、狐狸，就是爱马子。所以，就在前胸绣了马子。在部队的时候，也爱唱《骏马奔驰在草原上》。

前几天看电视，说南方有个人把父母的照片绣在前胸。

我的大丫头在乌拉特前旗的维信公司，每个月的工资1000多块钱，27岁了，还没有聘。小丫头在前旗五中念书。

有200来只羊。50来只绵羊，140多只山羊。在前山石来敖包那，有20来亩饲料地，全是种玉米。今年的绒卖了两万多块钱。

说到这里，吉仁内玛突然提议我们去一个他的朋友那里。那是在很深的山里，到处都是故事。时间不过中午，大家高兴，就一齐起身，连嘎乌力吉老人都上了乌书记的车。

走的时候的确是因为兴之所至，一上路却遇上了困难。先是在上一个坡的时候，突然车不行了，不仅爬不上坡，而且熄了火，车上没有任何工具。那里没有人烟，电话也打不出去。吉仁内玛说，找他的大哥来吧。但是，至少要走半个小时，来回要1个小时。我们都说再看看，吉仁内玛绕着车乱走，同时不停地喝他不离手的矿泉水瓶子里的东西。嘎乌力吉老汉则蹲在一个高土墩子上想着什么。

乌书记很镇静，按部就班地检查了很多机械部位，一时也没有找出什么毛病。这部车太旧了，没有经过任何检修就上路，说不定哪个地方掉个螺丝就不行了。我想起早上的三菱车，觉得今日可能真是出行不宜：一个上午跑趴下两辆车。想到这，我竟然开怀大笑起来。

大家各自找了个阴凉地。我看到吉仁内玛不停地举起手中的矿泉水瓶喝着，就建议乌书记看看水箱。乌书记一检查，水箱里真的没有水了。但是，车熄火，不会是这么简单的原因吧？然而，不管怎么样，先把水加上再说，好在我们有半瓶矿泉水。

水加进去了，乌书记心存侥幸地踩火。车，居然着了。

于是，一切又重新开始，继续前进。

坐在车上，我对吉仁内玛说：多亏了你这半瓶子水！

哪知道，吉仁内玛捂着瓶子说：这里面都是烧酒，不是水。

大蟒与泉水的故事

快到吉仁内玛的朋友家的时候，要经过一个河滩，非常宽的河滩，但是已经彻底干涸了。车在河滩中的几块大石头间给卡住了。我们一边搬石头，一边听嘎乌力吉老人讲这道河滩的来历。

这个地方是白彦花嘎查的伊和布隆。布隆是湾子的意思，这里的布隆是伊和布拉格的意思，就是大泉。

这个泉水曾经大到马的鞍鞯那么高，离地50公分的鞍鞯可以浸到泉水里。这里有两眼大泉水。

以前，这边有两个大蟒主持这两股水。

那个时候，佘太那边的查素太山没有水，为了让这边的水往那边去，就有一个道行很深的老喇嘛诵经，把两个大蟒聘到那边去了。两个大蟒去了那边，不愿意待，就往回跑了。一个蟒在苏几沙，就是沙漠的北面休息了一阵，现在那边还有一个水泡子；另外一个蟒，跑到了夏巴尔太，阿勒奔的东面的一个泥潭，那里也有一个水滩。后来，老喇嘛发现了，就又念经把两个蟒聘回去了。现在，在大佘太有个红山水库，就是这两个蟒带过去的。从那以后，这边的水就不行了，那边的水就好了。大佘太的水库可大了。

听了老人讲的神话，乌书记补充说：实际上，大佘太、小佘太两山之间的地方的确有个水库。现在这个地方，解放后也搞过截洪流工程。

格外讲究的深山牧民的家

搬开石头，我们又继续前进。上了河岸，再沿着山路一直开。

一路上逐渐没有了人烟，最后路也不称其为路，所幸山路不那么陡峭。我想，这应该是乌拉山里很深的地方了。

车开到一个峭壁下面，稍微一拐，居然又是一小块平地。平地上是一个端端正正的小院，院对面的山坡上都种着玉米。如果不是世间的隐士，恐怕只有超凡脱俗的人才会真正住在这与世隔绝之地。

进了院子，令人大吃一惊，竟然有半个院子的地面是水泥的。院中有一棵倾斜的老树，枝繁叶茂，既带来阴凉也流露出一种灵气。

二位主人的年龄都已经不小了。男主人高大瘦削，女主人白净清秀，而且是这边牧民中很少见的白净，甚至流露出几分书卷气。在这深山里，遇见这样气质的人，多少让我微微惊讶，而且有了几分憧憬，希望听到动人心魄的浪漫故事。

主人把我们让进一间很大的屋子，既是厨房也兼吃饭用，他们叫伙房。屋子里不知道为什么有两口大锅，灶台居然都贴着马赛克。

我们围坐在两个拼起来的大长方桌前，上面铺着红白格子的塑料布，桌布擦得很干净。椅子则像 20 世纪 80 年代北京公园中的长条木椅，而且被精心漆成了蓝色。感觉得出，这深山的牧民家有种格外的讲究。

不知道这是不是待客的更高礼节，主人没有上茶，没有上水，而是直接上了半瓶烧酒。然后，每个人面前摆了一个很小的、瓶子盖一般大小的小酒盅。大家一边慢慢地喝着，一边慢慢地聊起来。

吉仁内玛则坚持喝自己带来的半矿泉水瓶子里的，他认为桌子上的酒不够度数。

聊天也是先从介绍男主人开始，但不是男主人自己介绍，而是吉仁内玛介绍的。

他今年 57 岁，叫那森陶格陶，就是稳定、稳固的寿辰的意思。过去，比他早生的孩子也有，大多夭折了。所以起这个名字，希望能够保住。

哥哥是经由来的，是养子。过去这个地方医疗条件不好，经常有孩子夭折。这样，就经由一个，以后就可以养住了。经常有老大是经由来的，后面都是自个儿养的。有个哪个市的市委书记来着，他的蒙名其实是叫“寒家了”。寒家了，就是坎肩的意思。大概是小时候经由的时候是拿坎肩包着的，就叫坎肩了。起小名的时候，也不见得有什么意思，就是临时叫一下。后来有了文化，再把它给改过来。

他的老父亲很小就当了德布斯格庙的班顶，在庙里是个一般的喇嘛，在庙上学的蒙医又学念经。解放初就还俗了，在当地行医，在阿勒奔乡卫生院当大夫。在行医过程中骑着马，突然有个鸟飞起来，把马惊了，人摔了下去。颅骨损伤，去包头做的手术。做完手术，多少有后遗症，经常头疼，工作坚持不下来，就回家坐诊行医。后来，病好些，到了 20 世纪 70 年代初，就到了队上做赤脚医生。一直行医到 70 多岁。

改革开放后，信仰自由，又去庙里，协助大喇嘛、西喇嘛做事。家里庙里两头跑着。

现在德布斯格庙诵经的桌子椅子都是这个老喇嘛做的，成套的，木头也是他自己弄来的。还有两个法号，是他从西藏塔尔寺买过来献给庙里的。庙前有两个杆子，上面的部分叫“徽”，下面是红缨子，就是成吉思汗的神矛，那个叫“庙徽”，也是这个老喇嘛给做的。

后来老了，去不了庙上。但每年阴历六月十一到十五都还去德布斯格庙念经，儿子开车送过去。80 岁以后自己走不了。那年正月十七走了以后，那森陶格陶每到六月十五还要去庙上祭奠老人。

年收入 8 万多元的牧民

吉仁内玛说的时候，那森陶格陶一句话也没有插嘴，就是微笑着观察我，然后不停地举杯喝酒，再斟酒。等吉仁内玛一口气说完，那森陶格陶才开始说话，但不是介绍自己，而是从介绍自己的妻子开始。

她1978年上的巴盟师专，1980年毕业分配在蒙二中，教了10年书。今年48岁，提前退休，回来伺候老人。

这房子都是1992年以后建成的。现在家里有800多头羊，全是山羊。养了一辆客货两用车，就是用来拉饲料，拉套。一年能有个4万来块钱。

有两个小子。一个高中毕业，去年考上民族大学。一个在呼市蒙校，今年考高中。

50亩饲料地。今年种了20亩玉米、20亩苏丹草。苏丹草是一种饲料，喂羊，也喂大牲畜。

玉米种子花了300来块钱，苏丹草种子花了400来块钱。今年籽种涨价，这点草自己种不上，雇人，一个人一亩地给65块钱、5斤面、3两油，也就是浇点水、锄两遍地。今年请人，耕地一亩12块钱，耙地一亩10块钱。雇的多是甘肃人。

800多头羊，已经抓绒了765头。每头抓绒7两1，一共538斤。1斤卖了157块钱，合起来卖了83000多块钱。一年的收入就是这个。

培养两个娃娃，一年要花4万块。

去年种了25亩玉米、17亩苏丹草。25亩玉米总共打一万五六千斤。去年不够，又买了60亩的玉米草料，一亩70块钱。年前每斤玉米5毛钱，过了年就是5毛5了。这800来头羊大概需要100来亩草料。

现在，牧民都靠养羊生活。有这么个想法，数量必须限制，质量必须上去。一定要换种公羊。完全改种，1头羊可以产1斤绒。今年，1头羊平均7两绒，最好能平均达到9两绒。原来大集体的时候，1头羊也就四五两绒，一等绒每斤是4块5毛钱。

我很惊讶，记得从以前去的牧民家里了解到，一般 1 头羊能产七八两绒就不错了。我问他：能产 9 两绒是哪来的种公羊，他有几头？

那森陶格陶听了很高兴，接着说：800 头里只有 5 头种公羊，都是自己买的，是达旗的朋友从辽宁富县贩过来的。盖县的绒头太粗，富县的绒头细。公羊要好几代后才能逐渐变成纯种的。最好是把母羊也换种，但是暂时还换不起。

一年收入 8 万多元，在这个地方是怎么样的？我问。

吉仁内玛说：这是这个地方收入上等的。

嘎乌力吉说：这个嘎查有 370 多人，90 多户。有两种经济形式：一部分人在乡所在地周围，以农耕为主，也有羊，但是没这里多；一般人在山上放牧，目前还没有计划给移出去。一般人家都是五六百头羊。他们是这个嘎查的第一户。还有一户也有近 800 头羊。

就养羊而言，一年能纯收入 4 万元，也很了不起了。

那森陶格陶说：大小子念 4 年出来，最少要 10 万元。

当年的西公旗有三股势力

说着，那森陶格陶的夫人已经端上饭来了，有土豆炒肉、沙葱白菜腌菜和米饭，当然还有酒。

我们几个风风火火地一会儿就都给吃完了。沉默了很久的嘎乌力吉老人似乎憋不住了，不等我问什么，自己就接着自己的话头讲开了。

那个时候的 3 首歌，内容属于教化的性质，很正统，没有乱七八糟的，都是主题歌。最早的时候，办喜事就唱这 3 首，更隆重的唱 6 首。

婚礼上等次很分明。带着整羊背来的人和带整块茶的人，得到的回礼也不一样。带上整羊背来的，就是贵客，回礼就是一条哈达和四分之一块砖茶；如果带的礼是一块砖茶和其他的东西，回礼就是一条哈达和八分之一块砖茶；如果是一个包包，相当于点心之类的，回礼就是一条哈达。都是当场答礼。

这个回礼，不仅这里一样，哪都是一样。必须答礼，不能让人的包空着回去。当然，这是那个时候的礼节，现在不太适用了。现在你也不能人家给上 100 块钱，你答上 10 块钱。对吧？

说到这，老人喝了口清茶，抹了抹嘴，好像怕别人插话似的，赶紧接着说起来。

原来西公旗的政治斗争比较复杂，而且比较残酷。

清朝有一年，朝廷把三个旗的王爷都请过去。说是南方有个案子，请三个王爷去审这个案子。

犯这个案子的人的地位比较高。这个人虽然戴着手铐脚镣，但是上堂的时候，王爷都要站起来。只有西公旗王爷后面的师爷一脚把王爷的官袍踩住，王爷没能站起来。

那个人一看，挥了挥手说：你们没有资格审我，只有那个坐着的人有资格审我。

所以，只有西公旗的王爷审了案。半年后这个案子审清了，那个人没事了，王爷也该回本旗去了。皇帝很高兴，就嘉奖了王爷，也看准了王爷身边的助理。那个时候，分前后八旗，满族八旗大概是前八旗。看准王爷助理是个人才，就让他去后八旗任职。

这个助理很重义气，没先去上任，而是先把王爷送回西公旗。王爷很高兴，开了三天宴会，宴请这个助理，并送了很多礼物，这才让上路。但是，他在山嘴那埋伏了兵截住，把助理软禁到德布斯格庙附近的沟里了。

皇帝也关心这个人，问过王爷。王爷说，已经上任了。

哪知道这个人口才极好，就说动软禁他的王爷的兵：我不是一般人，是皇帝派我上任去的，你们跟上我走吧，都有官做。鼓动得差不多了，王爷也知道了，要害他。把馒头塞在他嘴里，用羊腿棒骨硬塞进去给噎死了。

这个人叫道格登。

这个人快死的时候说：你们要是把我弄死，我就五代与你们为害。自那以后，西公旗就不稳定了。

蒙古人的跑马圈地就是那个时候发生的。点炷香，跑上马，能跑多远就都卖了。先锋乡、公庙子乡的地就是那会儿卖的，也就是一九一几年吧。还有脑音山和撒拉。现在没有脑音山这个名字了，也在先锋乡那一带。有撒拉队，后来也改了名字。这个王爷没有后代。他死后，这个地方大动兵戈。

最典型的是奇俊峰的老公夏日布王爷和达格登大喇嘛两个人就起了兵。

达格登大喇嘛带的40多个兵败了。一部分兵跑了，达格登大喇嘛没跑，一个人坚持到最后。多少兵向他开火都打不着，因为大喇嘛的脖子上戴着个金佛。到天晚了，大喇嘛把金佛摘下来，放在一块叫“牌子石”的石头上。大喇嘛说：我把佛放在一边了，你们勤打吧。一枪就给打死了。

当时，夏日布王爷曾悬赏：谁把达格登大喇嘛的人头砍下来，有重赏。达格登大喇嘛很胖，出门的时候要两头毛驴换着骑。当时割下了头，大喇嘛的头大，怎么也装不进带的一个袋子里，后来找了一条俄国大麻袋才装进去。

割脑袋、装脑袋的人叫巴图乌里吉。他得奖心切，就把这个脑袋抱到王爷面前。王爷当时正在床上躺着，巴图乌里吉报告完，就把脑袋倒在地上了。夏日布王爷起身，正好看见脑袋好像在地上笑，从此就得了病，头疼，大叫，到了1938年还是1939年，就死了。

夏日布王爷自己没有后代，就选了阿穆尔扎那当王爷。这个人是王爷的叔伯兄弟，和王爷没有世袭关系。奇俊峰那个时候还小，20多岁。

阿穆尔扎那没有权力，自己在家里放羊，只是象征性地定期去王爷府。但是，军权在郝云龙手里，政治权在奇俊峰手里。后来，日本侵略，傅作义把日本人打退后，国民党给了奇俊峰一个“剿共”司令的名义。

额尔克道尔吉，当时被称作东官府。王爷手下有东、西官府。西官府当时也是空架子，所有的权力都在东官府手里。郝云龙和东官府的孙女儿有染，依靠东官府。

这样，西公旗就有三股势力：奇俊峰、东官府、郝云龙。真正抬出来的王爷阿穆尔扎那却没有权，兵权也不在奇俊峰手里。东官府想杀奇司令，就做通了郝云龙的工作。

奇俊峰之死的传说

国民党的李俊清曾劝奇司令走。奇司令要去包头，带了10个兵和衙门的秘书，到了合页忽同那个地方，被郝云龙的人拦住了。奇俊峰不让开枪。郝云龙的人把奇司令护兵的枪都给卸了，把奇俊峰软禁起来。

第二天，在奇俊峰胶皮马车的辕马上搭上“马屉”，就是鞍垫，那个辕马是个白马，让奇俊峰和她的儿子骑上这个白马，给送到苏布尔盖庙，圈在了巴图巴雅尔喇嘛的房间里。

7天之后，奇俊峰出去小便。另一个房子里开了枪，把她给打死了。儿子正在院里蹓达，扭头就跑，跑进住的地方的门箱柜里。后来来了兵，也就地打死了。

这个事情之后，郝云龙当上了“剿共”司令。

这么一来就有人要杀郝云龙了。这个人是和其格台文，以前是和郝云龙同时代的团长。郝云龙当司令后把他解了职，让他回家放羊。他心怀不满，就鼓动自己的旧部下杀郝云龙。

郝云龙没有给过这些兵武器。这些兵哗变的时候，只有和其格台文自己拿出一支枪给哗变士兵的头目。

起事的那天晚上，好不容易等上郝云龙来了。郝云龙有神枪手作护兵，都是穿着马靴、呢子衣服。晚上，哗变的士兵把护兵的枪栓都卸了，拿上他们的枪，就过来了。

门开着，郝云龙正躺在炕上，烫洋烟。一枪从郝云龙的脑皮上擦过。

哗变的士兵总共只有 3 个手榴弹，只有一个人往里面扔手榴弹，这个人叫宝日，还是一只眼瞎的。

一个手榴弹扔到炕上，正在冒烟，郝云龙一看，拿起手榴弹又扔出去了。

一会儿，又扔进一个手榴弹，扔到大柜子上，把柜子盖给炸了。

第三个手榴弹又扔进来了，郝云龙把被子扔到手榴弹上，自己没有伤着。

过了一会儿，没听见里面有响动，但是谁也没敢进来，只是在窗户上偷偷看，看见郝云龙浑身是血，身上还压着个尸体。

有人说：要不，咱们上房片，就是房顶上一种走气的孔，从上面往里面打枪。

他们都害怕郝云龙。

郝云龙号称神枪手，听说能跑马过房，一个椽子上一颗子弹。

他们还强迫一拨农民挖山墙。挖墙还没有成功，天就亮了。附近郝云龙的兵来增援。哗变的兵都跑到外面，在山坡上看着，一会儿看见郝云龙开着车出来了。当时，只有郝云龙会开车。这些哗变的兵就往乌拉特中旗跑了。

老人话说到这，我们一人一小盅，已经喝完了那一小瓶白酒。吉仁内玛带着的一矿泉水瓶的白酒也喝完了。看着天色不早，我们还要赶两个小时的山路，只好告辞了。

路上，吉仁内玛让我们在他们家门口停上会儿。然后，他抱着一个天然的形状很特别的柏树根出来，说以后见了这个树根就是见了他们。他还一再说，这是几百年生的东西，是他自己在山里拣的，不是砍树砍来的。

从喇嘛到共产党员

贡嘎扎木苏老人住在大山深处的德布斯格嘎查。1928年生，7岁出家当喇嘛，1952年还俗，1955年入党。当过嘎查的小组长。说起话来，神俗俱通，很有幽默感和人生智慧。

这家牧民在乌拉特前旗白彦花镇的宝音图高勒[1]的德布斯格嘎查。那是大山深处的一个谷地，要经过很长的山谷才能到达。其中一道山谷叫“叼人沟”，解放前是土匪出没的地方。据说，土匪们会隐藏在“叼人沟”里，突袭过往的商贩，之后再回沟里分配掠夺来的财物。

冰天雪地的时候来过这里一次。当时，是沿着一段宽宽的河道。河面已经结了冰，两岸都是嶙峋的石头山，蜿蜒曲折地进去。大概一个多小时以后，在河道转过一个大弯的地方，豁然开朗。河岸的一边仍然是山，另外一边已经离山很远了，成为缓缓展开的开阔平地，上面散落着相隔较远的牧民的房子。河湾的内侧，房子稍微集中了一些。在一般的民房中间，一座两层的藏传佛教的庙宇默默地立在那里。看得出来，已经很久没有修缮了。椽子下面的彩画已经没什么光彩，但还说不上破败，只是在一围把它与牧民的砖房隔开的不高的土色砖墙之内，仍然保持着旧日的尊严。仿佛一个暮年的英雄，已经很少有人来请教世事的真谛，甚至连他当年如何英勇的

① 宝音图高勒：意为吉祥富有的沟。

传奇故事也都大半被遗忘了，但他还是在那里，白发苍苍而气概不凡，顾盼之间时刻流露出满怀的慈悲和智慧，大慈大悲之间又充满着沧桑，令人难忘的是沧桑之外又富于幽默。

据说，庙里是有个老喇嘛的，人称西喇嘛。但是上次来得不巧，西喇嘛出门了，厚重的红漆斑驳的庙门锁着。院子里已经枯黄的野草在严冬的寒风中瑟瑟发抖。扒着门缝往里看，门纹丝不动，里面什么也看不到。

“一亩树”和龙泉

关于这个庙的记忆是有些悲凉的，关于附近的一眼泉水和一棵树的记忆却是有趣的。泉被称为龙泉，树被称为“千年神树”，是在离庙宇约两里远的地方，被一道铁栏杆围起来。附近没有牧民的房子，这铁栏杆是牧民们自己筹钱立起来的。

特别之处在于泉水终年不断。即使寒冬腊月，流到外面的水都结成了冰，逐渐延伸成了一道冰河，泉眼依然连绵不绝地往外出水，让人觉得沿途的冰封河道的源头就是这里。

如果说冰天雪地中泉水奔涌少见，那树更是给人深刻印象。那不是一棵树，而是7棵树，或高耸挺拔，或撑地斜卧，还有干脆彻底躺在地上的。一个个都是枝干粗大，主干之粗大概要两个半人才能合抱。一棵比较端正的，主干上挂着一个小木牌，上面红漆写的字迹还可依稀看清：“千年神树”。泉水就是从这棵树下流出来的，先是流进一个小池子里，再从池子下面的一个开口流出来，大冬天的泉眼里丝丝白气氤氲缭绕，一时也说不清是不是个神仙去处。

7棵树，其实都是一根所发，夏天枝繁叶茂的时候，可以罩住有小一亩地的样子，老百姓又叫它“一亩树”。

按当地的传说，很久以前这里住着一家人，种了一棵树后逐渐生了7个孩子。孩子们秉性不同，长大后出路各异，那树也逐渐分出7枝。据说，挺拔高直的象征做了官或读书有出息的，躺在地上的象征着出息不大的孩子。

“神树”枝干上系着被风吹成了碎条条的哈达和红布，那意味着与树上的神灵结善缘、许愿或还愿。当地的蒙古族人但凡有了什么愿望，都会带着酒到树下祈求神灵的帮助、庇佑。因此，树下可以看到东倒西歪的酒瓶，草丛里也散落着瓶盖。看来，酒在成为人与人沟通的利器之前，应该是人与神沟通的好渠道。

按照传统，神灵所在，就不能在这个泉水边随意洗涮，否则回家后脸上会起小疙瘩。特别禁止女人从树身或泉水上跨过去，否则身体会出毛病，甚至会有些不利于家里人的事情发生，怀孕的妇女甚至可能要面临危险。

在颠簸的汽车中想着这些故事，扬着一路黄土，在盛夏的一个上午，我们又来到了“一亩树”和龙泉面前。树已经是绿盖如云了，远远望去，本身就是一个小森林。树下积着泉水的水洼看上去已经有些深了，成了清清澈澈的一汪小湖水，水底的枯枝和深深的草根清晰可见。水洼边上还有人精心新垒出的一圈小堤坝，下面露出一个水眼，顺着一条窄窄的水道，泉水流到了外面。树荫下面人不常去的地方，都长着高高的密密的芦苇丛。乍从干热的日头下过来，身后的浮尘还未落定，就站在这树下泉水边，心情的快乐可想而知。

走出铁栅栏之前，我从地上拾到了一块树皮，肯定是那棵“神树”的树皮。

经过那座斑驳的庙宇，先来到一个山坡上的小院子。这里的山坡都相当平缓，走了一段路回头一看，才知道是一道斜坡，走的时候并无上坡的感觉。虽然已经是六月天了，但是草并不茂盛。远远看去是一片似有若无的绿色，很淡的、很嫩的，走过去的时候几乎没有什么像样的草。草没有叶子，只是一根根的，比头发粗些，还有些卷曲，摸起来感觉很顽强。日头很毒，天的确很蓝，蓝得彻底，衬得白云特别的白。白云下面的羊，几十上百地在坡上慢慢走着，母羊小羊相互呼唤着，啃吃着不多的可怜的小草。其实，这里已经连续十年大旱。原来的草，据说有一人多高，人骑着毛驴进去，一下子就看不见了。那星星点点的绿色，更多的来自一种叫“臭草”的草，是羊都不吃的草。

“第五代汗”

蒙族人的小院一向干净。一排三四间房子，我们直接进了那个吃饭的房子。两位老人坐在里面，看起来的确是相当老了：满脸的皱纹，皮肤黑黑的没有什么光泽，个子矮矮的，都有罗圈腿——是当年骑马留下的，老太太还叼着烟杆。他们一开始都没有出声，默默地看我，似乎有点吃惊，大概对我的来意有些揣摩不透。我则自己在一个木头方凳上随意地盘起了腿。

这个吃饭的屋子没有炕，有一张方方正正的木头桌子。老汉坐在对面的一个矮凳子上。老婆婆屋内屋外地走动着，有时抽着烟听上两句，有时就出去了，不知道是对我们的谈话兴趣不大，还是确有不少家务事。方桌上方的一个墙角，有一个特意凹进去的部分，里面摆供着一个应该很老但是相当精致的几寸高的佛像。并不是常见的释迦牟尼像，而是袒胸露腹的坐像，手里好像还握着什么，有大而突出的眼睛，无所畏惧、无所谓的样子。前面的小木板上是一个小香炉和些许供品。

在我观察这间屋子的时候，老人的孩子端上了奶茶，还有酪旦、炒米、黄油、白油、白糖。按着蒙人的吃法，把炒米放进奶茶，再舀上白油和黄油，奶茶一喝，屋子里的气氛立即缓和了。

老汉叫贡嘎扎木苏，79 岁了，说蒙语，汉语说不利落。幸好，来之前，镇上给配了两个翻译，都是蒙族干部，三四十岁之间，一个叫巴雅尔，一个叫图格莫乐。这里的记述其实都是由他们二位翻译转述过来的。

贡嘎扎木苏老人先从自己的名字说起。

贡嘎扎木苏是个藏文名字，扎木苏是大喇嘛的意思，贡嘎是“第五代汗”的意思。一听之下，令人生出几分敬畏。

他也是7岁时当的喇嘛。师父是德布斯格庙的西喇嘛。西喇嘛名字的一半是达赖，所以他的名字也有一半是达赖。师父是第四代汗，他就是第五代汗。

这个汗不是成吉思汗的“大汗”的意思，而是庙的住持的意思。

22岁从庙里还俗，结了婚。

说着话，一个个子不高却相当壮实的小伙子进来了，穿着球鞋球衣，胸前戴着一个小小的相当精致的银佛像。老人说，这是他的孙子。看见孙子，老人来了兴致，开始一一介绍自己的家人。我则尽量把这些蒙古人名的汉文意思问清楚。

老伴叫乌仁陶格斯。乌仁是心灵手巧的意思，陶格斯是孔雀的意思，72岁了。

儿子叫乌仁图雅，意思是早晨的太阳，43岁了。儿媳妇叫乌兴花，是一种花的名字，41岁。

孙子叫图格莫乐，是普遍的意思，20岁。巴彦淖尔市蒙中毕业的，刚高考完，报考了内蒙古财经学院。还有一个孙女，叫乌日古木乐，这也是一种植物的名字，16岁，在前旗蒙中读书。

介绍完自己的家人，老人开始慢悠悠地讲起自己的家族。

“你让枪崩了，还是我们的敌人”

我的祖上都是乌兰察布盟西公旗[①]的牧民。

---

① 乌兰察布盟西公旗：新中国成立前，乌拉特西公旗属乌兰察布盟。

乌拉特西公旗下属12个苏木，有24个庙。贡嘎家属于额济格沁苏木，地域相当于现在的白彦花镇到乌拉特中旗。

那个时候，我们家有自己的草场。

父亲是这里土生土长的人，有5个孩子，3个儿子、两个女儿，都在这一带做牧民。老大教过书，日本人侵略的时候念的书。

抗日战争期间，白彦花以东被日本人占领。这里是白彦花以西，日本人有时候会来。

德布斯格庙当时是傅作义35军的根据地，仓库都在这里。35军和日本人打仗。打不过，就回来这，驻了一段。日本飞机来炸过。

35军司令部当时在这边。管辖地从这到乌梁素海，也就是阿勒奔那边的一个山口。这边到那边，到处挖了战壕，司令部就在庙上。

这个地方倒没打过大仗。军队的仓库在这，一共有5个窖作仓库。地窖里面放糜子、炒米、咸盐。东沟不远还有4个仓库，里面放枪、子弹和面粉。

日本人来了后，把看仓库的人抓住了，灌辣子逼口供，问仓库的位置和东西。后来用十几头骆驼拉枪和子弹，一百多头骆驼拉地窖里的粮食。日本人把东西抢走了，没在这边驻军。

西公旗那边退水渠有个小木桥。一次，一部分日军正好从桥上过。过去后，傅作义的一支部队把桥给烧了。日本人回不来了，可烧桥的国民党军也没有过去。

这样，那边的农民、牧民就拿着自家的菜刀，连夜组织起来，杀日本人。有的日本人给杀了，有的跑了。骑马跑的，黑夜里看不清路，多跑在排干渠里淹死了。据说，死了有1000来个日本人。

1000这个数字也许有些夸大了，但这是个引人入胜的故事。说着，老人大笑起来，满脸的兴高采烈，说得越来越起劲了。

杀了日本人后，那些人还唱歌，记得有几句：

日本鬼子我给你说上一句话，
再不要叫他赛古赛古奥好奥好，

你让枪崩了，还是我们的仇人。

日本占领西公旗有七八年。大哥那会儿十来岁，就在日本人办的当地学校里念书。念完书给日本人当翻译。

在这里时间长了，会发现蒙族人有这么个特点：在他不了解、不熟悉你的时候，会很有礼貌但也很有距离感。一旦他感到熟悉了，这个过程可能很偶然、很短暂，并且实际上多是在酒精的帮助下，他就马上把你当成最亲近的人，开始忘乎所以地表达自己。当老人站起来坐到我对面的时候，我知道这个蒙古老人开始进入了一个他感到很舒适愉悦的状态了。

他开始认真地介绍自己。

7岁去庙里当喇嘛，剿匪的时候给蒙四师带过路

1928年，我出生在德布斯格嘎查的查干胡特勒。查干胡特勒的意思是白色的山丘，一个地名。

7岁去庙里当喇嘛。

7岁的时候，有一次，身上尽起了疮。这时候，沟里过来了一个道士，看了看。妈妈原来是伊盟人，所以汉话可以的。

照道士的说法，妈妈把多年的猪油和花椒面拌起来，用纱布包住。在蒙古包里，一边烧上两堆火，人站在中间，把身体烤热。再把纱布包的猪油和花椒粉混合的东西在火上烤，出了油，然后就都抹在身上。当时，烤得蒙古包里臭得厉害。但是，烤了三晚，身上的疮就好了。

疮好了，请道士算命。说是出家人，不能娶老婆，快送到庙上当喇嘛。这就送到（德布斯格）庙上去了。

刚进庙的时候，德布斯格庙有近300个喇嘛。那个时候，连现在这个留下的庙，一共有7间大殿。

说着老人掰起了指头，指点着说。

有东殿；西殿；阿有喜庙，阿有喜是佛的名字；阿日亚布拉庙，阿日亚布拉就是千手佛；呼日都庙，是大转经筒的意思，殿里就是一个大转经筒，木头的，宽有两米多、高3米多；马哈仁子殿，意思是胖子，相当于弥勒，两边塑有风、调、雨、顺四神像，在大门进去的地方。

庙外原来有两个白塔。据说，两个白塔下面原来是两眼泉水。两眼泉水就像人的眼睛在流泪，所以要盖上两个塔，把泪水堵住。

庙的正前方原来还有一个小小的桌子这么大的小庙。庙门前还有一个坡坡，坡坡过去有个壕，壕里有红泥。那个红泥沟就像女人的生殖器。说是必须找个木匠做个男人的生殖器，放在那个小庙里。不然，喇嘛在庙里住不成，会串门串得不成。

看我不解的样子，老人用手比画了一下，加强了语气：就是喇嘛会不守戒律。

过去，这边的松树可多了。庙的西边、东边都是松树。庙就是用山上的松树砍下来盖的。在这附近刨松树根，特别多。

小时候，“一亩树”那个西畔的沟里，柠条有人来高，还有很多的红柳。

解放前，这个沟里大概有六七十户。牲畜也多，有1000来头牛羊的就有四五家。我家里是穷的。

说到这里，老人喝了口奶茶，直直地看着我，面庞很慈祥。

进了庙，就是当徒弟。冬天，住在蒙古包里，三四更天就起来了。夏天住房子。平时就在庙上住着，过好几个月，才能回趟家里待两天。

生活苦。早上起来，给师父熬现茶。徒弟喝的是头天夜里剩下的茶。喝茶的时候，加上两勺炒米。

早上，什么也看不见的时候，去离庙四五里远的地方寻柴火。

因为看不见，就用手揣摩着。冰的一般都是含着水分的，是活树，不能砍。就找不冰的拣，有点温度的就是干柴。

上午，师父教经文。然后，就是自己在庙里——随便哪个角落都可以——背经。一天背一页经书。

到中午，可以加 3 勺炒米，其他的都没有了。就是那个铜壶烧的，现在的都是铝壶了。

晚上，才有点肉，熬一会儿，再放上一勺糜米，熬成稀饭肉粥。

那个时候，土匪王毛人、张帮罗有时带人过来，一共是 30 来个人。土匪帮里有个通信员，在前、后山联络通信，叫乌喇嘛。乌喇嘛也是这个庙上的喇嘛，家在后山阿勒奔，现在每年六月十五号还来念经。

在庙上的时候，只听说乌喇嘛做些小生意，卖些手绢什么的。后来知道，他实际上是给土匪通风报信的。

土匪来了这个口子上，坐在叼人沟。有车过来就抢，把东西卸在沟里，把车放走，然后在沟里分东西。

剿匪的时候，蒙四师的巴特尔排长还叫我去后山带过几天路。

镇压土匪的时候，把乌喇嘛的三哥给枪毙了，乌喇嘛蹲了四五年监狱。

老人说到这，停了下来，抽口烟，喝口茶，屋子里静静的。

过了一会儿，老人想起了当年在庙里的经历。有了话题，又开始接着说。

蒙文经有自己的曲调

庙里做学徒十几年，学的经不多，学一点，忘一点。这个地方学的是蒙文经，（包头）五当召学的是藏文经。

蒙文经和藏文经是两种文字，念诵的时候，语言不一样，师父教的也不一样。在这里念的时候，是师父教过再背。到了五当召，是先教了藏文字母，然后自己看经书学习，也是背。

藏文经是念出来的。蒙文经有自己的曲调，是唱出来的。

蒙文经配的乐器不一样，曲调也不一样，吹的法号声也不一样。藏文经的号声是缓慢地起伏，蒙文经的号声有些急促。

说着，老人用右手卷着搭在嘴边做出吹号的样子，发出了两种节奏不同的号音。一时难以辨清，能感觉出确实节奏和曲调有所不同。

看着我们有些茫然的样子，老人微微一笑又接着说。

诵蒙文经的时候用乐器较多，蒙文经的乐器的数量要多于藏文经的乐器。藏文经念诵的时候，只是拿着乐器，用得不多，

庙会的时候，庙里念经。站在庙门前拍手，吼人来。住在沟里的人听见了，就都过来听经了。

长到 16 岁上，怕给日本人抓壮丁，就被送到五当召待了 4 年。

20 岁从五当召回来，又回到这个庙上。

原来的德布斯格庙是可好的庙

原来的德布斯格庙是可好的庙。

梅力更召是旗里头管的，这个庙归梅力更召管。梅力更召开法会到时候要做什么，都是梅力更召给下通知，这个庙来几个喇嘛，那个庙来几个喇嘛。

从德布斯格庙去梅力更召，肯定要去两个吹号的。以前有个说法，有两个德布斯格庙的喇嘛去梅力更召吹号，把那个号的接头给吹坏了，说明这里的喇嘛吹得练出功来了。从那个时候起就有了规矩，每年正月十五开庙会，都要德布斯格庙的两个喇嘛去梅力更召吹号。

庙里有两个活佛，一个叫东喇嘛，一个叫西喇嘛。现在的西喇嘛是 5 岁的时候请来的。

西喇嘛属鼠的，今年 71 岁了。小时候算命特别准，现在不知道了。

找着西喇嘛（转世灵童）的时候，把在寺庙里存着的上一世西喇嘛的银碗、宝刀，和别人的东西摆放在一起，让他认，都能认出来。

请西喇嘛的时候，庙上可红火了，把他的名字拿上去青海塔尔寺，让活佛鉴定。鉴定后，还和家里的人商量，把孩子带走了，得给家里留点东西。说是给九九八十一样东西，包括 9 头牛、9 匹马、9 头羊、9 头骆驼、9 块大洋、9 个元宝。他们家也就是一个牧民家庭。

“文化大革命”时期把可多东西都给做坏了。庙里光铜器就拉走了一马车。铜佛卖给供销社，泥佛全给砸了，经书有的烧了，有的卖废纸了。庙上有 24 个大柱子，都是用地毯裹着的，那些地毯都给拿走了，上面有施主的名字。里面的桌子凳子都分给队上了。

庙的房子也分给队上了，然后人家过来把庙给拆了，把里面的东西拿走了。庙会上跳神时的衣服，也都拿走了。

值钱的就是那点铜佛，是老佛像，都是庙建起来以后慢慢打出来的。

备战备荒的时候，这个庙上还有仓库，存着粮食。在山后头打了洞，准备打仗。旗里的领导，成立一支“301 战斗队”，在庙上驻了四五年。

1956 年冬天，被大家公推出来当合作社社长

我是 1952 年自愿还俗的。

解放了，再当喇嘛觉得没前途，就从庙里出来了。

出来后，1953 年当过嘎查里小组的组长。

1954 年回嘎查里管生产，和当时的社长去乌兰察布盟的百灵庙参加过学习办合作社的培训班。是从这里步行去包头，再从包头坐木炭车。

1955 年入党了，介绍人是旗委书记仁钦。他现在退休了。

入了党后，就在社里头。

1956 年 6 月 1 日，附近的 4 个社联合成立光明合作社。冬天，几个公社并在公庙子乡了，我被大家公推出来当社长，旗里来的干部宣布的。

原来光明社的会计叫“六十二”，他不干了，就叫了旗里的巴音奥奇尔来帮着算账，当会计，算一年的收入、开支。那个时候，一个工两块半，这个社就是六七十个人。种苜蓿，把牲畜分给牧户放。当时有 6 群牛，500 多头，在乌兰壕里放着。

1956 年分红的时候，一个工两块多。公社把我们叫过去，熊了我们好几天。那个时候，1 斤面 1 毛 8。

1957 年初和联光高级社合并，咱们不愿意，旗里还要强迫。那个时候，我们社有 1 万来头牲畜，光牛就是 800 头，现金 8.5 万元。修火车占路，国家给了 6 万多元，其他的是公积金、公益金，还有分红留下的。

合并以前，给公社打过报告，把牧畜款给牧民还了吧？不让还。后来，这些钱都给了联光社。联光社是大社，咱这个小队比较小。

1958 年“大跃进”，去大佘太镇炼钢铁。我们抽了 40 多人，就向大队报告了：这些人吃的也忙，穿的也忙，能不能给点钱？上级不批准，只好把队里的人组织起来拣柴火，卖给招待所的食堂。后来给每个去铁矿出工的人发了 25 块多钱。

矿上的人待了 40 来天，生活困难，让改善生活。公社社长给了 5 颗子弹 1 支枪，让去打猎。打了几个团羊、黄羊和石羊。石羊是过去在山里的野羊，长着花面面的，现在没了。打几个羊回来给几个子弹，还回来几个子弹壳给几个子弹。后来不让打了，又叫我回来。

打猎回来了，大社通知我交账，就把捡柴火的钱缴了，以前的条子也交了。大社里的领导，原联光社的，一看，就说不经大社批准，自主分钱，给了一个留党察看的处分。

1959 年，国家供粮不给了，由大社给供粮。

1960 年开始，大队供不起了，就往外头出条子。社里的拿着条子去领粮食，拿回来给社员分。一个礼拜，一个人半斤豆子、1 斤玉米、2 斤糜米。一个礼拜去领一回。

说着这些遥远往昔的辉煌和颠簸，老人的表情平静但很有幽默感。

人家说我：牛皮灯笼，里明外不明

那个时候耕畜不够，耕地都是用牛。农区的农力不够，还要了 40 条牛。

钱花了，牛也要了，粮食还不够。联光大社属于公庙公社。1962 年从公庙公社分出呼和公社。原来十几个队，后来分出牧业 4 个队、农业 5 个队，又合一个社。合了 7 个月后分红，倒分红 1 毛 7，就是 1 个工倒给社里缴 1 毛 7。

1962 年以后，4 个牧业队又和 5 个农业队分家了，牧业队搬回德布斯格庙。呼和公社又合并在白彦花公社。

公社开会，给他们下任务：1 块钱以下不能分，必须 1 块钱以上才能分。队里没钱，领导商量卖牛，卖了 80 条牛给新安镇的回民。一条牛 600 块钱，队里就有了 4 万 8 千多块钱的收入。还卖了 800 多只羊。两天两夜，我们和收购的主商量羊价。我带一只好的（羊），他带一只扒的（羊），再带一只中间的（羊），这样杀了 3 只羊。平均肉斤后，收购的人要求再压 4 斤肉。我们不同意，只能压半斤。这样就成交。实际上平均下来一头羊才卖了十多块钱，共卖了 8000 多块钱。雇人给送羊，一个人一天的补助就是 1 块 7 毛 2。

当时的收购公司在乌兰壕。把羊给赶过去，我们手续也办好了，可是人家还不接受，嫌价钱太高。老是说：队长，再商量商量，把价钱再压压。

我说：我不是队长，我是雇工啊。

人家就说我：牛皮灯笼，里明外不明。

那年年底，去白彦花公社开会。公社领导说我们：高价书记，高价主任。牛卖得贵了，羊卖得贵了。

我就说了：你们说得好，1 块钱以下不能分红，我没办法。这 200 来人分红，没钱，只能高价卖牛卖羊。

那年，一个人分了 1 块 7 毛来钱，相当于一天一个工。

分红完，1963 年，4 个队又分散了。

说到这里，大家都有点累了。老人往窗外望了望，外面的天有些阴。可能有雨，这是最好不过的事情了。

一起走出屋子，看见远处西边的天上乌云翻滚，吸吸鼻子，似乎有些水汽，风也有些凉。有人顺嘴说，可能有雨。老人也说，最近就下了两次雨，其实就是几个雨点点，就没了。

说着，地面上仿佛起了一层乌云。老人说：那是尘土。

尘土越来越大，越来越厚，打着旋，不出十分钟，就到了跟前。漫天遍野都是。

老人摇了摇头，说了声“没雨”，就转身回屋了。

“文化大革命”中，被打成了“当权派”

雨终于没有下来。我们也回去听老人继续讲自己的故事。

这个时候，钱也没了，牲畜也没了，几万亩土地也没了，农业社合并的时候都给了他们了。

一九五几年的七八万块钱，要是拉电也拉上来了。那个时候，钱也值钱，给上 1 毛钱，还能买 10 块水果糖。

老人的左胳膊搭在桌沿上，微微低了头，停了几秒钟，又扬起头来继续说：没地了，没钱了，决定开地。

1966 年，公社决定，正月初三在沙脑包做提水工程。

那个时候提倡“农业学大寨，牧业学乌审召”。乌审召就是现在鄂尔多斯市的乌审旗。乌审召当时有个领导叫宝日勒黛，是个女的，种草，搞沙漠改造。打了一眼自流井，往上提水。用水推磨，那个磨底下装个反水轮，加工小麦，是个加工厂。

那里没有木头，盖房就是把毛柳割回来，捆成捆，一节一节接好，都是拿这个东西顶房梁椽子用，也是马脊梁房。

学乌审召，公社从 8 个嘎查里抽人，做这个提水工程。

一开始，一个队开了百十来亩地，种点山药、糜黍，山里面放牧，还去山外种饲草料地。

地开了，可牧民不会种地。又从农业社引来会种地的农民，迁到嘎查里，让他们种地。一年下来了，分了红，才 1 块 4 毛多钱。

到了冬天，“文化大革命”开始，被打成了“当权派”。

和队里的“四类分子”，地主、牧主什么的后代一起，每天背柴火，一个多月。过年都没回家，在庙上过的年。

初二说可以回家了。家，就在庙后头。

到了第二天，又让背上铺盖去乌兰胷来村，再坐上马车去沙脑包，喂马、喂牛。

1966 年冬天分红以后，村里还剩下 1 万多块现钱，储存的粮食也是万数斤。第二年，这些东西都没了。年底分红，就一个工几毛钱，一天就算一个工。

有社员过不了年，没钱。让我出去借钱。有个姓田的，是个管农业的生产队队长，和我一起去树林子公社大有公村借钱，借了500块钱。

直到1977年，一直在沙脑包喂马、牛、驴。

1977年回到庙上。那个时候，庙是生产队队部，周围是各家养的毛驴。我就在这里喂公马，和毛驴配种，生出来骡子。那个时候，牲畜少了，雨水还好，家家户户都养毛驴，出门、驮东西都是毛驴。骡子生出来归个人所有，配种得给队里交钱。一天挣一个工的钱，其他的都交给队里了。

1978年，给队里放马，六七十匹马。又开始当队长了。

农区1982年分地到户，牧区1983年牧畜分到户。一个旧户多给一个大畜，可以是一条大牛，也可以一匹马子，牛马任意选。子户就按人头分畜。正常的一个人平均能分到11.6个小畜，小畜就是羊。一个大畜顶10只羊。如果要马的话，一个人可以分到一匹马和一只羊。

分了牲畜以后，又把马集中起来，还是交给我放。那个时候，没分草场，草场还是集体的。

大集体没了，5块“愁没”钱也没了

1984年，地也没了，草场也没了，大集体也倒了，吃点蔬菜还要到下面买。这边的4户牧民联合给公社打了个报告，要求种点地，开饲料地。

公社书记和社长过来了。看了看，了解了情况，请盟领导乌兰布和到山里。嘎查的领导杀了个绵羊招待盟里的领导。

乌兰布和问：需要多少钱？

公社书记说：给上3万多块钱吧。

乌兰布和说：3万多能行了？给你5万块。

头一年，在山里开了40亩地，做饲料地。花了1万4，配套柴油机器。剩下的钱给牧业一队，在山外的石敖包开了二百大几十亩地，打了一眼井，做了提水坝。把这点地给牧民平均每户分了8亩地，做饲料地，抗灾保畜。

那个时候，草长得还可以。

大集体没了，5块“愁没①”钱也没了。“愁没”钱，就是大集体的时候每个月25日给每人发的5块口粮钱。大集体时，为这个钱发愁，大集体塌了，就不为这个钱发愁了。

1987年以后，把草场分到片。这边是7户人家分了2000多亩草场。牲畜多了起来。

1990年开始，羊绒开始提价。羊绒值钱了，牧民的生活才好起来。

1997年重新分了草场到户。这块草场少，载畜量大。

现在，玉米快种成小麦了

说了半天以前的事情，才说到老人家里现在的情况。

家里现在有400来头羊，主要是山羊，绵羊不多，没有大畜。羊绒卖点钱，秋天卖点牲畜，其他没有什么经济来源了。

有两个小子，一个女子，都结了婚。

大小子在乌拉特后旗当教育局局长。

家里的是老二，羊主要是老二放。种了十几亩饲料地，玉米地。

玉米地，就上羊粪，不上化肥。籽种，买的旗种子公司的。一亩用4斤来种子。买了50斤种子，一斤种子三四块钱。

一亩玉米能产1000多斤。雨水好一些，经营好一些，十几亩能

① “没”：念“毛”音。

产个一万一到一万二斤。

玉米不够，还要从外面买个五六千斤。现在一斤6毛8还买不到，秋天一般一斤5毛来钱，水分少的，干点就5毛多。

秋天的时候，还得从公庙子、先锋买一二十亩的草，就是玉米秸秆。一亩40来块钱，加运费得六七十块钱。自己产十几亩玉米秸秆，总共要个一千四五百块钱。

自己用柴油机抽水浇灌。井是自己打的，不用缴水费，主要是耗柴油。雨水少、天旱要浇七八次。浇水得用柴油200多公升，1200来块钱。玉米快种成小麦了。

这个地方的水不大。三四米下是红泥，往下打，红泥有多深就出多少水。这点水出完，等一个小时，用再出来的水浇。红泥如果有十米深还打不到水，就不打了。

400多头羊，一年平均每头能出六七两绒，多的一斤。年景好些能下七八十个羔子，年景不好的话下四五十个。

每年能出300斤绒，卖4万来块钱。今年的绒每斤能卖个一百四五十块钱。

秋天一般处理五六十头老弱病残的羊，也能卖个5000来块钱。

每年开春都投入五六千块钱。秋天买草料，按5毛钱算，也要5000块钱。

其他的还有，400多头羊的防疫费，平均每头至少5块钱。这一项就得2000块钱。每年两次疫苗，春防、秋防，平时还得灌去火的药，就是健胃散、清肺散、消黄散和在一起给羊灌。还有打虫药，像敌百虫。

绵羊不多，毛不值钱，一斤才两块多。

没有喂猪。

一个孙子，刚高考完。一个学期报名费就要两三千块。在临河（市）上学，学杂费、伙食费、零花钱一年下来要不少。

还有一个孙女，在乌拉特前旗蒙中上初三。两免一补，就是免学杂费、书本费，补贴住宿生，针对农牧区的贫困学生开展的，挺好。

两个孩子的学杂费一年要1万多块钱。

粮、菜、油、米、面都要买。每个家庭，一般平均要花多少啊？

生态政策，应该是富民政策

进山时候，白彦花镇镇长给过一个建议，就是劝劝这些还住在山里的牧民，响应旗里生态移民的政策，早日搬到生活方便的山外去。

说起生态移民，老人面容严肃起来。

我们牧民是有些想法，有想不通的。

封山育林也是个好政策。现在的政策是一次性移民款给每个人4500块钱，不管房子，要自己盖。地皮政府给协调，每户给建筑用地1亩，包括房屋、棚圈等都在内。不管每户羊多少都给20亩饲料地。饲料地倒是全配套，打井、上电、修路、做节水工程。可听说，地方目前还没有找好。

今年，山前开始禁牧。这里2008年前搬迁。

不想走的主要顾虑在哪里？祖祖辈辈住这个地方，不想走。

其实，还是对出了山到底是个什么样心里没底。种地没地，给的20亩地是荒地，还得跑料，改造，引电。

没有草地。没有放牧的地方，就要圈养。养羊多的，更要买草料。养二三十头羊，长个二三十斤肉，怎么着一头羊要长一斤肉吧，这就要花四五千块钱。

在山里头，只要春、冬季补草。冬季有白灾，春季接羔子时补点精饲料就行了。

30头羊吧，一天要100斤草，一年365天，36500斤。这要多少钱？四五亩草，近2000块。还要喂料。

还有给羊防疫、打针的开支。

出了山，成本高了，效益低了。

实行退牧还草的项目是有补偿的，老人也很熟悉这个政策。

将来是要每亩补4块9毛5，按每户的草场面积补5年。我们家就是几百亩草场，按1000亩算，5年就2万多。

这边的草场少，补偿也少。听说，乌拉特后旗搞戈壁退耕还林，按人头给，1年就给2万多。人不用搬走，可以在家住，按照草场面积核定载畜量，每家最多不能超过100头羊。我们这里，是按照30亩草养1头羊算。

给我们的补偿连开支都不够，不用说人吃喝了，连喂30头羊都不够吃。

镇上算的是养小尾寒羊，每年产两茬羔子，一茬子最少下两个。我们目前养的山羊还不适合圈养，出了山都要换种。

山里养羊，一头羊养五六年。农区，除基础母畜外，一头羊养四五个月就出栏可以卖了。山里的还不接受农区的羊。

我们还担心，这里的羊这么多，往后能不能卖出去？羊多，就卖不出价钱。

还有，牧民不会种地，在山里就没种过地。下山了不会种地，怎么办？祖祖辈辈都是放牧的，让下山种地，就算会种，地也有个改造过程，要好几年。则开始几年的投入大，效益少。

穿着一身运动服装的、不知道什么时候进来的老人的孙子听着也忍不住了，用流利的汉话急急地说起来：现在这个补偿的算法，跟救济灾区难民的标准差不多。给点地，给点钱，勉强生活而已。

听见儿子说话，他胖胖的母亲也说了起来：这边的政策比乌拉特后旗的差。那边，一个人的生活费一年就是6000多元，草片钱是1万，连续给5年。那里的草片多，也要给5年。如果5年过了不能回去放牧，还要继续补偿。后旗边界地区 50 公里以内的，已经有 53 户人家搬到赛乌苏镇上，无论有没有工作，一个月都给 600 块钱工资。各苏木上还有搬迁回来的。

我问他们对这项政策有什么要求和希望。

老人的神情很庄重，略一迟疑，微微有些激动地说了起来。

不反对退牧还林的政策。把这个地方变得绿起来，这是好事情，就是政策方面要让人满意。我们牧民的希望是：现在补的钱太少，希望多一些，一个人一年起码得补 1 万 5。

一户人家起码给 50 亩地。50 亩地也要 3 年以上改造，一两年改造不好，石头多，草也长得不好。

希望房都给盖好了，如果不给盖房就不出山。但是给 1 亩地盖房，太少。

说到这里，老人的孙子也像爷爷一样庄重地说了一句很有思想的话：生态政策应该是富民政策，生态政策不能伤人。

年老的阿尔斯楞

他们有着很好的文化教养，经历了牧区的几次政治风暴，退休后住在大山深处，养着几百头羊。看着自己祖祖辈辈生活的自然环境的退化，担心、关心又不甚了解有关政策。他们真心地呼唤：科学发展好啊！

离贡嘎扎木苏家不远的地方，就是巴雅尔父母的家。巴雅尔是白彦花镇的干部，是个蒙汉兼通的干部，我们和牧民的交流很多是借助于他的翻译。

巴雅尔父母的家，是一个不大的院落，只有一排四间并连的砖房，有两个卧室、一个会客室和一个厨房兼吃饭的地方。房间都不小，家具不新不旧。会客的屋子里有几张沙发对着一台 29 英寸的旧式彩电。我睡觉的房间里有立柜和洗衣机，一套六声道的燕舞音响和一台有着飞燕商标的缝纫机。院子比房基的面积稍大一点，除了一边有一块地种花，还有一个锅形天线，其余都是空空的，但给人的感觉很干净利落。

这里的草原养不成马

院子的西边不远，是另一个院落和羊圈。那个院落的房子要旧得多，都是土房。那是巴雅尔父母的老房子，现在已经没有人住了，放些草料杂物，院子里喂了鸡。羊圈里多是小羊，大些的都在羊圈外面随地而卧，也随便拉些黑屎蛋蛋。羊大概有四五百头，地上早已到处是硬硬的羊屎蛋蛋。

院子背后就是山。那不是一座山，而是一座连着一座的山。

早上天没亮的时候，羊群会跟着头羊上山去，因为附近没有什么草了，吃草要到山上去。中午人吃饭的时候，羊群会自己跟着头羊回来，排成几队散兵线的样子，拖着很长的队伍慢慢地走着。大羊们是低着头走着，小羊们则来回欢快地蹦跳着，嫩嫩地咩咩叫着，稍走远一点，母羊就会抬起头用慈祥但有威严的咩咩声叫自己的孩子。偶尔有一只找不到母亲的小羊，在羊群中惊惶失措地乱跑着，见着个似曾相识的母羊就会拼命地去撞奶房。但只要不是自己的亲生小羊，母羊是不会让它吃奶的。如果母羊一直没有出现，小羊就会愈来愈慌，叫声甚是凄惨。羊们知道自己最亲的是谁，而我看着羊们都是一样的。

羊们回了家，散卧在羊圈附近的背阴里的时候，我忍不住想做一回坏小子，猛地快步走向它们。听见我的脚步，已经舒适地卧在地上的羊毫不含糊地起来跑到一边，游来荡去的也都赶紧躲到一边去，安静的羊群有了一丝骚动。我居然感到了一种恶作剧的快感。

我正想继续加快步伐，制造更大的混乱，却看到面对着的不远的地方，一头比一般的羊要高大得多的羊不知什么时候横站在那里。它只是把顶着一盘卷了两卷的粗重羊角的头向我这边侧了侧，目光很是镇静，好像还有种轻蔑。

被这种目光注视着，我好像清醒过来，扭身往回走。一回头，正好看见巴雅尔的母亲站在新家院墙里面，露着头宽容地对我笑着。真让我有点无地自容了。

似乎是对我的转变的一种肯定，一头雪白的小羊羔竟然叫着冲着我跑过来。我心中一动把它抱了起来。

小羊羔的眼睛温柔地注视着我，睫毛长长的，一边喷着鼻子，一边龇着一排硬硬的白牙。羊羔的身上暖暖的，湿润的嫩嫩的鼻头诱惑着我想亲它一下。我慢慢地把它放到地上。小羊却并不愿意走开，而是跟着我，一边蹭着我的小腿，让人真是不禁喜爱。我在想，也许哪世有缘吧！

院子面对着一个长长的平坦的下坡地，下坡地的那边又是一座山。两边不远处是两道宽宽的河道，已经没有水了，裸露的河床上都是大大小小的沙石。现在，这个河床基本成了夏天泄洪和人们平时解手的地方。

没有了草。空气还是那么清新。只要没有风沙，就到处艳阳高照。

一切都是那么简单、直白甚至是透亮的，无论是大山还是脚下的石子，无论是牧人还是羊群，都没有任何遮遮掩掩，也不需要什么遮掩。人在这里，轻松得就像天上的云彩，想走的时候就飘飘，不想走的时候就懒在那里随意眺望。

随意，就是这里的魅力，可以随时随地地随意。

当然，我还是记得我要做的是什么。屋子里，巴雅尔和他的父亲母亲已经端坐着等我了。

巴雅尔的父亲年轻的时候必定一表人才：典型的方面大耳，鼻直口方，一头板寸虽然已经花白，但是似乎有着寓意，比如老而弥坚什么的。仔细看他的眼睛，那应该也是曾属于一位牧歌主角“阿尔斯楞”之类的。他们的区别大概仅在于，歌中的主人公放的是马，而我面前的老人年轻的时候曾经放马，现在只能放羊了。不是他不会放马，不是他不想放马，也不是没有马，而是这里的草场已经养不成马了。

没有了草原，没有了马群，还有蒙古人吗？有的时候，我会自己这样在心里问。但是，我从来没有问出口过。

我只会抓住一切和他们在一起的机会听他们说话，默默地观察他们，听他们讲一些和草原、和马群、和一切英雄的传说都已经相去甚远的东西。但凡能体会出一丝动人肺腑的东西，就会暗自欢喜。

这么想着，喝着玻璃杯子里的奶茶，听起了巴雅尔父亲的讲述。

我自己这个名字的意思，我还不懂

我是 1942 年生的，叫金吉布。

姥爷叫格时巴图，姥姥叫那仁萨，母亲叫色仁吉玛。弟兄姐妹 9 个，我的上面还有 3 个哥哥。老伴叫宝德格丽，1940 年生的。

上面 3 个哥哥都是刚生下来几个月，1 岁多就没了。我生下以后，这个地方正好有人要去青海塔尔寺。我的姥爷就托这个人去问问藏族喇嘛：我们这个家庭，我的女儿养了好几个娃娃都养不住，能不能给新生下来的这个起个名字？那个藏族喇嘛就给了个名字：金吉布。我自己这个名字的意思，我还不懂。

我的姥爷、母亲就一直在乌拉山里头，以放牧为主。

解放前，我们家就在这个查干布拉格沟里住着放牧。放羊，没有马。解放以后，到一九五几年，有了二三百头羊。

那个时候，这里有土匪，打仗，交通不便。我们有时就躲在那个沟里，有个四五户，住的房子是用石头垒起来的，用泥抹住缝子，不大的里外几间。

1949 年的时候，我已经在德布斯格庙里当了 3 年的小喇嘛。就是打扫卫生，端个茶，扫个庙，老喇嘛出去后给看个家。其实，老喇嘛一出去，就可以跑回家了。

说到这里，老人有些顽皮地笑了一下，接着说。

当喇嘛的时候，吃的都是家里拿过去，在庙上统一做着吃。什么经都没学。那个时候，庙上就有三四十个喇嘛。

过去，老百姓很尊重喇嘛。喇嘛来了，就像现在的大人物来了一样，都是热情招待。家里有大事小事都要去问问喇嘛，请喇嘛念经。

那个时候，这里每年的六月初八初九开始念经，到六月十五“跳鬼”，有个大庙会。大喇嘛念经，我们就打扫卫生。

20世纪50年代，这个地方的老喇嘛可多了。好多喇嘛都给人算命。一般的喇嘛算不准；大喇嘛、活佛算得准，给看个日子什么的，说是西喇嘛小的时候算事算得很准。这都是迷信。

大喇嘛，就是正活佛，前几年还在。他是后山阿勒奔的人，解放后也娶了老伴，有了娃娃。

到了1950年，家里就搬到了谢日蒙德沟。那个沟里到处长的一种树叫谢日蒙德，结小红蛋蛋，是一种药材树，不高。那个药有泻火的作用，摘下来给羊灌上可以去火。家里又盖了一统的房，大概有200多头绵羊、山羊。

那时，政府宣传，喇嘛可以回家结婚。年轻的喇嘛就找了媳妇，老的也回家了。

考蒙专，考上了，没去

1952年，有个叫华兴的老喇嘛，本地人，50多岁，办了个家庭学校，教蒙文。

我在那里学了一年。1953年秋天9月1日，去了乌拉特前旗上学。这是前旗第一所蒙完小。

金吉布一边说着，一边用手指着窗户外面，好像那就是当时小学所在的海叶呼同。眼睛里浮现出一种憧憬，表情也颇有些自豪。

那个时候学费很少，一个学期1块5毛钱，书本费1块来钱。书很便宜，也就是8分、几毛钱。科目也少，就是蒙语文、数学，没有汉文，也没有现在这么多的课。再就是体育课、唱歌什么的。校长40多岁，叫华齐日格拉，也是本地人，以前在西公旗的衙门里当过秘书，文化水平挺高。

1956 年，旗政府从白彦花镇搬到新安镇，变成安北县。我们的蒙完小就搬到白彦花镇上他们原来办公的那个地方了。学校离家太远。

1959 年小学毕业，1960 年开始念初中。乌拉特前旗那个时候还没有初中。包头十四中在白彦花开了一个分校，来了几个老师，挂着两个蒙文班。

1962 年，包头把蒙文班要回去了，在昆都仑区成立蒙中。我们就合并在那里了。

1963 年秋天初中毕业，考蒙专，考上了，没去。

为什么？因为 1956 年搞合作化，家里都入了社，家里生活都靠挣工分。加上那里初中学费也比较贵，弟兄姊妹 6 个也都念书了，家里经济开始紧张，我就回来挣工分了。学校还给我来过一封信，让我去上学，我也没去。

1964 年，大队上让我接了会计。秋天和宝德格丽结婚。

坐在一边的宝德格丽，已经是满头华发，这时也微微地露出了笑容。老两口面带笑意地对视了一下。

都是浅浅的微笑，却带着年轻时的光华，犹如惊鸿一瞥的灿烂。看了老伴一眼的金吉布瞬间变得很满足的样子，继续说。

宝德格丽也是本地人，我们原来在学校就认识的。小学时候，她比我低两级。1964 年搞社教运动，有点文化的青年统一到旗党校培训，3 个月后下到乡里头。我们一起搞过社教。

1966 年，“文化大革命”开始了，把那个队长什么的都弄成当权派。西喇嘛那个时候也是队长，不让干了。起来的都是贫下中农，都是最穷苦的人。

这个地方的“文革组长”叫白明才。他是汉人，解放前来的这边，给一家蒙人放羊，后来就娶了这家蒙人的邻居，也是蒙人的女子做媳妇，算是在这边下了货。他被选为“文革组长”，因为他最贫困，是雇农出身。

公社的当权派给打倒了，书记、社长，正的、副的，都给打下了。来了宣传队管事。不过，还闹派性。

大队的生产也由宣传队管。

那个时候，附近是两个大队。

一个叫德布斯格大队。本来叫德布斯格庙大队，后来把“庙”字去掉了。德布斯格是阶台的意思，好像汉语的阶梯。

一个叫石拉敖来大队。石拉敖来是黄土坡的意思。

正好奶子拱出来，这个地方能盖庙

德布斯格庙是怎么建起来的？

传说梅力更召有个格奎喇嘛，就是铁棒喇嘛，在庙里头可恶了，见有不规矩的拿棒子就打。梅力更葛根把他给轰出来。

格奎喇嘛出来，经过后山走啊走，就走到这里。看到有个蒙古包，就进来了。里面有个老婆婆在火上做奶子。他一进来，正好奶子拱出来了。喇嘛想，这是好事，这个地方能盖庙。

他就去了阿勒奔那边的穆斯图沟。穆斯是冰的意思，那里有眼泉水，冬天结冰。图，相当于汉语的叠音。他找了那里的一个有钱人家。

格奎喇嘛说：我想建个庙，钱不够，咱们两个合在一起建。那个人家同意了。

格奎喇嘛原来准备在庙后头高的平疙台的地方建，后来看到拱奶子的地方在下面，就决定在底下建。名字还是叫“德布斯格”庙，就是“高台台”庙的意思。庙的本名不是这个，只是顺着地名叫的。庙的本名是塔尔寺给的。

建庙的时候，格奎喇嘛去塔尔寺求的设计图纸。

1968 年复议的时候，把我们定为新牧主

乌兰夫在内蒙古解放时定的牧区政策是“不分不斗不划”，只有王爷之类的上层定了成分。“文化大革命”开始后，乌兰夫给打倒，牧区重新开始划成分。

一搞“阶级复议”，就划出很多：牧主，是解放前连续 3 年有一个或一个以上长工的；新牧主，是解放后连续 3 年雇用了一个放牧的；富牧，相当于富农，要断断续续一年、一年半以上地雇用人；贫牧，就是羊少的，不雇工的。

1968 年复议的时候，把我们定为新牧主，给我姥爷、姥姥戴上“帽子”，正式宣布的。把我们划成新牧主的原因是，我姥爷有一个外甥女。她是我母亲的姑舅妹妹，父母早没了，我姥爷把她接回来，和我们共同长大。这个外甥女 1954 年聘上走了，到 1968 年的时候，听人家鼓动说，你现在把自己反映成长工，就可以分点财产。她就出了个证明说，1950 年、1951 年、1952 年在我们家帮助放羊，她成了我们的长工，我们家就成了新牧主了。

姥爷、姥姥的财产全都没收了。我也成了牧主子弟，我的财产、房子和从老人那里分来的东西，都给没收了。冬天没地方住，就只好住到庙上原来喇嘛住的房子里。

这个沟里划出两个牧主、两个富牧。这几家的财产都被没收后，集中在庙上。白天给队里劳动，也给工分。最高的一天有 10 分。“四类分子”尽是些年纪大的，给个七八分，黑夜里挨批斗，交代问题。

就是交代用了多少人，怎么用的，是不是有虐待。造反派还打骂。牧主子女、“四类分子”的子弟连会都不能参加，那些会议都是贫下中农开的。

“内人党”：很多牧民也就登记一下就行了

1969年春天，“内人党”的事来了。

那个时候是农牧联合公社。这个地方的牧区原来归蓿荄公社。选了一些年轻的贫下中农，有文化的、原来当过书记的，组成农宣队，进驻牧区，挖“内人党”。他们宣传“内人党”是乌兰夫建的，是反动组织，谁参加过，什么时候加入的，谁介绍的，要好好交代。

牧区这两个队，当过书记、队长的，包括当过会计、保管的，都牵涉进去了。女的一般没事。根子还是在公社里互相斗，挨打得不行的时候，就说我在哪里当大队长的时候，把会计什么什么的给发展了，在哪开会的，一说就都牵进去了。

把我圈了一个月。我说，我就没有入过什么“内人党”，就是在学校的时候入过共青团，小学的时候戴过红领巾。人家说，共青团是共青团，“内人党”是“内人党”，这是两回事。你不老实。就这么住了一个月，天天问。

还是住在庙上喇嘛的房子里。吃集体食堂。不老实的，还斗得厉害。

农宣队有个叫郭小曲的老汉，我以前认识他。他偷偷摸摸地叫我出去问：你真的没入？

我说，真的没入。

他说，有人把你供出来了。

后来有一天，他说：是公社副社长然登，他给你供出来的。你就照着他说吧。

后来，我就说：想起来了，是公社的然登发展的我。

农宣队一听：这就对了，你早不说。在里面做过什么吗？

我说：没有。

农宣队的人说：没有，那登记一下就行了。

其实，当时，很多牧民也就登记一下就行了。

1970 年，被错划为“内人党”的给平反了。

那个时候，山里的树稠得羊都进不去

1972 年开始，“四类分子”开始平反了。牧主、新牧主、富牧、上层喇嘛，都平反了。解放初期乌兰夫定的政策——牧区不分不划不斗，还是有效。这样，财产全部退还，小东西丢就丢了。我们家的房子也退还了。

母亲是 1971 年去世的，平反的时候也提了她的名字。那个时候，戴个牧主的头衔，没个住的地方，就在马棚里住，结果就落下病。也没条件治，就去世了。

姥姥早就去世了。姥爷和母亲都戴着“帽子”。

1973 年，又叫我回来当会计。我说，会计当不成了。队长说，你不当会计，就放马吧。

那个时候，这个地方的草是可以的，经常下雨，队里的牲畜比现在也少。现在个人财产发展快，但是大畜没了，小畜多。

那个时候，草多，山里的树稠得很，不说人进不去，连羊都进不去。

1965 年大旱过一次，整整一年没下雨。公社里号召倒场，牛群羊群全部倒在河头那里面。队里 500 多头牛，倒场倒得只剩下 100 多头。羊都死了。1965 年以后，树不行了，草还可以。

供销社想要个当地蒙人

1973年，这边庙上有个集体供销社，就是那种小卖部。小卖部里的那个后生姓王，有一天来跟我说：你以前是会计，你来不来？

我说：能行了？

他说：供销社想要个当地蒙人，语言又通。你要是想来，我给主任说说。

过了几天，他来说，主任同意了。我就进了供销社。

那个时候，国家有个政策鼓励亦商亦农，要找些个有文化又有核算能力的人。

我就在供销社当售货员。1974年开始当分销店负责人，负责购销两种业务。供应商品，布、酒什么的都是供应。

还收购牧民的羊绒、羊毛、柏树籽、山杏核、黄芪、带黄。带黄是一种野草，泻火的草药，那个时候山里头有，现在没了；柏树籽，开始是1斤5毛钱，后来涨到8毛钱；山杏核，开始是1斤2毛5，后来涨到3毛钱；羊绒，开始是1斤4块多，最好的论价分等，后来涨成15块、25块、50块。

还收购废品、废铁。

1975年，稽荄公社和公庙子乡合并，供销社归公庙子的供销社，领导都是公庙子的了。这年又成立了呼和宝力格公社，是纯牧区的，然后以公社为单位建供销社。

1977年，公庙子供销社分家，我们又从公庙子分到呼和供销社。现在，西喇嘛门前那个供销社的大房，就是1975年在我手上盖的。

1978年，入了党。一直负责分销店，在山里待了11年。1983年提为呼和宝力格供销社收购业务副主任、支部副书记。1999年底，供销社解体。到年龄的退休，不到年龄的下岗。

父女两个分了食堂的饭厅和一个小库房

供销社红火过几年，后来不行了。

1992 年开始，供销社搞体制改革，先是国营改成集体。原来做买卖都靠银行贷款，1992 年以后，银行不给贷款了。资本越来越少，到了 1999 年就没了，只好把所有的门脸全都给卖了。我们一共 4 个分销店，全给卖了。基层门市部好几个，生产门市部、百货、副食、收购门市部都卖给职工个人了，旅店没人住，食堂没人吃，自己倒闭了。供销社的业务不成了。

退休的有社保，没退休的就下岗。我的那个女孩也在供销社，我们父女两个一起下的岗。

那个时候的政策，一年工龄 200 块钱。我参加工作到 1999 年底，一共四五千块钱，就把这二十七八年的工作都结束了。

就这 4000 块钱也没有给现钱，就是把库房、车库、办公室、食堂这些按面积作价，顶工龄费。那个时候没钱，供销社都是空的。

我们父女两个分了食堂的饭厅和一个小库房。两个人 9000 多块钱，一共一百零几平方米，一平方米按 80 块钱计算的。

现在这个饭厅和库房还在公庙子，就是呼和宝力格镇政府所在地。也没人买，都是土木结构的。

女儿下岗后回家，开了个早晚小卖部。女婿是粮库的职工。后来，小卖部也不开了，税太高。现在在家里坐着，女婿还在粮库上班。

我下岗以后，2000 年回来放牧。

草刚长起来点，就到秋天了

我这个羊，是牧民大集体解散时候分的。老婆在这边一边教书，一边管点羊。

老两口又互相对望了一下，十分温馨的样子。

农区头一年分，牧区第二年分，1982 年前后。分牲畜，老户每个人是 25 头羊，新户 20 头羊。我们一共分了 60 多头。草片、苜蓿都分了，根据羊头、地形分，有个草原本本，就是证书上面记 300 多亩。实际上面积有 3000 多亩。

这几年羊就发展得较快。

20 世纪 80 年代的时候雨水多，不倒场，牲畜膘情也好。牲畜也不太多，一家就几十头。芨芨[①]有一人高，其他草也大几寸高，山全是绿的。

树是不如 50 年代多了。东边那些个柏树，都做了香粉厂的原料。香粉厂收购原料的时候，林场就放开了。那个破坏很大，把地挖个大洞洞，湿材也砍，干材也砍。

这个地方榆材多，一般没人要，柏材要得多。后来树少了后，就用炸药炸树根。

这边没有护林员吗？我有些气愤地问。

金吉布则是一副麻木的样子。

以前，有义务护林员，队里选的，每个月上头还给点代价。

“文化大革命”以后，义务护林员就取消了。就是林场配的专职

---

① 芨芨：草原上常见的一种草，枝叶很硬，可以扎成笤帚。当地老百姓都这么叫，生物学的正式名称不太清楚。

护林员，骑个马在山里转转。1990 年以后，专职护林员也不来转了，就在叨人沟的口上盖了个房。只有在有人告这里砍了湿树才来看看。那个时候，卖柏树的都走叨人沟，他就给卡住。

当时，林场定时间，每月 25 号才能收柴火。到了时间，就去香粉厂拉过去，专门有人在那边等着。把林业费收了，就回来了。实际上对这边的砍伐都不管了。

原来对砍湿树的管制相当厉害，有林业法，后来也不管了。

1990 年的小树还可以。1990 年到 2000 年的这十来年旱得厉害，上半年纯粹不下雨，下半年就下一点，有的时候连续几年都是一年就下一点点。草刚长起来点，就到秋天了。去年一点没下，整个是旱的。今年下了两场雨，点子还大，不是很透。这连续不下雨，就是麻烦。

这几年草不好，牧民都种点地，十亩八亩的种点饲料。冬天喂得好，羊的羔子也落得多。牲畜多了，吃得也多了，草就更不成了，草片越来越少。

外头的羊也来，就是不放牧的人把草场租给别人。这前面的就是公庙子的，自己搬走了，把草片租给外地的。这后边有个姓康的老汉，也是租人家的草片。

滩上还好拉铁丝，坡上就不好拉了，地形不成。现在还是联合草片。你也来，我也来，没法分的。

说到这里，老人也觉得有些情绪化了，就喝了口奶茶静了静。看到暖壶里的奶茶几乎没了，一直很安静地坐在稍远地方的巴雅尔过来，拿起暖壶出去了。

留下的教室就分给我们了

看着儿子的背影，金吉布平复了一下，接着说。

我们有4个孩子。

老大前年得了病，原来有点小儿麻痹，一直没成家。前年没了。

巴雅尔是老二，团校毕业，后来念了内蒙古成人大学。1992年参加工作，1996年成家。媳妇在土地局上班，在前旗住着，有小孩。

老三是闺女，原来在供销社上班，1994年聘了。

老四是小子，和媳妇一起在前旗蒙完小教书。三十好几的小子，前两年提前办了退休，自己做生意了。

宝德格丽1966年开始是大队的民办教师，一直干到1968年。1968年我们家给弄成了新牧主，牧主的女儿是不能教书的，就给撤了，回来劳动。1972年平反，1973年又聘请回来当民办教师。1975年开始，做代课教师。原来的民办教师挣工分，一天10工分。代课教师一个月学校给33块钱。一直到八几年，代课教师转成正式教师。后来评的是二级教师。1992年退休，三小子顶班。赶上1992年最后的政策机会，可以顶班，他就顶班了。

这边的学生七八十个，老师也十几个，发展得还可以。后来因为计划生育，娃娃越来越少，老师也不愿意在山里待。没娃娃了，学校也就给撤了。

原来学校在庙上，八几年移到这个地方，教室是新盖的。后来学校合并到中心学校了，留下的教室就分给我们了。

教室是两间，还有办公室、食堂和宿舍。原来是5个班搬到这，学生最少的时候也有两个班。东边是给老师盖的宿舍。

牧区收入的差异，主要就是取决于羊绒

收入怎么样？我问。

主要的经济来源就是这些羊。现在，这些羊，包括几个孩子的，

都算在里头，一共500多头。亲戚的有几十头也在这里。我们自己的，包括二小子的100多头，闺女的100多头，我们老婆老汉的200多头。

收入现在一年和一年不一样。去年，一家也就是4万来块钱。一共11个人，平均起来纯收入有三千一二百块钱。

没地，饲草饲料全要买。去年买了40亩草，一亩草30块钱，花了1200来块钱。买了1.5万斤玉米，5毛5一斤，花2300多块钱。还买了200来包葵花秸子，每包5块钱，花了1000来块钱，现在全喂完了。

人家不要运费。要自己花油费，一趟30公升油，一升油3块多，这40亩草拉了12车，葵花片子拉了3车，油费就要1000多。

还给羊灌药，夏天灌泻火药，春秋两季打虫，打防疫针。一头羊要两块钱，一年也要七八百块钱。

这就6000多块钱出去了。

绵羊毛不值钱，一斤3块钱，一头羊下个3斤毛，9块钱，还要吃料吃草，也要十来块钱。就是卖也是陪着卖，七八十块钱一头，太低我们就不卖了，自己杀了吃。原来就有绵羊，去年想处理，没人要。我们有60来头绵羊，一年200来斤毛，卖个五六百块钱，连吃料吃草的钱都不够。

山羊还行了。一头羊平均出个7两绒，今年卖了320多斤绒。1斤绒145块，共卖了4.5万多块钱。去年每斤才120块，今年比去年好。除去开支，能落个三万八九千块。

还不错啊。我脱口而出。但是，金吉布并不轻松。

我们养了羊，收入基本上都让媳妇拿走了。他们收入不太高，都拿走了。80头羊，56斤绒，能有个8000来块钱，加上绵羊的毛钱，不到9000块钱。

老婆还有退休费，每个月八百六七十块吧。去年开始，我可以投供销社的社保，自己掏了18880块入社保，现在每个月能拿四百八九十块，3 年内把 18880 块拿回来。3 年后，国家和内蒙古统一涨工资，可以按退休人员涨。

两个人合起来每个月有个 1300 来块收入。

这样的收入，在这边算好的。这边羊多人少。两个老汉老婆养个 400 多头羊，收入就可以了。

这个队里也有每个月二三百块的，也有 400 多的。庙上这家人有 100 多头羊，3 个人。底子不太好，是新户。原来是一家，孩子分家了，大孩子、二孩子分出来，原来是 300 亩，分出来一家就是 150 亩。人家大户的草片都分了，没人给他，就是自己家分。

现在的小年轻，有点文化的，爱做买卖的，倒点机器的，就去前旗了，买个三轮车就走了。不过做这个的少，有的想做点买卖，但是资金少，做不起来。

还是放牧的多。如果这个山不闭的话，养一二百头羊，收入还是可以的。山羊，公的能卖个一百六七十块，特好的能卖 200 来块钱。

牧区收入的差异，主要就是取决于羊绒。养羊主要是靠绒的价格，每斤上了 200 多块钱就好了，一落就不行了。

绿色发展好啊，我们牧民都是坚决拥护国家政策的

说到这里，我们大家都有点累了。

出的门来，远远看着湛蓝的天下面，雪白的云朵和雪白的羊群几乎难以分清了。约莫几十只羊，在不远的河槽附近晃着。那干涸的河槽边有个铁皮水槽，羊过去的时候自己会用嘴去叼一个出水的橡皮管子。我正惊诧为什么羊一过去，就会自动有水出来，巴雅尔就在不远的一个已经完全干了的树干旁向我打招呼。他正控制着挂在树干上的一个闸板，这个闸板就是小水泵的开关。

我突然涌起一种感觉：这是多么美好的地方啊。真有点依依不舍。

金吉布老汉似乎没我这么多的感觉。我们就站在那里，我问他关于禁牧有什么想法。

老汉没有马上回答，而是又把我引回了屋子里，才开始认认真真地说起来，好似思考很久的东西一吐为快了。

禁牧闭牧说了好几年了。我们牧民对这个有不同的认识，各种各样的说法。

闭牧，是个国家政策。保护生态、保护发展，对生态环境肯定是个好事。现在牲畜过多，草场压力有点大。但是，要从解决问题上面去理解。山闭了以后，肯定不让在山里放牧了。我们牧民不理解的是，闭了以后去哪里？

镇上、旗上不都是有政策吗？我说。

金吉布似乎早知道我要这么说。

一个是对圈养不太同意。本来我养 500 头羊，要是圈了的话，羊吃的就难以解决，我去哪里解决这些东西？尤其是山羊，圈养也不适合。山羊一旦在山上放牧过，圈养就比较难。绵羊比较适合。

圈养的话，喂得多了，养不起；少了，生活水平要下降。

第二个问题，祖祖辈辈住在这里。圈养的话，把我们迁到哪里？有的说在巴盟内部。去年秋天开会，说是尽量在本苏木内解决。

乌拉特前旗需要禁牧移民的，主要就在德布斯格和石拉敖来这两个队，沙德盖可能还有点。德布斯格队大部分没地，石拉敖来队在山外有点地。一旦禁牧，必须往外移，就要盖房安排，给出路啊。生活水平只能提高，不能下降。有的牧民说，不能出，出了就进不来了。

正式的文件咱们也没有学。只是听说，三五年后就回来，房屋不要动，回来还是归你。说是按人头每个人给 4500 元，草片也给钱，但是没有看到正式文件，也没有人给牧民宣传。有的全是小道消息，亲戚朋友来回传的。

金吉布说话说得越来越有力量，越沉稳，把刚才的观点又重复了一遍。

要闭的话，起码应该让牧民知道，怎么个圈、怎么个移法。牲畜头数都要适当安排调节好，多了圈不成，少了收入降低，生活水平也降低。现在，国家不是提倡建设小康社会，建设社会主义新牧区吗？

牧民看法不统一，关键还是国家的闭牧政策没有直接宣传到牧民。没有直接讲，就是乡里来开会讲过。都说白彦花镇已经开始闭了，钱也发了。可是到现在为止，那边还在放牧。

听说这里 2008 年一定要闭牧。原来在呼和和白彦花交界的地方，就是海尔布拉嘎查，盖了一部分房子。听说去年搬进一部分了，也是国家给盖的。

不放牧的牧民倒是高兴。不放牧的多是青年，因为能多给两个钱。放牧的都是老的，老的都说，就是闭牧也不走。

那么，有没有既能维持现在的生活水平，又能闭牧的好办法？我问。

听到这个问题，金吉布目光灼灼，精神陡然一振，让我感到这个老人当年是一个多么精干的人。他几乎一字一句地接着说。

绿色发展好啊，我们牧民都是坚决拥护国家政策的，关键是希望国家把闭牧以后这几年牧民的生活安排好。国家安排好了，牧民肯定接受。

现在，草片都划分好了，没有什么空地方了。

具体方法有，就是指定地方，给盖上房，圈养的饲草饲料给解决。这样的条件要是具备了，去哪都可以。

现在的问题是，去哪？不知道。去了住什么？不知道。去了怎么喂养？不知道。

条件好了，牧民肯定会去的。

你要是让牧民自己去，自己盖房，自己买饲草料，加上念书娃娃多的，大学中学的，一年开支也不少，就不好办了。

政策应该不是镇上，也不是旗上提出来的，至少是自治区提出来的吧？所以希望认真地宣传给我们，有什么优惠政策都让牧民知道，让牧民们理解党的政策，领会了自然就支持了。只要把牧民生活安排好，就什么都好办；安排不好，告状这些也可能又会出现。

老人又沉了沉，继续慢慢地说，但似乎已经轻松了些。

山里生态环境破坏，放牧是一个方面，掏柏材也是一个方面。干材掏，湿材也掏，不成了还炸，这也破坏得厉害。

咱们河头地那边闭牧了。前不久我去了，发现里面就是葵花。农民就知道种地，种葵花，也没有什么柳树的，不知道保护些什么。1965 年的时候，我们也去过河头地放牧，那里面到处是红柳、毛柳，密度也好，骑着马进去也看不见，羊进去也看不见。前不久我再去，什么也没有了。

这林是谁毁了？我看，就是林场为了几个钱，把那个地方包给农民了。

乌拉山林场还让人掏柏材，就是为了收那几个费。

以前林业部门很负责，牧民也很遵守规矩。现在，林业部门为了收几个林费，为了那个香粉厂，还是要掏啊、炸啊。

草长不起来，因为牲畜多了，吃得多。

总的来说，闭了好。闭牧，禁牧，轮牧，休牧，各种各样的办法都很好，是为了牧民的长远打算。改革开放以来，各项政策对农牧民很有利。尤其是现在这个政策，农牧税减了，还有九年制义务教育，非常好。

在回去的路上，我问巴雅尔，他的全名叫什么。他说叫“那仁巴雅尔”，太阳喜的意思。

听着这么喜庆的名字，我仔细看了看这个 38 岁的小伙子，个子不高，居然有着白种人的貌征：偏黄色的头发，虽然晒得有些黑了，但皮肤的底色绝对是很白皙的，眼底甚至有些蓝绿色。我们在一起三天，他始终是慢慢的，但是从来不误事，任何时候都是微笑着，笑容很厚道很真诚，却是不轻易地说什么。

看着我观察他，巴雅尔微笑着说：父母亲一般不叨唠以前的故事，好多事情他也都是第一次听说。

见过奇俊峰将军

老人曾经是乌拉特西公旗公爷夫人的贴身奴才，见过著名的抗日民族女将军奇俊峰和当地的风云人物。抗美援朝期间参军，1955年在部队入党。“文化大革命”中任过大队长，带队去大寨学习，见过陈永贵。晚年住在白彦花镇太恩格尔嘎查，以苦菜养鸡颇有心得。他讲了乌拉山、乌拉特西公旗的来历和一些部落风俗。

离开国道，经过一条窄窄的柏油路，又上了一条尘土飞扬的土路，颠簸了一会儿，我到了一个类似居民区的地方。

说是居民区，是因为这里有着几排长长的整齐的院落，有砖房有土房，院墙都是土墙。奇怪的是，虽然不能说没有人烟，似乎又有点过于安静了。

这是个艳阳高照的好天，蓝蓝的清澈的天上连云朵都少见。这么好的日头照得地上的垃圾也格外清楚。房前屋后，院落之间的土路上，垃圾随处可见，好在既没有成堆，也没有什么味道，只是很久没人打扫了。

推开一个铁栅栏门，进到一个不小的院子。

院子里空空荡荡的，在南窗户前有一棵小小的树自得其乐地站在那里。地上散落着干的和半干的鸡屎，几声鸡叫似乎在向主人和同伴通报。鸡只有鸽子大小，背部、腹部和臀部的毛几近脱净，露着晒得红黑的鸡皮疙瘩。不过，人一旦走近，跑起来还是很有力量。

正要掀开门上的竹帘，竹帘被里面的人先掀开了，一个高大魁梧的老人走出来。

这是个五官相当端正的老人，短短的白发贴着圆圆的脑袋，脸膛红红的，眼睛可能有些白内障，但还是很有神采。腰杆挺直，上衣是一件不是很干净的绿军服。我们握了手，老人的手掌粗糙而有力量，表情似乎有些迷茫。我想这是因为对我的来访目的有些不清楚。

随着老人进了里间，又看到了另一个老人——他的夫人。相比起丈夫的精神头来，老妇人几乎佝偻着背，可以看出在年轻的时候也应该比较矮小。两条腿有些罗圈，走路已经须要扶着伸手可及的地方，但是一只手里还拿着一个烟袋锅子。头上戴着一个已经完全变灰了的医院里的护士常戴着的那种白帽子，苍白的头发从帽子边缘没有任何掩饰地散落出来，上下都穿着棉服。人已经是皮包骨头了，整个身体看起来都是衰弱的，仿佛从来没有年轻过。

当我在一个应该是曾经被称作沙发的软塌塌的地方落座后，老汉就端坐在我的斜对面的一把旧藤椅上。藤椅尽管已经很破烂，但肯定曾经很雅气，很像鲁迅先生某张照片中出现过的那种藤圈椅。他的老伴叼着烟锅子，歪斜着坐在我旁边的一张床上。这时我感到，她的目光还是有神的，似乎在努力揣摩我的来意。

我的面前是一个很旧的茶几，居然是茶色玻璃的。上面摆着两个玻璃茶杯，一个上面绘有红色的梅花，一个就是有着宽宽棱角的那种，两个都是旧旧的，而且绝对不同套。开始说话之前，我仔细观察了一下屋中的家具，感觉甚至床单都来自不同的地方，除了主人们把它们一起放在这里，以前它们之间绝对没有任何联系。而且一切物什上面都从骨子里透出一种灰尘，是那种永远洗不掉的灰尘。床，则干脆是用两个条凳搭起的一块木板。

看着我打量这间屋子，老汉笔挺地端坐在那把藤椅里，神态安详。

我面前的一个玻璃杯里被倒上奶茶后，老汉就说开了，说得不快，却底气十足。

我们管太阳升起的地方叫南，太阳落下的地方叫西

这个地方叫查簇圪旦，“查簇”就是两边都没人管的意思。

我叫恩克巴雅尔，“恩克”是永远永久的意思，“巴雅尔”就是喜的意思。我出生于1930年（阴历）十二月二十八日，高勒苏木人，就在这乌拉山前的。我们老爷爷的时候就这么传下来的。

我们是清朝从呼伦贝尔盟搬来这里的。

我爷爷的爷爷跟着公爷，赶着牛、马、羊，从呼伦贝尔过来。三个公爷，靠西边的叫西公旗，现在叫前旗。过去叫西、中、东三旗。西公旗是老大，中公旗是老二。

路上走了3年。那个时候，一个苏木才50来户人家。12个苏木都搬过来了，就是乌拉特西公旗的12个苏木镇。

路上赶着牲畜。走到哪觉得好，就在那里住上几天。我们这个部落是那年腊月二十三来的。蒙古人也祭灶，什么时候来的就什么时候祭灶，腊月二十三来的就腊月二十三祭灶。中旗、后旗都不一样。后山有的人家就腊月二十五祭灶。

我们管太阳升起的地方叫南，太阳落下的地方叫西。咱们后山有些蒙古包就多是朝东南方向的。去乌拉特中旗、锡林郭勒盟，也都是这样，很少有正南方向的。因为向着太阳升起的地方才是正南，这和现在的正南不一样。

那个时候，我们都是奴才，叫“包高勒”。除了公爷，都是包高勒，不管是不是戴红帽子。

我们这里最大的是公，庙就是公爷的公庙。这个“公”是级别，那个时候有王、公、贝子、贝勒什么的。伊盟有个王爷庙，叫王爱

召，那边以前有个王爷。包头北边矿区达茂旗有个百灵庙，蒙古语叫贝勒松，就是贝勒庙。现在锡林郭勒盟所在地就叫贝斯因苏木，是个贝子庙，是最低的。最高的当然是王爷庙。

乌拉特和乌拉山

现在住的这个地方靠着山边，这个山叫阴山。

每年五月十三，关老爷磨刀。

那是汉人传过来的，磨刀打仗。要磨刀，就要蘸点水，要请喇嘛念经求雨。其实也是利用这么个节气，这个时间也该有雨了。

汉人早先把这个山叫“盾山”。盾山上有个神，左手拿个大刀，右手拿个马鞭，骑个白灰色的马。这个神就叫“摩纳”。摩纳就是盾的意思。“乌拉”本身就是山的意思。原来说的摩纳乌拉，就是盾山的意思。①

“乌拉特”的名字另有来历。

成吉思汗的时候没有枪弹，人们在箭头上涂点火药，射出去人就死了。做这个弓箭的人叫“乌仁乔德”，后来成了“乌日的”，就是会做枪支的艺人。这是蒙语，就是匠人的意思。汉人顺着蒙语的音叫出来，就成了乌拉特。

乌拉就是山。汉人听见蒙人老说这个乌拉那个乌拉的，以为这座山就叫乌拉，其实他不知道蒙人说乌拉，说的就是这个山。汉人

① 后来在陈寿朋教授著的《草原文化的生态魂》（人民出版社 2007 年 3 月第一版）一书中看一首蒙古人吃羊肉前的祝赞歌，里面专门提及“摩纳”山：扎——祝愿吉祥如意！在湛蓝的天空，日月是主宰的神；在斑斓的大地，山水是灿烂的色彩；传宗接代的源泉啊，来自男婚女嫁。在大家欢聚一堂、众人兴奋不已、吉庆祥和之日，谨将这——在摩纳山前吃着河套水草的，饮着黄河之水的，一色万群中，精心育成的……如珍似宝的白绵羊，一件件把它卸开，作为最高贵的“首思”，放入大富大贵的锅，煮成鲜香的羊背子。

叫的乌拉山，实际上成了个“山山”的意思。

1954 年以后，火车通了，这个地方有了个车站，叫乌拉山车站。其实再早先，这个地方就叫摩纳乌拉。

乌拉和乌拉特是两回事。

说到这里，老人得意地笑了笑。我也是恍然大悟。

我自来到乌拉特前旗，关于“乌拉特”和“乌拉山”的来历，看了不少资料，也问了不少人，得到的答案都是似是而非的。经老人这么一解释，才算有个确切的了解。

回过头去想，“乌拉特”和“乌拉山”虽然不沾边，但各自的来历又凝聚了多少汉蒙民族交融的故事。

乌拉特西公旗的这个部落，女人到了 60 岁就剃头

我们西公旗这个公每三年要去朝廷值班，每次值三个月。只有公爷才有这个资格，贝勒还没资格。

公爷要去北京值班，就会先卖好多土地，要带上全家去。嫌那边烧的炭不习惯，还要把这乌拉山的柏树圪旦用骆驼拉上。乌拉山的黄河南边有条路，用骆驼驮上要走 23 个站才能到北京，走到哪都要先喂饱骆驼。那个时候，从黄河上坐船还不容易，要倒船，所以最好走旱路。

公爷的太太 1947 年 72 岁死的。她给我讲过，她跟上公爷去过北京，值过班。

走的时候，公爷把那边到五原的土地卖了 70 顷，大概有现在的 700 亩。就这么去了北京，见了朝廷。

朝廷给这个公爷的老婆一个称呼，满语叫“特恩多日拉”。我们就叫她这个，是朝廷给的称号，也是一种级别待遇。

到了北京，镶了满口假牙。镶得相当好，花了 50 块银圆。她抽

烟，花70块银圆买了一个烟嘴，1寸2的，是翡翠的。上面绿的，说是时间长了，还能长的。

太太说，这烟袋本来女人不能抽。我那个时候才16岁，就问：你不就是个女人吗，你怎么就抽了？她说，我是剃了头的，守了寡，让喇嘛念过经。

以前西公旗的蒙古人，女人一到60岁就剃头，就不和男人发生关系。即使男人在，也一定要剃头，当姑子。女人到了60岁就成了喇嘛人，没有“婚”这个意思了。不剃头，社会上就嘲笑，和姑子庙里的姑子一样，这也是一项纪律。

我12岁时去给她放牛犊子，再后来给她喂狗。她喂了7条狗，每天杀一只羊喂狗，尽给狗吃肉。

我18岁时老太太死了，我才走的。

看我瞪大了眼睛很愕然的样子，老汉满意地微微一笑，喝了口奶茶，继续说。

奇俊峰司令

奇司令，奇俊峰，就是这个老太太的侄子媳妇。

奇俊峰，是达旗王爷的女儿。世袭的才叫“奇”，“俊峰”是做闺女时候的名字。她的亲生母亲是阿拉善左旗的，达旗的是喂养她的母亲。小的时候在私塾里念的书，念过“四书五经”。后来聘到我们西公旗，是西公旗公爷的三老婆。来了西公旗，起的名字叫“塞纷勒玛”，这是藏语的名字，喇嘛给起的，意思我不懂。

她来西公旗的时候，我才10岁左右，在老太太跟前做奴才。当时见了她，都要给磕头。

每过年的时候，奇俊峰过来拜年。蒙古人穿的衣服，她都要穿上，穿戴得整整齐齐的。带上30来个兵，看她的婆婆。

奇俊峰跟前有个小子，十来岁了，个子也不小，长得也好，顶俊，人家穿的也好。陪他的有两个勤务兵。

拜年的时候，奇俊峰不骑马，就坐马车，儿子坐一个轿车，自己坐一个轿车。我们这些下面人，光那 30 多匹马的草料就喂了不少，真球麻烦了。

那个时候，国民党在重庆。奇太太还去过重庆，见过蒋介石。一说蒋委员长，下头的兵就立正。奇太太穿个军装都是正正规规的，就是穿个蒙古袍子也挺正规的。

我们有一次听她讲过话，说是蒋介石给我们西公旗发了一些救济款，给我们少数民族穷苦弟兄的。后来人们把她杀了以后，说是她把这个款给贪污了。谁知道哪，谁拿钱谁知道。

打死奇司令的郝云龙

郝云龙是一个团长。那个时候，有百十来个兵就能当个团长。

郝云龙是个大个子，头是个西葫芦似长不拉的头。他是斯仁宝的小子。斯仁宝是西公旗的图斯拉格齐，就是参谋的意思，算是个右参谋。

公爷对他老子挺好，他老子对公爷也好，可他就把公爷的儿子给杀了。

西公旗还有一个左图斯拉格齐，叫额日和道尔吉，从小和公爷有仇。他不是奴才，是公爷过了五服的亲家，是个“台吉”。额俄日和道尔吉有个孙女，聘给了郝云龙。郝云龙就听外父的话，把奇俊峰给害了，也可能是想夺公爷的这个权。

有人说，郝云龙把奇俊峰弄回来，在这附近的一个庙里圈禁了六七天。奇司令跟他说：咱们是好的，你把我放了，我就回娘家。郝云龙就给外父说了。外父说，不行。郝云龙就连她儿子也给杀了。

和奇俊峰好的国民党员叫李主任，后来听说叫李俊清。我十几岁的时候也见过。这个人长得可漂亮，挺朴素的，不是高高在上的人，我们就称他李主任。还有一个郑主任，是蒙古人，是管军权的。两个主任。国民党怀疑李俊清是共产党的地下工作者，就把李俊清给抬上了。奇俊峰带上钱去救他，半路上让郝云龙给截住的。

杀了以后才这么说的：奇俊峰没有守寡。

这个喇嘛要枪干吗？

您怎么能直接在老太太跟前伺候？我问。

老人用手撸了撸短短的白发，接着说。

12个苏木，24个召庙，这就是西公旗当年的单位。

西公旗公爷是弟兄三个，都是公爷，有自己的奴才。一个公爷有50来户奴才。我们都是公爷的奴才，不是苏木上的奴才。

奇俊峰是大公爷侄儿的老婆。大公爷没有男孩，只有一个女孩。大公爷死了以后没有继承人，就让二公爷的这个男孩还俗，当公爷，这就是奇俊峰的男人，叫西日格道尔吉。

二公爷的名字忘了。

三公爷叫达格登大喇嘛，是公庙子的大喇嘛。清朝留下的规矩，养3个儿子就要有1个当喇嘛，公爷家也不例外。

达格登大喇嘛是奇俊峰男人的三爹。当时让西日格道尔吉还俗当公爷，达格登就不让，说我还有个侄儿子，叫巴图巴雅尔，是个叔伯侄儿子，可以继承大公爷的位子。

西日格道尔吉已经有了印把子了，就去包头，那有个国民党的别动军，这军长他认识。他和这个军长一叨唠，说你帮我一下。

军长问：你要多少兵？

他说了有多大的地方，大概要了1个团。

就在这个呼和布拉格山沟里面，进来一伙部队，把公庙子围住，把达格登大喇嘛给杀了，后来把巴图巴雅尔也杀了，把巴图巴雅尔的小子也给杀了。杀达格登的时候，保护达格登的是额日和道尔吉，他们是一派。

就是因为这个仇恨，所以额日和道尔吉才把孙女聘给了郝云龙，叫他杀了奇俊峰。

达格登自己有30来个人保护他，还到苏联去买了连珠快枪，去蒙古国用骆驼拉回来。就这也不行，还是让别动军给打死了。我12岁的时候看到过那个装枪的箱子，1米多长。我还想，这个喇嘛要枪干吗?

那个时候还有个传说，大喇嘛戴了个绳，子弹打不进去，子弹就在身上挂着。后来，大喇嘛把绳放在一边，子弹才进去了。

达格登就死在这边的呼和布拉格沟，往里面走个3里多地，那就是公庙。

那个时候，达格登说过，他的侄儿子要带别动军来杀他。他请了个神官，说赶快给神点灯。正点着，神官看着兵来了，就把衣服一脱，光着脚跑了。跑了20多里路，掉到珊瑚河里淹死了。

公爷让人把达格登的脑袋带回去。有个兵真的把脑袋带回去放在他面前。公爷看了这个脑袋，一下子就晕过去了，黑夜里就吼叫：哎呀，达格登来了！吼了49天，也走了。

西日格道尔吉刚继承了公爷的位子，第二年就把他叔老子给杀了。那个时候，都是这个王爷打死他，另一个再打死这一个。

老人说起达格登来，似乎有些遗憾：就是达格登这个人我没有见过，是听老人说的。

公爷死了，奇俊峰就没有男人。后来日本人来了，奇俊峰没有投降日本人，跑到陕坝待了很多年。老太太没有走，额日和道尔吉那一派的人也没有走，都和日本人在一起了。

1946年奇俊峰回到这个地方。1947年秋天是猪年，那年七月，郝云龙把奇司令给打死的。赶七月二十几，老太太也不行了。

3917部队副排长的珍贵复员证

说到这，老人瞪着眼看了我一会儿，似乎在整理思路。然后，接着说。

我爷爷娶了3个老婆，生了3个儿子、7个女子。我有7个姑姑、3个爹爹。

我父亲也娶了3个女人。大老婆养了1个儿子，二老婆也养了一个儿子，我是三老婆的。那个时候，三五个老婆也能娶了。

爹爹生了我们弟兄3个。民国了，我们弟兄没有当喇嘛的。要是上辈，肯定得有一个，有的家是两个当喇嘛。我们一直没有离开这个地方，就放牧。

3岁时父亲没了，大概是1932年吧。11岁时母亲没了。12岁时给那个老太太放马撵牛。18岁的时候，老太太一死，我就去了后山三爹那里，给那个爹爹放牧。

1948年，包头来了共产党的部队。

我们两个是1949年结婚的。那个时候结婚，也没有结婚证，也没有去政府。我没有父亲，母亲也没了。蒙古人家就招了女婿。

1950年4月，咱们这里有了政府，刚开始是安北县。朝鲜战争爆发那年，要志愿兵。我正好20岁，7月报了名，就参了军。

因为我们是少数民族，所以没有赴朝，就在后方保卫桥梁、仓库，属内卫部队。在包头、张家口、通辽几个地方。

1955年12月，在部队入了党。那个时候，入党得要在部队工作好。

在部队当过副排长，还没有戴上花，是个光板。上士可以当副排长。

说到这，老人很快地找出了几个包在红布里的小本。

一个是《中国人民解放军复原建设军人证明书 07291》。

翻开，第一页有毛主席像和毛主席的题词“为人民服务”。下一页有朱德像和朱德的题词“保持中国人民解放军的光荣传统”。

里面的栏目里写着：

原级别：正班。军衔：上士。1951.6.16 阿有拉贵介绍入团。三等功一次。

何时何故受何种奖惩：团内受到物质奖励一次，通报表扬一次，物质奖励三次。

入伍前 8—13 岁到 16 岁劳动，16—21 岁放羊，21 岁参军到现在。

鉴定：该同志思想进步，工作积极，个人利益能服从人民利益，组织性好，能大胆管理同志们，在学习中努力团结群众。

一九五七年二月廿八日

生产资助金应领数：309.40 元

发给现金券 250.00 元　发给现款 59.40 元。

后面盖的是一个方正的大印“中国人民解放军三九一七部队之印”，落款是“国防部长　中华人民共和国元帅　彭德怀　一九五七年三月卅日”。

老人看我这么认真地看他的证件，非常高兴，一边撸着头说：这个转业证“文化大革命”要收了。那个时候，国防部部长是林彪，曾经要回收，说再给补发新的。当时，我就说给弄丢了，没有缴上去，这才留到现在。

看完复员军人证件，又看了两个小红本本，一个是《中国人民解放军速成小学毕业证书》，一个是《中国人民解放军文化学习修业证书》。现在看起来，都可以算作文物了吧。

“这个盐水好喝”

说着就到了吃午饭的时间。一道来的巴雅尔对这边很熟悉，早就在附近的一家小饭馆，叫舒安酒楼的，安排了饭菜。主菜是炖羊肉，还有炒鸡蛋。我特意要了双份，4 斤炖羊肉，这样可以给二位老人打包带回去，起码晚饭不用做了。酒是少不了的。老人年纪大了，我们就要了啤酒。

一边吃着，老人又来了兴致，说起“文化大革命”当中知识青年下乡的事情。

那些城里的年轻人来了，给他们倒奶茶。

他们一尝就放下杯子，说这个盐水我们喝不了。待了一段时间，惯了，又说“这个盐水好喝”。

说着，老人天真地哈哈大笑起来，用筷子指点着外面接着说。

小的时候，这边根本没有房子，全是蒙古包，都是绵羊剪下羊毛做的毡子。后来，草不行了，绵羊少了，没有那么多毛，也就没有那么多毡子了，才不得不盖起土房来。夏天雨大了，土房子漏雨。

说着，老人沉思起来，仿佛看见什么：去年这个时候，侄孙子叫朋友过来吃饭，喝酒。他的朋友回去的时候骑摩托，结果自己半路出事了。颈骨出来这么一大截，当场就没了。

在大寨吃了 10 天的玉米窝窝头

吃了午饭，回到家，老人继续讲起来。

我 1957 年转业，到铁路上当工人。

那个时候是大集体，我家里有3个儿子、1个女子，一共4个娃娃，还有外父外母两个老人，加上我的女人。我在铁路上，一个月挣48块5毛钱，顾不了家。到了1963年，就请求上级，我们家没有劳力。我就这么回来的。

1965年，我当了德布斯格嘎查的大队书记，一直到1989年，年纪大了，退休，每年给300块钱。今年听说会涨点。

去大寨是1972年。我是德布斯格的政治队长。那是“文化大革命”中，旗里的副旗长领着我们42人去大寨参观，在那边住了11天，路上在太原住了一宿。

在太原就没有见到白面做的东西。那时候咱们这个地方还有白面，那里却都是玉米窝窝头，倒是烧酒不缺。我们内蒙古那个时候就缺烧酒，得走后门才能到供销社买到。

在大寨待了10天，每天三顿饭，早上就是玉米窝窝头加稀饭。咸菜有，就是我们这个地方叫糖菜渣滓的东西。我们牧区都是在火车站卸下，拿去喂羊的。

午饭是高粱米闷饭和灰子白菜做的汤。没菜。这个汤里我估计放了点面粉，面糊糊的。晚上就是玉米窝窝头，汤还是灰子白菜汤。10天里，我们吃的都是这个。

只有一次，在大寨大队的食堂吃了肉炒粉，听说还是为照顾少数民族。肉很少，全是粉条。上来个馒头吧，上面是馒头，下面还是一个玉米饼子。

回去的时候，一直到大同，火车上都是玉米窝窝头。不过人家做的窝窝头比我们做得好，叫发糕，是那个玉米面发出来的，还有点甜。

记得陈永贵就讲阶级斗争问题

那是头一回见陈永贵。

我们内蒙古去的是少数民族，还有四川、云南去的也是少数民族。陈永贵顺着马路走过来，柏油马路，我们在路边坐着。前旗有个叫王宽女的，是个女人，先锋队的人，全国劳模，和我们一同去的。人家王宽女和陈永贵一起拍着手从路上走过来。

晚上，在一个大厂房里，记得陈永贵就讲了阶级斗争问题：念念不忘阶级斗争。他说他那个大队有多少个地主，把他们都打倒之后，大队才起来，成为全国典型。

我们一同去的人讲，大寨旁边也有一个大队——五家坪大队，就不讲阶级斗争，就爱告状。那个大队的支部书记还说，陈永贵是他们培养入党的，反过来他还是个大队书记，陈永贵已经到国务院当副总理了。

那边还有一个叫南脑大队的，和他们在一个山上头。这个队是有钱就唱戏，不治地，也不抓阶级斗争。一有工夫，就请上班子唱大戏。

说着，老人又天真地笑了。

你去看大寨吧，就是辛苦。路上没有空手走的人，都是担上担子。一看那个牛车、马车，驾辕的都是人。

看着陈永贵，脖子上挂着个大烟袋，一边一个烟斗。他是抽烟的人。穿的就是那种桃疙瘩扣子，头上戴着条白毛巾。我们看着就是好，很朴素，老百姓就是这样吧。东北人看了就骂，你个副总理吧还这么穿着，不怕人家笑话！

他那个时候也就 52 岁吧。我们看着挺好。

回来了，旗里头左一次右一次让我们作报告，到各生产队给作报告。可就是一件事：我们这里主要是牧业，不太适宜学大寨。他们那个时候，400 多人口，600 多亩地，都是在山坡上，梯田式的土地。就 70 几头羊，圈在山坡上，几十头猪。那个时候，我们这边还没有圈养，不接受的。

苦菜养鸡

我问起老人家目前的生活。老人说得很爽快。

去年养了 90 来个鸡，挖苦菜喂，每天下蛋要弄个袋。后来有个收蛋的，说是你卖了吧，30 块钱一个。我就卖了一些，最近又有二三十个下蛋鸡了。

养它光苦菜不行吧，还要买饲料。

一天一个鸡一顿喂 1 两玉米面和麸子，喂三顿。麸子和玉米面的价格一样，6 毛钱一斤。一天一个鸡子 1 毛 8。去年 90 个鸡子。刚喂的时候天冷还不下蛋。小鸡，一个 3 块钱，一共 270 块。一天 18 块钱，一年 365 天就要 700 块料钱。去年冬天 20 块钱卖一个公鸡，卖了 50 个，得 1000 块钱。再卖 28 个草鸡，一个 30 块钱，840 块钱。

有进有出，将近对半了。

现在 30 多个母鸡都卖完了。

今年下了 200 斤蛋，2 毛 5 一斤，卖了 500 块钱。

今年有 70 只羊，一只羊出 7 两绒，每斤 150 块钱。去年每斤 130 块。每只羊的饲草饲料、医疗费都有开支。靠那边山里头住，能吃野草，还好些。50 斤绒，今年卖了 7500 块钱。每只羊一年的毛收入 105 块钱，支出 60 块钱，纯收入 45 块钱。羊多了才行。

可不敢圈养。圈养的羊，一头每天就要 5 斤草，还要吃两顿料，每顿 1 斤上下。玉米一斤要 5 毛钱。

今年我准备再掏些苦菜卖。一天能掏上 40 斤，旺季的时候没问题。一斤卖 4 毛钱，一天挣 16 块钱。他们这边公庙子村开了一家做罐头的，就是用这个苦菜。今年就不喂鸡了，改卖苦菜。就这农历六七月，掏苦菜最好。往后的苦菜老了，不能做罐头了。

其他时间，就骑上车子，在公路两边，每年拣废品，每年也能拣个七八百块钱。就这么拣了四五年了。

我们部队转业的一年还给 1000 多块钱，其他就没了。嘎查上，老同志了，我是 1989 年不干书记的，每年给补上 300 块钱。

再没有其他的经济来源了。

已经没有党组织活动了，按照党章规定还要缴党费。就在镇上，各个嘎查有党支部，每年每月都结算党费。

老两口，就是你侍候我，我侍候你，就这么着吧

老人冲着老伴征询似的点了点头，老伴也冲他点了点头。好像得到了鼓励，老人继续说。

大小子在锡盟镶黄旗，旗检察院办公室主任。

三小子在东胜做买卖，两个小孩在读大学，经济上有点负担。

二小子原来是供销社的，去年因病没的。他有两个儿子、1 个女子。女子聘了；一个儿子当兵走了，在黑龙江；另一个儿子放牧，和他母亲在这边。每年给我一些生活费，就这么凑合活着。我们养些鸡，也养不大成。

原来有 300 多只羊，都分给儿子了。后来，又在咱们前旗牧工商儿那挣了百十来只羊。就把这些羊给了孙子。这百十来只羊也给卖得就剩下七八十只了。孙子一年给我个三五百块钱。要是得了大病，就得另外来看。要是没病，也还行了。

1996 年就搬到这个地方，到现在 8 年了。

水费、电费一年得200多块钱。每年冬天都得买3吨炭，花上六七百块钱。去年花了750块钱。

这时，我才想到，这里所有的物件之所以全是灰蒙蒙的，灰尘好像永远洗不掉，是因为它们都只有一个来源——就是从废品中拣出来的。

老人似乎没有觉察我的心事，继续说：我77岁了，老伴74岁了，现在还能出去掏个苦菜什么的。主要是她有个腿疼的毛病，还有高血压、心脏病。我还好。老两口，就是你侍候我，我侍候你，就这么着吧。

在这个路的话，像这样走过去，会越来越好

灰灰的墙上挂着个奔马的画，我过去仔细看了看。

老人解释说：这是孙子画的。我属马，他在内大上学，就给画了马。现在还念着，专门学画。

那个孙女也是广电大学毕业，山东临沂有个电厂，现在在那里聘着。

我每天5点就起来，出去散步。身上再不舒服，也要把脸洗了，穿上衣服，出去遛遛。一年365天，不知道什么是感冒，从不吃药。

现在都说要建设社会主义新农村。在这个路的话，像这样走过去，会越来越好。

农村的事，要有个好人带头

这是自然条件较好的农区的一家农户。家里劳动力不缺，因有病人而致贫。在他家的炕头上，我们一起认真地算了算一年的农家账，包括种什么、种多少，投入的成本、日常花销和预期收入。这些枯燥的数字对于这家农户来说，就是实实在在的一切。

关于农村的未来，他们都渴望“联合”，发挥集体的作用，但是最关键的是要有个好人带头。

这家在乌拉特前旗新安镇红光村红柳林社，丈夫叫胡建军，妻子叫谢忠美。

这是很美好的一天。不仅天气好，而且心情好。

为什么这样说？因为在去过两家后，我突然变得有些心情沉重，一度想放弃这样的家访。

这些贫困生的家庭，在乌拉特前旗，按照旗教育局提供的数字，大概只有 900 个。把他们和周围的家庭比，收入低，生活肯定相当拮据。当然，如果和以前比，肯定还是有较大改善的。

无论怎么样，在我的生活圈子里，已经很久没有接触这样的人家。要知道，在报纸上看到，和在生活中面对面地接触、倾听，感受是相当不同的。我最大的感受是，他们是平静地讲述这一切的，有的时候甚至是甜蜜的。

就是他们的这种平静的态度，让我也平静下来，让我决定要把这样的家访式调研继续下去。

下了这个决心，走在路上的心情都不一样了，看着天也蓝了，庄稼也长得好了。而且，在退水渠[1]旁还看到了飞来飞去的“捞雨点”——当地人对一种白色如鸽子大的水鸟的叫法，看到几只鸭子和两只野鹤。鸭子不新鲜了，两只野鹤还是很有看头的：瘦长的双腿，雪白的羽毛，优雅地飞起或者漫步在水质并不好的退水渠边，一边对我们保持着警觉。

野鹤固然难忘，更难忘的还有一个关于“捞雨点”的印象。这些水鸟一般都是在水面上空飞着，瞄着水中的小鱼或者昆虫之类，扎个猛子，然后叼着猎物从水里起身。这次，有个“捞雨点”竟然一个猛子扎下去后再也没有从水里出来。我不能肯定是不是自己看错了，但是和我同行的同志都坚持说的确是这样的。退水渠中是相当浑浊的水，可以说是污水。一个月前排出来的造纸厂的污水还在其中占一定比重。造纸厂的污水含有大量火碱，一个瘦弱活泼的生灵进去难免要遭受荼毒。

然而，洁身自好的鹤为什么在一汪污水附近游吟？这，我就无从得知了。

这样想着，车子就到了我们的目的地红光村红柳林社。

这家没有正房

从“村村通”的柏油路上下来进到了村子里。村子之间虽然基本上铺上了柏油路，村子里面还都是沙土路，相当泥泞。一眼望过去，家家户户多的是红砖房，院子由大腿高的泥墙围着，有的大门还有铁栅栏。

① 退水渠：河套地区独有的用于灌溉和排水、退水的两套灌溉系统之一。

我们要去的是一个没有院墙的人家，而且是泥砖房。我来过，记得院子很大，远远地能看到对面的邻居。两家之间没有墙，是两道平行横拉的铁丝，在某种意义上，这倒是很有现代派意义的“隔离”方式。记得上次来的时候，司机师傅一进院就悄悄说：这家没有正房。在农村，没有正房的意味很简单，就是穷、盖不起。

这家的父母年纪不大，就是50岁靠边的人，还算是壮劳力。家庭致贫的主要原因是3个孩子中的一个前几年得了绝症，前后花去好几万元医疗费，后来还是离世了。

半年过去了，这个院子没有什么变化。地面是土的，只是夯得相当结实。院子很干净，一个角落里放着一堆树苗似的木头，其中有的甚至还是青的。比记忆中增加的只是门口的一个厕所，厕所旁边是猪圈，猪圈旁边是羊圈。

女主人叫谢忠美，像当地的大部分母亲一样，皮肤微黑，丰满结实。特别的，一只眼睛有点斜视，不知道怎么描述这种斜视，只好说仿佛好莱坞女影星的那种斜视。身上的衣服虽然有些旧了，却是干净的，也许是为了我们这些客人特意换的。

相比起女主人来说，男主人要黑瘦得多了。男主人叫胡建军，一双大招风耳朵使得脸颊看上去更为瘦削，身上的衣服泥迹斑斑，似乎还夹杂着白灰点，使我一时分辨不出衣服的式样是什么。尽管不算矮，但身材尤其单薄，让人一想到生活在这样的沙尘暴频仍的环境里就会为他担忧。

无论如何，我们之间并不陌生，甚至还有一种说不出来的熟悉的感觉。于是，我很快地进了那个一盘大炕占据了一半房间的房子，一屁股坐在炕上。不需要更多的寒暄和诱导，话题直接进入了他们家今年的庄稼和收成上。

女主人屋里屋外不知道忙活着什么，说话的是男主人。

种地和押宝一样

今年没种油葵[1]。去年种了油葵，只种了单门一种，秋天收的时候，亏了。

今年种了3样葵花。不敢再种1样了。

909，花葵，是美葵[2]，200块钱1斤，买了5斤。籽种很贵，种的时候要一棵棵地点。4月半头起的时候，点了名买的。公社的张某，还是我的同学，打电话给我说，今年印度洋又要海啸，从美国运葵花种的船翻了，赶快紧巴点买，不然要涨价。其实，他就是卖籽种的。这不，一过5月，1斤就跌到了150块钱。

765C，是花葵，也是美葵系列，125块钱1斤，买了一整袋6斤。后来也跌到了80块钱。

地卡，是花葵，国产的，125块钱1斤，买了6斤。这种子是从美国引进的，后来在陕西有了自己的培养基地，就代替了。地卡，也叫地卡119，后来跌到1斤80块钱。

买种子就多花了600多块钱。

3种葵花，准备各种6亩。1亩地怎么也要7两籽，

765C和地卡，刚耙好地，准备种12亩地。这两种，株距都是1尺3。909的株距要1尺半，所以买了5斤，比那两种少1斤。

美葵的产量好。要是正常年景，地没毛病，肥、水跟得上，1亩地能产500来斤。去年，美葵的收购价是2块5。765C和地卡，能卖1块8毛5到1块9。

葵花就是要抢收。

---

① 油葵是用来榨油的，颗粒小而黑。花葵的颗粒比较大而饱满，一般加工做零食。

② 美葵：美国的葵花种子。

种地和押宝一样。一种在了地下，就看老天爷咋打扮了。去年种油葵的，有吃亏的，价钱低了买不成，价钱高了没人收。

今年的气温不行，不是太高就是太低。往年这个时候，地里都好看了。今年春天没雨，一共下了 3 次，每次都是一点点。把葵花种进去的那天黑夜里倒是下了场雨，把地给弄湿了。第二天，太阳一早就把土地给晒干了，还得去地里把种子上的硬泥盖子一个一个给揭开。

一本真正的农家账

一口气说到这里，胡建军低着头抽起了烟。那烟似乎是专门为了客人准备的，是红色的“国宾”牌，虽然是内蒙古产的本地烟，但是一般农民家庭，不逢大事是不会这么奢侈的。

连底肥带表肥，今年买了 47 袋。有美国二胺，144 块 1 袋；山西出的硝酸灵，100 块钱 1 袋；乌拉山尿素，89 块钱 1 袋。

买本地乌拉山的尿素，是没办法。听说，宁夏尿素厂的锅炉爆炸，东西过不来了。人家宁夏那个化肥好，不结块，多会都是滑溜溜、白花花的，也是 89 块钱 1 袋。

还买了 1 吨 20 袋碳胺，做底肥。上底肥是在没种苗的时候，压了肥再用四轮车把地翻过。先耙后滚，又保墒又碾烂土块。然后用车带上地膜机铺地膜。

看着我有些不解的样子，胡建军笑了笑，比画着多解释了一下。

这个地方气温低，地膜是一定要用的。铺地膜有三个作用：保温，熏草，起肥。

铺地膜的时候，把碳胺放在膜的根底，用来熏草，不让那个草上来。那个草，叫水背子。

连着底肥，一共有 60 来袋肥。二胺也是一种底肥。

还种了 3 亩糖菜①。

今年糖菜的收购价是 340 块 1 吨，1 亩地咋也能产到 3 吨。

糖菜种子，1 斤 5 块。1 亩地 4 斤种子，20 块。包头在长胜乡设了个甜菜站，春天先把化肥赊过来，1 亩地给赊 1 袋（100 斤）化肥，连种子和化肥一起运过来。到了秋天，把糖菜卖给它，再扣你的钱。这个都有合同本，是签了合同的。

这么有保障的东西，为什么只种 3 亩？我问。

这个东西，太费事。

秋天收的时候，起得要快。浇过水后，地硬点了就开始起。糖菜，是个锥形，像萝卜。起的时候，要先把糖菜缨子用刀轧了，再拿刀把青头削了。

糖菜起好了，再把两边壕里的泥铲了，这才可以开上车，装上糖菜，给人送。

收的时候，1 吨糖菜，要减 140 斤的渣滓，最多算 1860 斤，让人觉得不划算。不过，种这个保险，1 吨给 340 块钱。

种糖菜，要铺地膜。看那地里白花花的，都是地膜。

专门有个搂地膜机，把去年的旧地膜搂出来，放火烧了。

还种了两亩番茄，场子里赊销的，没钱就赊销呗。

一袋番茄籽（100 克），一般卖 60 块钱，如果是赊销，就记 65 块钱。1 亩地种 1 袋。

番茄，我是头一年种。种好了，1 亩地毛收入能上一万三四千块。

还种了 4 亩 3 分地西瓜。种西瓜不用看，咱这地方的人可老实了。

① 糖菜：即甜菜。

说到种西瓜，胡建军好像特别高兴的样子，专门从里屋拿出一个只有不多的西瓜籽种的小铁皮罐子，一边看着上面的说明给我念了起来。

齐齐哈尔产的天鹰牌“重茬王”，用来代替“齐抗 901”的。32块钱 1 桶，1 桶 100 克，也就是 2 两，买了 4 桶。1 亩地用 1 两多，80 克就够了。

种西瓜也上地膜，不上地膜保不了温。

上了 7 车羊粪。用四轮车拉的，一车 2000 斤粪。

压了羊粪，还压了 8 袋碳胺。1 亩地要埋 180 多斤碳胺。4 亩 3 分地，需要 3 袋，144 块每袋；1 袋半硝酸灵，100 块钱 1 袋。平均 1 亩地 117 斤底肥。

羊粪是自家的，就不算钱了。上农家肥，是为了瓜甜。

天年要是正常，按产品介绍一个瓜能长到 30 斤。其实，就是平均长个十来斤，1 亩地也有个 8000 多斤。按一般的市场行情，每斤西瓜 2 毛钱，1 亩地也有个 1600 块钱收入，4 亩 3 分地能毛收入 6400 块钱。

不过，在我后来整理这篇文字的时候，就有报道说山西已经出现卖瓜难的现象，西瓜 2 分钱一斤的价钱逼死了一个农妇。我只能祝愿，内蒙古的这些种瓜的农民幸运些。

当时的胡建军似乎一方面期待着今年的西瓜能有个好收成，一方面心里也没有底，于是就自己算起了成本。

4 亩 3 分地，8 公斤地膜要 96 块钱。117 斤底肥，3 袋二胺，144 块钱每袋，要 432 块，1 袋半硝酸灵要 150 块，8 袋碳胺，25 块钱每袋，要 200 块。平均 1 亩地要 200 来块钱，总共投入 880 块钱。

另外还要 130 块钱的水费。总的成本是 982 块钱加 140 块的籽种钱，1022 块钱。

要是正常年景，这些西瓜最少也能挣 4000 块钱。

头一年种，算了账。

胡建军的这一溜算账，我当时没有验算，只是埋头记下来。后来也没有再打电话问过真正的收入是多少。这里也不想验算了。

我听说过，本地甜瓜因口味好而非常有名气，就问胡建军为什么不种甜瓜。他则提起甜瓜就有气。

甜瓜种了3年，到北京、河北都卖过。雇上车去的，都赔了。货到地头死，到了那儿，价钱由人说。挣不下钱，连个人的辛苦、籽种、化肥，全埋进了。

还种了2亩7分地玉米。单种的，给牲畜做饲料。成本是1亩地3斤籽种，1斤籽种6块钱。玉米籽种不贵，但用肥量大，肥、水赶不上，棒子就长不大。

1亩玉米要上2袋半，1袋100斤肥。二胺，每袋144元，要50斤。尿素150斤，每袋89元。还要50斤碳胺，每袋25块钱。227块加12块半等于239块半。

肥料大概要投入680块。

2亩7分地要用9公斤的地膜。地膜12块半1公斤，共110块钱。

加上水钱80块。

这些玉米的成本大概是870块钱。

1亩单种玉米，能产个1100来斤，做饲料。养了19头羊，一大一小两头猪。做饲料用的玉米秸秆，青贮也可以，干的也可以。

还有2亩小麦。1亩小麦要40斤种子。小麦种子每斤1块6，1亩小麦种子钱要64块，50斤底肥大概是72块，70斤尿素大概是62块，加上水费30块。不用地膜。

64加72加62加30再加倍，就是228乘以2等于456块钱。

小麦1亩地产好了能有8袋，800斤小麦，够吃了。

看老天咋的打扮了

听到这里，我发现地膜和水也在成本中占据了相当的比重。胡建军为我解释。

1捆地膜10公斤，今年的价钱是125块钱，10公斤地膜铺3亩半地。

化肥，1亩地连表肥带底肥，也要将近90块了，饱饱地上肥肯定要90块。

还有水费，去年1亩地25块钱，今年1亩地已经预交了15块钱。

水是从大河里流过来的，把地浇过。浇完地，旗统计局第4闸的人员拿仪器测出水量来。队里统一核算，年终总算账。这里每年浇4水①。头水，一般在公历4月20号，浇小麦和空地；二水，浇小麦，比头水晚个十来天，大概是5月1号，一般相当于下第二场雨的时候。

坐在旁边的谢忠美说，今年二水是5月7号。胡没有理她，接着说自己的。

三水，得个6月中旬，浇小麦。往几年，三水应该浇小麦、葫芦和大葵花了。大葵花又叫星火葵花，是本地的老品种葵花。不知道是种子的年代久了还是土壤里缺甚了，就是臭梗病太多。其实，这个葵花品种的产量还是可以的，那个时候（1亩地）能上个400多斤，现在种不成了。

四水，收割小麦、浇玉米的时候，一般得7月下旬。

---

① 即使乌拉特前旗之内，不同的地方浇水量都不一样。这里的4水就是这里的情况。

最后还有一个老秋水，庄稼都收完了，用水整个地全部漫地。浇完了就过冬了。

1 年下来，青苗 4 水连老秋水，一共 5 水。

1 亩地 1 水拿 6 块，5 水就拿了 30 块钱。我们种个 30 多亩地，就要 900 块钱。水价涨得厉害，一年赶一年。

现在是每年 1 亩地预交 15 块钱，先买人家的水。不交钱，连计划也不给你做，不给水了。现在，水和电都是商品。

这还是单独算。要是套田，小麦一上来，不管是玉米还是葵花，就都套进去了。还要加化肥，加种子。一般来说，咱们这里水没问题。

1 亩地平均下来，籽种、地膜、浇水，还有化肥，要是连压底肥，就多了。

化肥平均要 110 多块钱；地膜 40 来块钱；水 30 块钱，去年是 26 块钱；还有种子钱。1 亩地的成本差不多要 280 块钱，赶上 300 块钱。

地膜机是我们 6 家人伙在一起买的，1700 块钱。没地膜机的要雇人铺地膜，铺 1 亩 8 块钱。到了明年，怕是 8 块钱还找不到人。

今年总共种了 34 亩地：小麦 2 亩，玉米 2 亩 7 分，西瓜 4 亩 3 分，番茄 2 亩，糖菜 3 亩，葵花 20 亩。总共投入成本约 11000 块钱。

贷了 5000 元，又以 2 分利贷了私人的 5000 元。其实，赊购还不如贷高利，赊是 3 分利。

预计收入在 2 万元以上，净收入 1 万元左右。

看老天咋的打扮了。

说到收入的时候，胡建军的表情很复杂，话说得很快，语气忽昂扬，忽低弱，感觉是期待大于把握。我问他，去年的纯收入多少？

他回答，去年纯入 6000 多元。

我又问，除了种地还有其他收入吗？

他说，大队让放水，一年给 500 块。要放 5 次，一次 100 块。队长啥也不干，就拿 3000 块。后几天要去说说，怎么也得给 700 块。

他的儿子自己找了女朋友，还没“典礼”①。她在超市上卖服装，不到 26 岁不想结婚。

胡建军似乎在解释他为什么要去做放水的营生。这个时候，女主人已经招呼我们吃午饭了。

午饭相当好，炖羊肉。这是当地能吃到的最好的了。我有些歉意。

这个，看着将来的收入就拉开了

在他们家里的炕上睡过一个长长的午觉之后，已经是下午了。我走出屋子，发现女主人谢忠美坐在门口，抱着个笸箩拣种子。看见我出来，用头点着不远的已经发绿的地，说了起来。

今年的气温太低，地里的苗出来多少还是多少，就是不长。

那边种的葵花苗，上来七八成了。我们这还行，有的种的葵花到现在还不出来。

不知什么时候，胡建军已经背着手从不远的地里转悠过来了，听见我们的话，就接住了话头：那就生了。种地，咋的也要看气温。有的人家出个七成苗，你的要是只出个六成，经济上就有损失了。

谢忠美说：邻居家那天还问我，我家的苗怎么就出的没你家的多。我说，我也是庄户人家，你也是庄户人家，我咋知道你家的事。还是看看那个种子吧。

说着，谢忠美拿出了一袋种子。胡建军看见了，不禁又念叨起

---

① 没有“典礼”：没有订婚的意思。在当地，订婚是婚礼前一个相当郑重的必经手续。结婚前后的主要事项尤其是结婚的开销，都基本上是在此间定下的。

来：765C，美葵。一包 6 斤，买的时候 125 块，现在 80 多块。一共多掏了 700 块钱。

胡建军念叨着，不知怎么，突然话锋一转：我们也老看电视。看见过电视里的人家华西村，那个水平高。农民住的都是那种小二层楼。

现在的电视里还说，将来农村有合作医疗。现在一年投入多少钱，将来，老了看病，花钱的时候可以少花点。那么个就挺好。

说着，我们已经进了屋子。谢忠美坐在地上的一个低矮的板凳上，一边挑着笸箩里的葵花种子，一边听着我们说话。

过了一会儿，谢忠美伸出右手，好像又是向我又是向胡建军，声音已经带了气：3 把拣出 4 个烂屁股的籽，这烂屁股的是不出了。现在甚也不保险了，有哪个是百分之百的保证啊？

胡建军看了一眼，虽然有些无奈，倒并不如女人那般在意。脸色虽然还是黑黑的，说话的口气却不知怎么暗暗改换了，隐隐地透出一种气势，全不像我印象里的那个老实巴交的农民。

咱们国家种地的人口占到 60％多，是个农业大国。人家叨唠，将来，咱们的地都是少数人的了，我们给人家打工。倒也好，不用愁什么个籽种涨价，就是低头种地，种了地回家。

只是，那么个就是没自由了。

现在按生活水平倒是比早年高多了。大集体的时候，1 个人给 380 斤粗粮。

可现在操的心比那会儿大，操的心多。老怕经济上闹不好，不省心。

坐在这，就是担心，苗咋的出，出多少。前头，和我弟弟住在一起的刘三更家，出苗才出了三四成。我这出了六七成。谁不担心？就盼老天爷好些。

坐在矮凳上的谢忠美笑了一下，也插了嘴：现在吃啥了？吃得营养了，就是要你动脑筋。

胡建军点点头，直直地看着我，接着说：这个，看着将来的收入就拉开了。你们这在北京咋生活？在外面吃，还是在家里吃？羊肉多少钱？大队现在收羔子，1 斤 8 块钱，在北京怎么也得 10 块钱吧？以后，想吃就过来哇。冬天来，你看我们杀了猪，肥膘子有这么厚，半尺多。

谢忠美看着老公比画的手势，很温馨地笑了笑，冲着我使劲点了点头，又起了个话头：今年种的种类太多了。

胡建军说：是啊，种的五花八门。谁知道老天爷让收成哪个。

谢忠美说：人家有钱的，哪个省事种哪个。

钱要是集中用就好了

像大多数男性一样，听到自己的女人这样抱怨，胡建军低了低头，抽口烟，又讲起了自己的心病。

今年化肥的价钱和去年的差不多，主要是籽种涨价得厉害。去年的籽种，开头低，后来涨高。今年将开始的时候价钱高，后来落了。

765C，今年刚买的时候 120 块，后来，按 79 就行。去年先是 100 多，后来涨成 110 多。今年，人们怕和去年的那个价一样，就抢着先买，没想到，到后来又跌了。

909，去年一开头是 1 斤 130。今年一上来就是 200 块，现在跌到 150 块。180 的也有，给你带玉米籽。

为了证实老公说的，谢忠美冲着我们伸开手，掂了掂从小笸箩里捡出的一小把坏籽，但是没说话。胡建军像是得到了鼓励，说着又来了点气。

总理不是说给咱们直接补粮食款吗？结果尽给扣在修路上了。

你到咱们红柳林，那边有段油路。去年，国家给我们的补贴，每个人 49 块 4 毛多，都补到了路上，还说不够，老农民还是要拿钱，让我们一个人拿 20 来块。一个人一共拿了 70 来块。队里头来了个新会计，起个名头就收钱。

这段油路 3 公里半。我们全红光大队，就管土方任务。让农民拿土方钱，也不公布账目，摊上多少是多少。

农民拿钱修路，可要是开车下乡里拉点肥，买点粮，换点面，办点事，给抓住了还罚钱。连缴带罚，150 块。

修路占的地，甚也不说，就给占了六七分。国家不是说，修路不能占耕地吗?

那天，我对大队的书记说：占耕地，怎么也不给说个子丑寅卯的? 他说是，先占了再处理。

粮补款国家补的也不少。但是，真正到了这么多的农民手里也没多少，还不如给国家好好培养人才。要是不给我们补，大队也不会问我们要。

这笔钱要是集中用就好了。投到贫困地方，让贫困娃娃念书才好。给国家培养人才，不要钱才对。

“绝有绝有，绝穷绝穷”

我的脑子还停在刚才的籽种上面，就问：籽种是从哪里买的?

都是从乡里的种子站买。

办个证就能卖，有 30 万块钱的资金就可以办个营业证。咱们乡有十来家，尽是暴发户，少数人先富起来的。银行里有关系，贷款上贷多了。银行利息少，给个 2 分 5。

要是我们农民去，贷不出这个利来。今年问银行贷上款，拖欠着还不了，第二年就不给你了，拜拜了。没办法。我们叫“绝有绝有，绝穷绝穷”。

只能找高利贷，就是问本村的那个有钱的借。这几年，高利贷还是2分多。那几年我们贷过3分5的。给小子去包头看病的时候，还贷过5分的高利。那是没办法，还要说好的，寻个保人。

现在，一般的都不给保了，不想给你保。实在不行，挨交[①]不错的，才会给保。

这不，一开春，什么都没见呢，先贷上款，埋在地里，没见东西。不像那个做买卖的，1万块钱出去了，还能见着东西。

我又想起胡建军上午说的放水还可以挣点钱的事情，就顺嘴问了放水的事情。

放水是按时间的。各村有自己的闸。放闸，时间是说好的，就是算时间。各家的地轮着浇，按时间收钱。实际上没浇水，也要算钱。

打个比方，浇个70亩地，就是半天，12个小时的钱。

现在农村的都是五六十岁的人了，白天地里劳动，晚上熬着出不来。结果是我坝上吼人，叫不出来。晚上出不来，就得第二天放，还得半天。

那天黑夜，两点多了，我还在二闸上待着。

说到这，一直拣种子的谢忠美抬起头，满脸的关爱之色，嘴里却是恨恨地说：一年输了三四次液。下雨天，还在闸上守着。

我说你50多岁的人了，不要在闸上守了。他守了一夜，第二天下午两点多才吃了口饭，没喝上热水，喝了口井水。

我说，就空下你了哇？

胡建军很无奈，接着说：那天开社员会，我就说了，这么着放水，我就不干了。吼你，你在家里睡觉。给个500块钱，我就该在

---

① 挨交：当地话，好朋友的意思。

坝上等你呀?

谢忠美昂起头，高声说：以后，就是按说好的时间浇地。就是这个时间，不浇就不给你了。

听了这话，胡建军沉吟了一下，口气软了下来：都是庄户人，种地没有水哪行?

那个什么“佛游记”“虫游记”

话到这里，我们都沉默了。这时，又进来了两个村民。

一个和胡建军一样也是瘦瘦的，头发已经花白了。年纪比较大，举止却有些拘谨。胡建军介绍说，这是自己的哥哥。

一个身材高大壮实，面色黑红，方嘴大眼，虽然也是近50岁的人了，却看得出年轻时的英俊来。穿着一件前几年在城里流行过的格子衬衫，一副满不在乎的样子。胡建军介绍说是自己的妹夫。

胡建军没有介绍他们的姓名。

尽管我让了，但他们都没有坐到我坐的这么大的一个炕上来，而是挨着炕边的椅子坐下了。我很想听他们说话，也就没有再坚持。

我们的话题转向了农村孩子上学的问题。倒是胡建军的妹夫很冲，一坐下就说开来。

现在，一个生产队里寻不出一个能管账的，说明这个农村的文化水准低了，说明农民的文化水平低了。

改革开放，农民富了，但怎么还是有念不起书的?以前大集体的时候，没有念不起书的，1年3块半。

现在，农村小学生，一个学期20多块钱，听起来不多。平时收你的，这段时间过了，那段时间又来了，改改名字时不时要个二三十块钱。一学期下来怎么也要一二百块钱。

实际上，教育局都发了监督卡，发给小学生。可学生他不敢往上填。学生听老师的话可厉害了。说是要25块钱，不给拿，就不去上学，不敢见老师，怕老师收拾他。就是到了学校，不给钱，老师还让他回家拿。

胡建军点了点头，接住话说：说是减免了，其实都没有减免。前旗的四中和六中的学费都不一样。四中的学费150，六中的430。学生都是坐一个车回来的，一说，都不一样。

按说，都是前旗的中学，怎么能差这么多？

我寻思，六中建起教学大楼了，环境好些了，可能是要多要些。

在六中，20来天就要个100多。平均25天，120块钱。

孩子初一开学到这半年，已经缴了430块，包括学费、书本费、保险费。在校外的她大爷家住，不住校。平时，一个月吃170块钱。要是住校，半年得260。到现在，家里已经给拿了500块应付学校加要的。半学期的花费，最少要2000来块。就这还没下来。前天打电话说了，要高考了，不高考的学生放假，坐车回家还要问她大爷要10块钱路费。

我问过她大爷，她大爷说，不是咱这孩子乱花钱，那是学校要的。她这还是省的。那个宿舍里有12个学生，就咱们的娃娃最省钱了。花费多的有3000多块。公庙村的一个，她家开个电焊修理铺，花钱厉害。还有中旗的一个学生，家里是修摩托的，每个礼拜大人都过来，拉到街上吃，吃不了就扔了。

学校给每个孩子都订着英语报、中文报。有《子叶》[①]和《巴彦淖尔日报中小学作文（小学版）》，有的还是打字版。

去年订的一套书，7本，90多块钱。

胡建军的妹夫咧着嘴说：是那个什么“佛游记”“虫游记”吧？

胡建军起身进了里屋，抱出几本书，一边翻着一边念出来：对，什么“佛游记”，延边人民出版社的《格列佛游记》；“虫游记”是

① 《子叶》：当地学校自己油印的刊登学生作品的内部报纸。

《昆虫记》。这上头标的"初中生语文新课标必读"，教育部《全日制义务教育语文课程标准》指定书目。

胡建军的妹夫又插嘴：现在，老师可不负责了。就说补课吧，差生让补，好生也拧住补。

中国应该有自己的路啊

胡建军接着说：现在，国家是把农业税减免了，粮食给点直补款。可柴油1公升5块多，1吨涨了差不多500块钱。可吃劲了。

胡建军的妹夫很自信地笑着说：那是和外国接轨。

听了这话，一直都坐着不吭声的胡建军的哥哥一改拘谨的样子：中国应该有自己的路啊。

外国的油涨价我们就该涨？以前，中国的麦子卖1毛多，管你外国人卖多少。外国的要反对，你一天花8个美元，我们也能这样了？

胡建军说：现在这个假药，人吃上不管用，牲畜吃上也不管用。买了那个红霉素，吃着吃着成了红面面。

那天，我头疼得难受，配上了包头的药，吃上两天，就不疼了。有时也买过外地的，就不管用了。

胡建军的妹夫大大咧咧地一笑：农民以后越来越麻烦，不能有一点毛病。年纪大一点就不一样了。你那个身体，连我还不如。

以后的农村，人要少用，多用机器。毛老人家那个时候就说了，一定要发展机械化。用挖掘机开地，1个小时260块，可那个家伙就是冲。现在都承包了，地小了，用不了机械。

谢忠美说：用机械的都是有钱人。人家有钱的老是有钱，老是闲等在家里。我们这个穷人家就是拿命烤了。

胡建军点点头说：农村要想发展，不改革不行。说是30年地不动，其实这点劲到头了。

胡建军的妹夫摇了摇头说：农民和农民的看法都不一样。希望政府来引导。

胡建军点头说：你说得对。

胡建军的妹夫受到了鼓励，话说得也放开了：河套这个地方，落后就落后在谁也不相信谁。

1995年、1996年，乡里集资，一个人10块钱，还和日本人合资，投资建油脂厂。油葵收上了，产品也卖了钱。建起四五年，让人把钱给贪污了，还说什么是合理亏损几百万。人家升了官了，都说是拿钱买的。

现任油脂厂厂长原来是副厂长，前任厂长捞了走了，把一个烂摊子给了他，光银行贷款的利息1年就是100来万。现在厂里还是上着封条，工人也还有三四十号，发不了工资。

厂子买了三四台挖掘机，推土机也有六七台。现在厂子倒台，都低价卖给了私人。三万多的推土机，七八千就卖了。

乡里换了好几个书记，群众都见不上。眼前的这个，甚还没干，来了就是改乡政府的大门。说是天下衙门朝南开，原来的大门朝西开，就把西门堵了。盖新大门就花了200多万。

以前，我们这个乡没有外债，也像个乡，是个好乡，原来是套内最吃劲的乡，就是后来没管好，人人见钱眼红，把个好乡给毁了。

附近这几个队里，就我们这个红光队的自然条件好了。11个生产队，要是联合在一起，肯定可以的。我算过，光种红柳林，1年的纯收入就可以有100万。第二年就可以花50万买大型联合机械了。

北圪堵乡的刘某，原来是供销社主任，后来就给大队搞供销，每斤油葵多给3分钱，开始是几户，慢慢大家看得好，就都进来了。后来弄了3个生产队一起搞合作收购，挣钱也是挣这几个队的钱。

邬志刚[①]在北圪堵公田大队做的，也是这个道理。那个村子真的全是油路。

您问得好，我们为什么不学？

我也一直思谋着。看来，还是上坡路难走啊。

说到这里，大家都沉默了。我坐在炕上，一时也没有继续问什么，只是默默地坐在那里，似乎想着什么，实际上脑子里又是一片空白。

要有个好人带头

还是胡建军的妹夫打破了沉默，开始问我：你见过某书记吗？他以前就是我们乡的书记，红柳这出去的。你知道他有多大吗？20年前离开我们这儿的时候就已经40多岁了，现在还是50多岁。有些领导的年龄是改的，文凭是买的。

我们那个大队主任，还说自己是个六年级学生。

实话告诉你，他6天的学也没上。现在，按职称，人家是大学文凭。都是买的，乡里花钱买的。

这话大概又触着了谢忠美的心事，她抬起头盯着丈夫胡建军一字一句地说：其实你是个正经高中生，就知道受苦，文盲也比你强。

胡建军没搭老婆的话，把头转向我说：农村能把个赌风弄住也成，像办个文化站什么的。

胡建军的妹夫听了又是轻轻一笑：现在，农村做个好事太难。说是要搞合作医疗，说得是很好，就是不知道什么时候有。

农村急需改变的是水利问题。这个管电的，以前叫“电老虎”；现在管水的，叫“水老虎”。一定要加强管理。水是农民的咽喉啊！

---

① 邬志刚：乌拉特前旗北圪堵乡公田村党支部书记，20世纪80年代末开始带领全村人搞集体经济而致富，是党的十六大代表。

已经管了一段时间放水的胡建军，感触似乎更深：现在都是村子里每户提前缴 15 块钱水费，先浇 3 水，秋天算总账，多退少补。就是缴上了钱，每次放水，小队还要给管我们这片的灌溉局，就是四闸的，吃点喝点。不然，他要是给你耽误点，你就受不了。

这时，我起身拿暖壶倒开水喝。胡建军却不让，谢忠美赶紧从外面拿来一瓶矿泉水，对我说：这个水你弄不成。百步换水土，这里的水是咸的，还是喝这个吧。我刚从村口的铺子里买的。

我推辞了一下，胡建军的手上加了劲，看来是真心不愿意我喝他们的咸水。我只好打开那瓶矿泉水。没想到一口下去，忽然觉得味道有些特别。看了一眼商标，粗看上去也和“康师傅”很像，一细看竟然是个“唐师傅”。我没说什么，一口喝下去小半瓶，然后问起他们祖上什么时候来这边的。

胡建军说：山西偏关的。父亲是那地方的人，没解放时来的，来这也有 70 多年了。

来了就是揽工受苦。让傅作义抓了 8 年的壮丁。抓壮丁，也没离开华北地区，北平和平解放时回来的。那个时候，想回家就回家，不回家的就参加抗美援朝了。

胡建军的妹夫说：我大爹就赶了抗美援朝。回来后，还给安排。

我儿子考上了内蒙古科技大学，没让念，让参了军，哈尔滨那的，开装甲车。这几天考军校。都是把团里学习好的兵集中到师里。考得好，进军校。那考试还分专业，炮兵考炮兵，装甲车兵考装甲车兵。

我今年 52 岁了。睡不着觉的时候，也琢磨这个中国的事情。中国不是没有潜力，可有潜力了，但要继续进步。

农业税是减免了。实际上，化肥、籽种、薄膜和村社的开支都比以前多了，翻了一倍。去年，尿素最高上到每袋 113 块。以前，尿素最高 70 多块钱。

胡建军说：刚包产到户那会儿，日本的尿素才 18 块钱，1 袋硝胺 9 块钱。1999 年，一袋尿素五六十。现在都是八九十。1982 年开始用美国二胺，1 袋 28 块钱，现在 144 块钱。

胡建军的妹夫说：现在零号柴油 5 块多，1 次只能买十几公斤，还要带一壶机油。现在 50 来块的东西，原来 30 来块。幸好我 4 块 5 的时候买了 180 公斤柴油，2 桶。能省 300 多块钱。

现在，想种菜，种那个暖棚菜。

胡建军提醒：种那个小心塌了。杨树豪家的大棚不就塌了？

胡建军的妹夫说：二麻的家我去过，我知道。农村种菜不要在农村卖，要到市里批发。杨树豪的菜，要是每天抬一挂车，给点差价，让人拉到前旗去卖。前旗卖 1 块，你给他 8 毛。你能挣，也让人挣，他的大棚也塌不了。这个蛋，就是不给人挣，只想自己挣，哪行了？

这后套人就这个蛋。

你要是 10 个大棚组织起来，让一个人去卖，你在这里就种，肯定行的。

就是把葵花弄个 50 公斤的一包卖，也比现在卖得上价。

籽种伙不起来，薄膜伙不起来，化肥伙不起来。一年往外流个 5 万多块钱，这还是少的。

胡建军说：5 万多块钱，怎么也起了 3 间房了。早就想到这里，可大家就是联合不起来。

胡建军的妹夫叹息：咱们这后套人就是联合不起来，要有个好人带头才行。我跑过北京、天津，联合，那边的可以接受。

咱们这个地方，种地连账也不算，啥也不想。这个地方，谁想合理谁倒霉。

联合这事，社长很关键。可这个地方，领头的也是个灰领头，只顾自己一年拿 3000 多块钱。

别的地方，看谁家光景好，选谁当带头人；咱这个地方，谁懒、谁喝酒，选谁。

胡建军也说：红柳人就是这样，“谁干谁干，要我拿钱，我就拿”。真开个会，让他说，啥也不说。谁也不愿出这个头。

胡建军的妹夫说：这就是农村的隐患。我们这么大的都不行了。

胡建军说：我们这年龄，是农村的骨干。再过 10 年，我们也不行了。

我就担心这个农村，将来是个甚样子。

上对党，下对民

在邬志刚的带领下，穷村变富村。他也当选了党的十六大代表。对于今后的新农村建设，这位农民信任的好带头人说："我认准发展集体经济这条路。"

在刚刚得知自己要去乌拉特前旗工作一段时间的消息后，我立即上网查询有关信息。查到的结果不少，但多是重复的，除了政府网站上的一般简短介绍外，印象比较深的就是关于公田村的党支部书记邬志刚同志和他任党支部书记的公田村，特别是这个村的集体企业——内蒙古公田金葵植物油脂有限公司。

邬志刚，1994年被中共内蒙古自治区委员会评选为全区优秀嘎查村党支部书记，2000年4月被国务院授予全国劳动模范称号，2002年9月作为党代表出席了党的十六大。这么一个偏远地区的村支部书记，能够得到这些荣誉，绝对不是一个一般的人物。

到乌拉特前旗工作后，虽然一直很想见到这位当地农民的带头人，也在尽量打听，但是也说不清楚，为什么很长的时间内竟然没有见到他。

过年的时候，在旗委同志慰问乡镇干部的席面上，也没有看到他。原来他只是个村干部，还到不了这个场面。

终于得见一面，是在旗里开"两会"的时候。中午，代表们都挤在一个饭店的大餐厅里，几十张桌子紧紧地排着，我随意找了一张桌子坐下吃饭。邻桌有热情的同志过来握手，顺便也介绍了那个桌边坐着的一个汉子，黑脸大头，腰围应该有正常人的两倍左右。在民族地区，这样的汉子不少见。我点了点头，他也正在费劲地站起来。介绍者开始说的头衔基本没有听清，但随后的名字把我吸引了，正是邬志刚。我隔着桌子使劲地握住了他的手，和他约好：近日内，我们一定要好好地聊一次。

过了两天，邬志刚来到了我的办公室，我们好好地聊了一上午。

怎么才能过上好日子？从小就想这个

我 1955 年出生，1962 年念的小学。记事的时候，“文化大革命”开始了。父亲是社里的队长，干部们经常到我家里讨论事情。干部都很严肃的，带着包包。

1962—1974 年都是在念书，基本接受的是毛主席的教育。1974 年毕业，1975 年回乡在公田大队的寸草小队当队长。我们那块地是块好地，全长着贴着地皮的小草，因此叫寸草小队。

那会儿当小队长，后来当工作队员，国家一个月给 15 块钱。后来回大队任团总支书记，治保主任，民兵连长，大队副主任，大队管委会主任。1984 年以后当会计，当了四五年。1989 年成了党支部书记，到现在 17 年了。这中间，1999 年，旗委常委会决定让我兼任北圪堵乡副书记。

农民家庭出生，穷怕了。我们那里地理环境恶劣，盐碱化严重。光长草，不打粮，喝的水是苦咸水。苦咸水，洗衣服都是发硬的。

我们姊妹 7 个，上面有 3 个姐姐，我排行老四。我念书的时候，为了学费，假期打工。在火车站搬砖、打零工，拿过社会工资，1 块 7 毛 2。家里子女多，没铺过褥子，都是羊毛毡子，扎人，或者就是棉花直接铺上。

怎么才能过上好日子？从小就想这个。

能背下 1～4 卷的“毛选”重要文章

我相信毛泽东思想。

念书时候把毛泽东选集 4 卷全读完了。那个时候，重视毛泽东思想宣传，我也认真学习。1969—1974 年，能背下 1～4 卷“毛选”的主要文章。《资本论》《马克思回忆录》《列宁回忆录》，还有《共产党宣言》，恩格斯的《反杜林论》，初中、高中的时候，基本上读这些。别人不认真读，我认真读。

我当书记前，就怕浪费，怕别人说我工作没做好，“两怕”。1976 年，做民兵队长，巴彦淖尔第一次青年代表会议给我评了个自治区的优秀青年、优秀团员，还发了证章。

公田为什么发展集体经济？这个认识是年轻时候的经历打下的基础。

1980 年，我 25 岁，中央开会，分田到户，但是党的文件也没有说见什么就分什么。分土地，是为了调动人的积极性。但是有些就不一定非得分，不一定只有分了才能调动人的积极性。比如，有的地方把集体财产拆成零件分走，就是一种浪费。

我们大队也分，把场院土坯垒的土墙都按面积分了，这就是浪费。我认识到了这个弊病，但是潮流不可挡。

当时到过南方，还有天津、河南，很多地方，土地承包了，但是集体的财产还是保留下来。我 1989 年任党支部书记，第一次开会就提出党支部首先要做的工作是发展村办企业，壮大集体经济。

这是因为，社会发展了，体制改革，和过去不一样了。以前，农民的吃、住、生产，都要队长一个人安排，现在大部分都是指导性的，要农民自己负责。我们能做的就是发展村办企业，壮大集体经济。这与当时的政策导向、社会潮流不太一样。在农民村户当中，也有认为没有必要搞集体经济的。因为搞了集体经济几十年，群众的温饱也没有解决，集体经济又给分得一贫如洗，那种情况下，要想把这个事情做成功，的确困难。所以要下大决心，下大功夫。

我是书记，不带头不行

过去，我们党员开会都没个地方，要到田间地头，去村长、会计家里。农村还有个坏习惯，不喝酒不开，不吃肉不来。农民喝完酒，就踢烂人家的炕褥，踢坏立柜的门。有的人家一开会，就闹饥荒了。

我说，这个不行，信教的人还有个教堂，我们也要有一个学习阵地。先解决一个阵地问题，没钱自己往外垫。

我那时候经济状况稍好，家里有 5000 块钱。我的大女儿耳朵听不见，当时两三岁，想带着去城里看看病。但是，我是书记，不带头不行，就拿出 5000 块钱。还有大队主任，叫高双喜，把给他父亲的寿木拿出来，还拿了 400 块钱。会计许宽裕拿了 1200 斤粮食。就这么几个人，凑起来盖了党员活动室。其实，也便宜，打基础的时候没有石头，就拆过去的水泥闸，掏出来。这样盖了一个 60 平方米大的党员活动室，一个 20 来平方米的会计室和 20 来平方米的支部办公室，一共百十来平方米。

我们党员活动有了自己的地方。这是当时全自治区的唯一一家。就这么一个小房子，全自治区的都来参观。

那个时候，人都不愿意入党，发展党员很困难。就我们 5 个党员坚持学习。过去，干部吃饭都要群众摊，弄得干群关系紧张。你吃一回羊肉，人家就少吃一块。这很现实。

有了活动室后，就要解决问题。

我们在碱荒滩，就是什么也不长的地方，弄了一块党员活动经费田，就想把开会费、招待费、吃喝费，都用这个地解决，有点超前意识。干部搞流通，就是收上花葵、油葵，再卖出去。乡里有个农工商公司是集体的企业，我们给人家打包、装车，一包5分钱，挣下了归集体。我们还养羊、养牛、养猪，办小养殖场。

年人均纯收入由过去的68元提高到现在的4600元

我们给群众讲：我们这一届，如果3年不解决温饱问题就不干了，让给能人。搞村办企业，赔了，算我们3个人的；挣了，算集体的，大家用。思想境界比较高，对自己也比较严。左右看看，不说我们这一级，就是高级领导也不一定能做到。

做好工作，先要过老婆这一关。老婆支持才好做。

我们从前旗养殖场买公猪，不懂科学饲养。猪喂得挺好，就是母猪不下猪儿子，公猪不配种。群众看笑话，在养殖场后面给我们贴标语：计划生育模范单位。农民可会讽刺人。后来没办法，赔了2万，把猪给处理了。前旗技术员都不来支持集体经济。我们只得又靠给人打包，利用盐碱荒滩种小麦、油葵，弄到钱，还了2万，还余下3万块钱。

逐渐地集体有了自己的钱了。下一步，我们就继续扩大村办企业，壮大集体经济。整体思路是：改变生产条件，调整种植结构，增加农民收入，改变贫困面貌。主要抓农田改造。到处是盐碱地，秋天水汪汪，春天白茫茫，生产条件制约了农民的发展。我们争取了国家的第三期土地农业开发项目。两年改造，解决了盐碱化问题。春天还是白的，但是可以种了。

之后因地制宜，调整种植结构。以前，就是种小麦，那时国家限制粮食作物和经济作物比例，粮食占70%。我们大胆改变这个比例，经济作物占70%。引进优良品种的油葵，耐盐碱的，如美国的

G101。过去，油葵每亩就产 300 来斤，这个品种可以打四五百斤。科技专业户先种，带个头，起了大作用。后来农民都跟上了。

现在，都是机械化了。土地不用人力、畜力。1992 年建起来日产 20 多吨的面粉厂和小型炒货场，年产 10 万吨葵花籽炒货。办这个企业，我们压力很大。以前农民就是种地，没有办过炒货场。前旗也很少。

赔过，也赚过。总的是上升，每年以 5 万、10 万的纯利润往上涨。

有了这个基础，1993 年成立公田农工商联合公司。这是村里的企业，为农民搞流通。每年春天，农民籽种、化肥由这个公司解决，秋天农副产品下来后，以市场最高价格再收回来，形成一个公司加农户这么个一体化经营模式。每年给农户返还利润。十来年，给农民搞了 60 多万的返还利润。

能以最高价收购，主要是靠集中收购这个有利条件，再集中销售给包头的金鹿油脂公司。我们是他们的基地。我们的油葵含油量高，价格比市场价高得多。十五六年了，卖了上亿斤的油葵，促进了村级企业的发展。

2004 年，我们成立了内蒙古公田金葵植物油脂有限公司，还有一个饲料加工厂，总投资 1200 万元。我们这么一个以前的贫困落后村，现在的集体固定资产已经有 1000 多万元。集体经济壮大了，农民收入提高了，由 1980 年的人均纯收入 68 元，提高到 2006 年的 4600 元。

集体经济的发展，为新农村建设打好了基础。15 年前，1985 年的时候，我们就已经搞了新农村的规划。当时，人畜居住混乱，不卫生，人没有厕所，猪没有圈，柴草乱堆放，我们先搞人畜分开。现在，柏油路直接通到村里，主要街道都是黑色油路，巷道都是水泥硬化，有养殖小区、工业小区、住宅小区、公共办公小区。有 10 处公共厕所，有自来水、地下排污、小学一所、敬老院一所，还有 5

个村办企业，都是有线电视、程控电话。

体制模式，大原则不变的情况下，多几种没害处

在现有的基础上，高标准、高质量地建设新农村，我认为，总的思路可以归为三句话：经济发展产业化，村庄建设集镇化，村民教育经常化。

主要是把我们的农产品深加工，继续发展村办企业，壮大集体经济。第二次农业创新，搞有观光旅游、生态循环的大农业经济。准备用5年的时间，搞10万亩观光旅游、生态循环的农业，生产无公害的、绿色的农业产品。同时，通过以农养牧、以牧促农的发展方式，从以农业为主导转变为以畜牧业为主导，奶牛发展到3000头，基畜母羊发展到6000只，从事农业的人口占30%，从事二三产业的占到70%。现在，农民也认识到，要以工业发展的思路发展农业，从事农业的人越多发展越慢。5年以后，我们的人均纯收入将达到1万元。

新农村建设中有好多文章。提高农民收入、建设公共事业都需要发展集体经济来解决。无论生产、生活还是管理，要想提高，单靠农民个人是不行的，最终要靠集体经济。

现在别的地区的农村很少思谋集体经济。体制模式，大原则不变的情况下，多几种没害处。关键在管理，发挥特长。集体经济有很多特长，要我们研究。

很多分散户解决不了的问题，比如修路、公益措施，向农民收，农民不愿意，只好一事一议。有了集体经济就不需要一事一议。比如，我们就有3个人打扫卫生，打扫厕所、街道，整治花草，都是集体出钱。如果没有集体，个人没人管。还有项目工程，让农民出，他不愿意，只有集体经济提前垫付出去才可以。老党员补助，从

1950年就当干部的，也确实比较苦，我们就每年拿出三五千元来解决。

农民提出，文化、再教育也要靠集体经济。2004年，我们组织村里党员干部去南街村、潍坊党校培训。30多个人，走了十几天，花了4万多块钱。这钱要是让农民个人拿，根本不可能。2003年，30多个农民到旗党校学习7天，然后去伊利、蒙牛参观，促进养奶牛的积极性。这些经费都要集体出。

我们计划，5年内，全村748户，每户要出一个人到外地参观学习，解决更新观念问题。我们起了个名字，叫"换脑筋"工程。靠封闭式的坐井观天的意识，建设不成新农村。农民的文化意识，是建设社会主义新农村的基础。如果认识水平不到，他们还破坏。比如说，柴草集中放，养殖、居住分开。开始他们就是反对的。后来出去参观，由强迫变成了自觉的行为。强制是一时的，自觉才是长久的。

要有上对党负责、下对民负责的精神

从1975年到今年，我连续32年在农村基层工作。我认为，无论搞什么工作，都要有党委的领导，有旗委的支持，正是在这个领导的基础上，靠自身努力，才有了公田的今天。如果只靠自身的努力，公田只能解决一般问题。没有旗委的领导，不可能实现质的飞跃。

群众是最敏感的现实主义者，你有钱才跟你，没钱不跟你。基层的酸甜苦辣太多了，要解决好基层领导班子带头人的问题。这个人，必须思想基础好，有坚忍不拔的精神，有创新精神，有不怕冷落的精神。农村的这个事情，人家支持力度不会太大，也不能什么事情都往旗里交，要自己想办法。方方面面都要有自己的政策。我们这几年靠高贷款运行，每年借上给社员还，几百万元了。去年一年贷了600万。5个企业，一年要有上亿的流动资金才能正常运转。

农民办企业，素质要提高，从农业经营理念转到工业经营理念，管理技术要重新学习。在这个转弯时候，就要有新思路，需要上级政府的帮助。公田是个老典型，但是，还是有很多问题，需要政府扶上马、送一程。从农副产品销售来说，打广告没钱，利润低，需要政府帮助一下。刚孵出来的小鸡和翅膀硬的鸡赛跑，肯定不行。

要有上对党负责、下对民负责的精神。现在很多地方，都是会做事的人受冷落，会跑官的人得重用，农民干部低国家干部一等，农村好多干部不做事，就是怕做事中出事。像公田这样的有办公室、社会稳定、党委有威信的地方，没有几个。为什么？就因为很多干部不敢做事。

现在农村人情很薄。过去，我生活的那个年代，农村借钱很容易，现在借钱还要背利息。1000块钱，180块的利息，这还是最低的，一般都要360块。现在都成了利益驱动，包括人与人的交往，渗透到各个方面。

现在农村的地块经营，不是促进发展，而是限制发展。

农民只要你给他，不能向他索取。

因为下午开会，我们的交谈只好结束。我们约好了再谈一次，但是直到我离开，也再没有找到机会。

我们后来通过电话，邬书记说现在挺好，而且会更好。

在群众中一直没人恨

他的祖上逃荒，未生下来就被指腹过继给异姓人家。从小给别人做小工、长工，19岁的时候解放了，被公选为民兵队长、农会主席。此后一直在当地村、镇做基层干部。改革开放后退休。

在乌拉特前旗工作期间，我试图做几件做得出来、能持续下去的小事。找几个品学兼优又家境贫困的学生，资助他们学习就是一件。最开始的9名学生，我挨家挨户每家至少去了两趟。这里记述的就是其中一家。

这是住在乌拉特前旗首府乌拉山镇郊区的一家农民。

被资助的孩子是一个初中生。记得那是春节前夕，我挨家挨户家访，她的家是最后一家。

那天，我们绕山走了一天，从山后绕回乌拉山镇的时候，已经是晚上8点来钟了，在苍茫夜色中进了这家。

那也是我那天见到的唯一一间砖房。进去以后，在卧室中还看到了一套白漆的组合柜，虽然做工粗糙，但在昏暗的灯光下还是很提神。比起一整天看的农区的那些土房土炕，这个住在郊区的学生家里多少有了些小康的气息。一刹那间，我也曾有怀疑，这家也许不那么困难。

不过，当那个瘦瘦的初中小女孩羞怯地站在我面前的时候，我一下子什么都不想了。哪个孩子不是天使啊！

在这家里待的时间不长，留下的印象就是：孩子的父亲在镇上到处打工；瘦弱的、身体不好的母亲，在附近种着两亩多的菜地；孩子则是不断地从学校带奖状回来。

孩子上学就在乌拉山镇上，离自己家较远，一般放学就住在镇上姥姥家里了。孩子母亲平时也尽量住在附近照顾孩子。

祖上是山西人

在旗政府办公大楼东南约 1 公里的地方，有一大片平房群，里面的胡同还是土路。经过其中一个短而窄的胡同，我们进了一个小院子。院子呈长方形，东西长、南北短，南北各有一排相对的房子。面南的是 3 间卧室，比较敞亮，略微高些，面北的是 3 间较低矮的小房子，一般是放粮食杂物的，当地人叫作凉房。院子中间横着一道矮墙，可以看到并排的另外一个院子的情形。那边的格局和这边差不多。

一个高大、看起来相当硬朗的老人迎出门来，身后是一个头发梳得很整齐、似乎过了油的胖胖的老年妇女。前者穿着相当朴素，一身旧衣相当干净。后者的耳朵上则戴着略微耀眼的金耳环，相对要年轻一些。不用介绍，这就是孩子的姥爷和姥姥了。

像当地所有的人家一样，一进正房，先是一个大概三四平方米的厅，隔着个带玻璃窗的墙，里面是灶台，厅的东面接一间 10 平方米左右的屋子。屋子北面近一半的地方是一个大炕，靠窗户摆着 20 世纪 80 年代在北京城里也曾时髦过一阵的转角沙发，上面搭着干净的白色绣花沙发巾。沙发前还有式样相当陈旧的玻璃茶几。这是用来待客的地方。

我背窗坐在沙发上，孩子的姥爷坐在旁边，姥姥则坐在稍远些的炕上。

没有什么更多的客套。也许，旗教育局的同志早就告知了我来这里的想法。孩子的姥爷自然地开始缓缓地讲起来。

我叫贺志升，今年75岁了。老家就是乌拉特前旗蓿荄乡的，以前是公庙子乡。

祖上是山西河曲人。爷爷那辈来的伊盟。就在伊盟结的婚。

奶奶祖上也是山西人，家里来内蒙古多年了，比爷爷家来得还要早。

奶奶一共养了8个娃娃。老二、老三、老五、老七都是小子，老大、老四、老六、老八是女子。我爹排行老二，老八是我四姑，老大长到十几岁的时候就没了。下来的7个娃娃，都拉扯得成了家。赶奶奶没的时候，女子已经都聘了。她最大的孙女也30岁了，就是我姐姐。现在，我最大的外甥女也有30了。

我们家没分开过，爷爷、父亲和三爹、四爹都在一起，住张四圪堵，就是现在的伊盟达拉特旗的中和西镇。

爷爷一直是耍手艺的，做木匠营生。我爷爷、我父亲、我三爹，都是木匠。耍手艺的比种田收入好，可以解决温饱。有个超不过30平方米的院子，娶个媳妇，就盖个房。

1926年，爷爷没了。爷爷刚没，奶奶就带着全家过乌拉特西公旗来。奶奶过这边来的时候，也五十七八岁了。

为什么来西公旗？伊盟的土地少、人少，做木匠活的也就少。那个时候，西公旗这个地方是个富裕的地方，人多，干点营生有人用。

在蓿荄三湖村一直待到1938年。

那里以前叫蓿荄滩。蓿荄，是蒙语红柳的意思。那个时候，红柳可密了，都是天然林，一根挨一根，人都不好钻进去。

在三湖也种地，自己开的荒地。蓿荄滩的老滩地肥得很，自身的土质就好。那个时候，这边人少。西公旗府不让人随便开地，怕开了地，苜蓿长不好，放牧会有困难。

那个时候，牛、马、羊特别多，都是蒙人的。整个蓿荄滩的汉人都很少。但就整个西公旗来说，还是汉人多，就是蓿荄滩那儿汉人少。

母亲怀着我的时候，就打好招呼要过继的

我1932年生在蓿荄。一生下来，母亲就没了。我的生父姓杨。因为家里穷，娃娃多，母亲怀着我的时候，就打好招呼了，要过继给贺家的。所以，刚生下来就过养了。

给钱了吗？不知道。那个时候，能救命就行了。

继父的头一个老婆养了个闺女，当时已经20多岁了，都嫁了。又娶了个老婆，没生，就没了。只好要个“经由”。

1938年，日本人过来了，蓿荄滩这个地方就让日本人给断[①]了。黄河北边都让日本人给断了。我们一家就跑过黄河南边，过了伊盟。日本人后来也过了南边，我们就进了梁外，就是黄河南边的沙漠。日本人没有再往南走。

1938年，奶奶、父亲、三爹还有一个叔伯姐和我5个人去了伊盟。一过河西，奶奶就没了。奶奶没了，三爹去了临河。四爹去了后套，他外父在后套。父亲引着我和我那个叔伯姐姐，就在我姐姐家住了一冬天。我姐姐已经在这边结婚了。

第二年，又去了在伊盟赵大圪梁的姑姑家。

到了1941年的冬天，父亲去临河找三爹。回来的时候，已经黑夜了，走到同义隆村一家认识的人家，想住下。

那人家已经病了好几天了。他一进门，人家病好了，他就病了。当天晚上就没了。当时不过50来岁，从来没病。

① 断：当地话“占”的意思。

人家把四爹寻来，用个洞笆子[1]把父亲裹住埋了。

1942 年，四爹去了伊盟姑姑家，把叔伯姐姐童养给别人了。把我引在他家了。

一进门，家里没吃的，就是吃“补带干”。“补带干”是一种草籽。夏天长的一把子，冬天干了，用手搓了，存下来，淘洗了吃。4 口人就这么着过生活。

转过年，到了春天，四爹去了后套，给傅作义的部队挖大渠。可以弄点粮食回来，再掺着“补带干”吃。

1943 年，我已经开始做小长工了，是给北圪堵乡的刘二孟东揽长工。他有百来亩地、两犋[2]牛、一个马子、200 多只羊，雇了 3 个长工。

给他干了 7 个月，没有一分钱，就是管饭。到了冬天，东家把大长工留下，把我这个小长工赶走了。

我这个小长工，比大长工还苦。一早上起来，给东家担水，扫院子。吃了饭，马上去放羊羔。羊羔小的时候，不能跟群，不能跟大羊，得另放。

羊羔子是在滩上草地放，11 点的时候回来，圈在羊圈里。大长工已经把耕地的牛、马卸了，我再去草滩上放牛放马。放到下午 3 点钟。大长工把牛、马抬[3]上种地，我才能回来吃一口饭。下午再放羊羔子。羊羔子放到下午 6 点来钟，再圈回来。

到了下午 6 点来钟，大长工卸了耕牛耕马，我再去放。要放到半夜 12 点。

羊羔子大些，可以跟群了，我就跟大长工干同样的活。

当时，我也就十一二岁。穿着山羊皮袄，里面全是虱子，在里面咬着，一豁开，却寻不上了。

---

① 洞笆子：当地话，草席子。

② 两犋：意为两对、四头。

③ 抬：当地话“赶”的意思。

1944 年，我从后套回到了前山的公庙子，回到三爹的身边。待到转过年的 8 月，三爹也没了。他也就 50 来岁。

9 月，又出去揽长工。在公庙子，给张天地保、李外元、房老儿都揽过长工。揽长工，就是种地。

孩子的姥爷说到这里，已经时近中午了。家里的女人们早就用大油炒了一盘牛肉炒青椒。我们一起吃了饭，我说下午再过来。

总是长长叹气的母亲

下午我再过来的时候，先看到的是孩子的母亲。

应该说，上午已经见过了这个瘦弱的女人。整个上午她基本上是坐在大炕前面一个很矮的木凳子上的，一言不发，偶尔很缓慢甚至吃力地进出一下屋子。她坐着的时候，多是直直地看着前面的地面。也许是她过于安静了，也许是她父亲的故事吸引了我，我当时没有太多地注意到她。下午过来，就想先多问问孩子母亲的情况。

听到我开始问她的情况，这位本来还是安静地坐在那个低矮木凳上的母亲竟然抽泣起来。过了一小会儿，才开始正常地说话。

我叫赵美云，39 岁。孩子的父亲叫王峰，爷爷叫王大，就是稽荽人。奶奶叫孟黑，是陕西府谷人。

我 7 岁开始在长胜乡念书，15 岁不念的。每天就是个念书，然后回来耍，什么都不想。家里一共是 4 个兄弟姐妹。两个哥哥，一个姐姐，我是最小的。

说到这里，她一点都不哭了，表情也开始晴朗起来，好像一霎间又回到了那个无忧无虑的少女时代。

先是两个哥哥结了婚。大哥 22 岁上结的婚，那是 1977 年。1979 年，二哥成家。1980 年，姐姐 20 岁的时候也成了家。大嫂在苏独仑乡，二嫂在北圪堵乡，姐夫是苏独仑乡的。

成一个走一个。到了 1981 年，就父母和我一家 3 个了。

那还是大集体的时候，父亲为队上放羊，母亲是队上的妇女队长。

那时在农村，家里条件好的都不想念书。队里分红好，大集体 1 个工能分到 1 块钱。有的重体力劳动，1 天可以记 3 个工。

1981 年分产到户，家里有了 20 来亩地，一开始买了三四十头羊。那时，一头羊七八十块，花了 3000 多块。

1983 年，小学五年级，还没毕业就不读书了。当时，去大队上学校，要走三四里路。

“村子里，五六个女女一说，就不念书了。就想自由，想回家耍。”也是沉默了一上午的姥姥突然插了一句进来。

那会儿，不念就不念，不像现在，不想念还拧着你念。

不读书了，就和母亲一起在家里种地和养羊。那时，身上一点没病。父母也还年轻，家里收入不错，家里劳力多，身上的衣服穿得也比别的女女好。

那个时候，一年纯收入二三千块。

粮食也不贵，1 斤才 1 毛 4。

“粮食价格放开以后，1985 年，涨到 4 毛多。”姥爷在旁边说。

卖羊毛，2 块多 1 斤。羊绒 7 块多 1 斤。

当姑娘的时候，生活挺好。帮着母亲种地。父亲一直就是放羊。

1993 年，26 岁才结的婚，嫁在王峰家。27 岁上生的孩子。

“一直找不对。头上也找过几个。对象，对象，没有相上。”姥姥又插了话。

和王峰，是别人介绍的。

王峰一直念书。头一年考中专差 6 分，第二年差 1 分，没有录取。不念书的第二年找的我。

他们家里比较穷。王峰有一个哥哥，他和他哥是双胞胎。还有一个妹妹。

“弟兄两个同一天典的礼，同一天结的婚。”姥姥又插了一句话。

那个时候结婚，没有多少彩礼。一个婚礼六七百块钱就可以办下来，最多的1000多。就是买点衣服、铺盖。婚礼请客，答礼的就几块钱。

“她在4个姐妹里是个紧后后。我们没有要彩礼。人家给了1000块钱，我们家里给回了300块。”姥姥说。

王峰尽念书，农事上不通行。

他们家在蓿荄九队，地不多，盐碱化厉害，后来搬到沙脑包。那时，蓿荄和沙脑包都在一个乡。沙脑包要成立良种厂，从同一个乡的别的村要人。王峰找我的时候，已经搬到沙脑包了。

刚去沙脑包的时候，没有地。一般根据土地情况，5年才调整一次。成家的时候，我没有地。王峰有2亩4分地。一年后，生了孩子，我们娘母俩才有了2亩2分地。3口人一共4亩6分地。

原来以为这个地方培育良种，应该收成不错。没想到，沙脑包要的人太多，水上来不容易。人多地少，水也缺，日子有点过不去了。1994、1995年，王峰就去了苏独仑外父母家，给人放羊。也是个儿[①]愿意的。

放了几年羊。1997年他外父没了。没人招呼了，1999年只好又回来。

“我们是两家合成一家。她家的老伴没了，我的老伴没了。”姥爷笑哈哈地指着姥姥，给我解释了一下。

蓿荄这边的地早就包给别人了。现在再回来种地，这边还是缺

① 个儿：当地话，意为“自己”。

水厉害。种粮食收成太少，过年都过不了。只能多种菜，夏天种点小元（白）菜、葱、玉米。割了小麦，才能种白菜，到了秋天卖。赶上机会就卖，赶不上就塌了，冻在地里了。

在苏独仑的时候，开始知道有小脑垂体的毛病，医生说是一种什么骨髓空洞。是有了娃娃以后才知道的，以前不知道。

生下孩子后，做了手术。

做了手术后，这个病发展得就快了。腿也开始有毛病，做不成营生了。

但还是要做。种大田，种菜。一年种两茬。这个地方抬菜，都要女人做。捆菜、装车，都是女人的活。王峰就卖菜，回来装车。

种菜，一年毛收入 5000 多，纯收入 2000 多。去年，收入了二三千块钱，什么都剩不下。

王峰也去外头寻营生，可是寻不下。我们就那个 5 亩地。

王峰的同学在银行工作，每年可以贷点款。是因为有同学才可以贷，不是同学还贷不出来。开始是 2000 元，后来是 5000 元，这几年最多贷了 5000 元。一共有 2 万多元。一般都是 1 到 3 个月的贷款，买些农资，给娃娃报名念书。秋天再还，至少要把利息打了。银行的钱必须还，不然就不给贷了。

“她哥哥种的地多，帮着还贷款。这还欠了亲家姊妹和邻居的钱。”姥姥说。

娃娃的学习还行了。小学在沙脑包上的，娃是个拔尖的学生，老师都喜欢。现在念初一，住校。吃也吃不多，身体不好，时常有点毛病，今年光看病就花了七八百块钱。娃就是有了病，也不误上课。

老师说，这个孩子脑子还是可以的，让我们上来陪读，能给她做饭吃好。

今年上半年，就在这了。他爸爸在这边打工。这里有房，能省点住校费。学校里，不管吃多吃少，都是那么多钱，买饭票。我给她做饭，可以省点。娃的病也少了，比起刚上的半学期，身体好多了。

娃娃大了，也懂事了。有的时候，学校要钱，我们拿不出。看着家里不行，她思想上也有顾虑。放假的时候，好多娃娃补课。我们没钱，没让娃娃补课。人家这里三年级就开始上英语，沙脑包那边的农村小学上不成英语。老师说还是补补课好。

上次，学校要 80 元。我实在没有，说再等等。

这位还年轻的母亲长长地叹了口气，怔怔地呆了一会儿，继续说：老师对她很关心，挺好。

娃娃可有上进心。要是考试没考好，就可灰心了，要是鼓励鼓励，就可有劲哪。

老师的鼓励和父母的不一样。哪个老师鼓励了，就对哪个老师感情不一样，哪个科目也就使劲学，哪个科目就上来了。

说到这里。这位母亲又开始发怔了，脸上交替呈现着梦幻和恐惧的表情，令我心中愕然。

“她是做了手术才成了这样，手术致残。报了好几年的残疾人，前年才拿上残疾证，什么待遇也没有。听说乌拉特中旗还有点补助，这里甚也没有。她现在手僵得做什么也不成，半身好像不由自己使唤。”姥爷说。

孩子的母亲听着，又开始抽泣。大概抽泣了几分钟以后，起身说要回去。因为回去的路上没有直达的公交车，要搭过路车，下了车，再走 2 里地。要是晚了，就赶不上浇地了。

那个时候农会掌权，我这是群众选的

送走孩子的母亲，姥爷继续上午的话题讲起来。

1945年的9月到1946年底，给张天地保揽长工。1946年时东家说，秋天给3亩地的收成做工钱。一想，3亩地能打3石粮食，就应了。但是，到了年底，东家也没给。我就不给他干了。1947年去了李外元那里。

解放后，我才把粮食要回来。1952年，张天地保给划成地主了。我做长工的时候，他不给我工钱。解放了，我可以要了。我又去了那个村子，经过村里的农会小组，要了2石4的糜子。

1947年，给李外元揽长工。说下一年给5石糜子做工钱。没料到，他的地，四五十亩，都让水淹了。那个时候，没有拦河坝，大水一涨起来，就漫了滩了，蓿荄全是水。他没了收成，我也没有。只好再出去打零工。今天去这，明天去那，就是这么个。

1948年，给房老儿揽长工。有什么干什么，以种地为主，吃住都在他家。一共种了60来亩地，两个长工。后来给了900斤糜子做工钱。

三人出门苦小小。1945年14岁到1948年17岁，这几年揽长工，可受了罪了。别看岁数不大，干的都是大人的活。

到了1949年，没解放的时候，不揽长工了，只找零活。春天，挖渠打坝。夏天，锄地收夏。秋天，收秋打仓。

这年没揽长工，挣的钱不少。挖渠，不给钱，只给市布。挣了两个“市布”，一个5丈5。一丈是3米，共33米市布。还挣了200多块钱，国民党的钱，当时叫“关金币”，日本人叫“蒙疆币”。

1949年解放了。1950年，我19岁了。住在公庙子，那是个行政村。在村里，我又是农会主席，又是民兵队长。

人民政府一成立就实行废保建政。有废保建政团，在群众当中“摸查”，就是搞选举。那个时候农会掌权，我这是群众选的。

1950年，党在这边还没公开，刚接收了国民党的政权，都任副职。1951年底，才开始有公开任正职的。那时候，共产党员中山西、河北的人多。

那个时候，西公旗的旗长叫额宝寨，蒙古人。过去在这边是有实权的人。共产党的人叫赵戈瑞，任副旗长。

当了民兵队长，开始是1个月给80斤小米，后来把小米折合成钱，一个月给8块钱。

那个时候工作，都是半脱产。公家的事情要办，该开民兵会还是要开。没事的时候，自己要去打零工。但有一条，不能耽误工作。

公庙子是一个行政村，下面有7个自然村。工作组开会选干部，各个自然村都提候选人，由工作组决定。当时，有的人有顾虑，怕共产党待不住，不愿意给共产党干。

我从小没有娘，和奶奶一起过。三爹没了，自己出去揽长工，可受过罪了。共产党来了，看着对农民这么好，咱的信心也就来了。

1951到1953年，当副村长兼通信员。那个时候，没有邮政，通信员都是步行，从公庙子村送到陈八圪旦村，来回50多里路。信是政府的信。政府发的通知，发到区公所，区公所送信的骑马，给各个行政村送。行政村之间就是步行送了。

当通信员的时候，一个月给个八九块钱。

1954年，当了公庙乡的乡长，也是半脱产。那是小乡，是原来的行政村改叫乡了。一个月的工资成了15块。我是1954年6月21日入的党，那年我23岁。也是那年结的婚。1950年请媒人介绍的，3月说成认识的。那年她14岁，我19岁，算是订婚了。那会儿，婚姻法还没有公布。1950年6月公布了婚姻法，废除买卖婚姻，男20岁、女18岁才能结婚。我们就等到了1954年正月里典的礼。

结婚费了15石糜子。那个时候，这可是个大数。她家也是公庙子的，一个庄户人家。个儿种不起地，就是自己受苦。她结婚前是农村女，结了婚就是家庭妇女。

11月就生了孩子，头一个是女儿。

1952年开始土改，划成分。我是雇农，参加了斗地主。当时，还是比较讲究说理斗争，不打人。“抄匪”，是公安局的事情。

1955年冬天搞合作化。粮食搞“三定”——定产、定购、定销，余下的才卖。那个时候都挣工分。合作化了，还是个儿在家吃。

1956年的秋天，撤区还乡。当时的区，相当于现在的乡，但比现在的乡要小，相当于撤乡并镇之前的乡。那个时候，前山有两个区，就像现在前山也是两个镇。

合作化的政策是不错的，就是办得太急了

撤区还乡的时候，我就转为了国家正式干部，工龄从1950年的半脱产开始算。以前的半脱产，还不算国家正式编制。正式转成国家干部，是从1956年开始的。

那个区叫公庙区。一个区有7个小乡。后来3个小乡划成一个大乡。原来3个小乡里半脱产的有15个干部，每个小乡里有乡长、书记、民兵队长、文书、通信员5个半脱产的干部。

设大乡时候，有的是上头配的，有的就留任原来的干部，有的调到旗里的公司。旗里有8个大公司，粮油、饲料公司等。一般的，有点农村工作经验的干部都留在乡里了。

我成了大乡的团总支书记兼“财粮”①。我从1950年开始，就工作就锻炼，就学的字。

大乡上，设着书记、副书记、正副乡长、文书、财粮，再有一个妇联主任、武装部长、生产干事，还有一个团委书记。一共10个人。

民兵队长还当着。虽然已经和平解放了，旗里也有公安局，但民兵队长还是可厉害的。那个时候，人也少，不像现在人多，社会关系复杂。

① 财粮：会计。

1958年的夏天，这个地方归了河套行政区。那个时候，巴盟和河套行政区是两回事，当时的巴盟在阿拉善的巴彦浩特。1958年的后半年，这两个地方才合并，取消河套行政区，建立了后来的巴彦淖尔盟。6月到9月，我去了河套行政区干校学习。回来后，人民公社成立了。

当了公社的党委委员，财粮不当了，就下乡了。

1958年秋天，公社搞财产放弃，男女分居，实行共产主义。后半年开始吃食堂。

财产放弃好办，不好办的是男女分居。男的在几个房，女的在几个房。是西小召乡开始闹的，别的乡也都跟着闹。

那个时候，咱们这个旗的旗委书记叫巴图，是东北达斡尔族人。他先听说了别的地方有人这么做，然后也号召这么做。西小召的书记叫王某某，最早开始这么干的，公庙子也就跟着干了。

其实，这个浪潮也就十来天。这个工作不好做，老婆们老来闹。时间不长，被自治区发现，就制止了。

1958年的时候，我们已经有两个孩子了。

1959元月到1962年3月，一直任公庙子大队书记。那个时候，蓿荄大队、公庙子大队在一个公庙公社。

大队的核算，多少抓得不紧些，就没钱花了。我那个大队，冬天清红柳、毛柳，往水利上卖，还能有点钱。不过，这也得用脑筋了。那个时候的新鲜思维就是这么个。

还有个新鲜思维，就是吃食堂，过共产主义生活，什么时候来人什么时候吃。1958年可是粮食丰收年，那个时候兴卖“过头粮”。集体化了，尽是高指标。

这么着，可把农民闹苦了。1959年到1962年，农民把第二年的口粮、籽种、饲料都卖了。有的地方，卖的时候，头等粮和五等粮分开卖。第二年返回的时候，又都混在一起，价钱却是头等粮的价钱。卖的时候大部分是糜子，第二年返回的时候多数是玉米，从东北调进的还有稻秕子。

这就把农民的积极性给伤了。农民吃不饱饭，积极性当然就挫伤了。

人哄地皮，地哄肚皮。那个时候，生产队就靠队长指挥。地浇不好，种不好，也出不好，锄地就是挠两下。这样子地里出不来粮食。

毛主席合作化的政策是不错的，就是办得太急了。一急，地头出不来产量，人没积极性了，反正就是靠集体了。

合作化以前都是小地，浇得认真。合作化以后，小地变大地，浇得不认真了。水吃不匀，水位高的地方盐碱化得厉害。有的一亩地中有 4 分盐碱化。土地盐碱化厉害，庄稼种得就少了。

公社党委委员算什么“当权派”

1962 年 3 月到 1963 年 4 月，我调在旗委组织部任组织委员，跑前山的 4 个乡，公庙、黑柳子、先锋、白彦花。给干部上党课，了解党员的思想情况，帮助公社党委办党员学习班，也参加公社的党委会。

1963 年 5 月到 1971 年，又调回公庙公社当干部，还是公社党委委员。这是个儿要求回去的。觉得自己文化水平低，上党课讲不清楚，写个材料也难，不如回到乡里头做事舒服。

回来，就是下乡蹲点。包一个大队，还要蹲在一个具体的生产队。要帮助生产队长做生产工作，不能光是指手画脚。那个时候，工作艰苦，和社员同吃同住同劳动，着了忙，比社员还要跑在前头。

“文化大革命”开始，把党委委员算在公社领导层范围内，算“当权派”，也整。

先是学习了两次，第三次就要把我们党委委员按“当权派”宣布了，是公社文书想这么宣布的。不等他宣布，我先横了起来：党委委员算什么“当权派”，不就是开会的时候发个言？这么着，他没敢宣布。

“文化大革命”当中，咱没整过“当权派”，就是一直管下乡，没跟他们混。

1971年秋天到1981年4月，调到粮（食系统）上，到了西小召的粮库，后来又到公庙子粮库，任主任。

这个时候，有4个年头，大概是1976到1979年，每年到夏粮征购的时候，为完成全年的征购任务，都要大干40天。那个时候，催粮的是政府，但收粮的是粮库。还是大集体，老百姓想什么时候来就什么时候来，不管白天黑夜的，来了就叫你，休息不成。

收的粮食水分大，就担心发芽。糜子、小麦，有14%以上水分就可能发芽。糜子一发芽就不能吃了。

1981年包产到户了，1984年提出了对内搞活、对外开放的政策。1981年4月底到1984年4月，在公庙公社任管委会副主任，分管农牧林水。这个时候，书记、管委会主任都相信我，大胆地依靠我，我也能完成任务。

1984年4月末到1992年10月，又调在公庙粮库任主任了。当时，旗里让我去蓿荄林场，或者是哈拉罕的良种厂，都是任副职。当时的旗长找我谈的话。我那个时候已经50多岁了，跑不动了，也不想任副职。

林、牧经常矛盾很大。牧业老想进来放牲口，林业就不能让放牧。说不定哪天，老百姓的牲口就进了林场。所以，我说，到了林场工作量更大了，不想去。

后来又找我谈话，问我愿意不愿意回粮库。我说，用干部不是自己愿意不愿意的，我还想回旗委大院呢。要是去林场也可以，我要当正职。我这是笑着和他说的。

后来，还是回公庙粮库当了主任。

在这个个人问题上，就是比别人吃亏

1992 年 10 月底，退休了，一直按副科。按过去，从 1962 年任组织员的时候起，我就应该是副科了。盟委有过文件，说组织员按副科待遇。但是，这个文件没有正式下来，就是口头说过。所以，到了 1981 年才是副科。别的人都快，人家比我有文化。

去西小召，是西小召粮库要的我。去公庙粮库，是公庙往回要的我。

退休的时候是一个月 176 块钱。那个时候，我的工资和公庙的书记一样。

1994 年工资改革，企业砍了。够 11 年的副科级也按副科调。调工资，人家一调就是二三百的。我们也调，就是几块、十来块地调。就这么错开了，到如今，同一个级别的，人家拿 1300 多块钱，我拿 670 块钱。

就是拿 670 块钱的，还有差别。公费医疗上，人家行政上的干部给 400 来块钱，我们企业干部的账上只给 186 块钱。在前旗，行政上的干部，病故以后，有伤残证的还发 20 个月的工资；没有伤残证的，发 10 个月的工资。我们就没了。

都是同一个级别的，从行政上退休的和从企业退休的干部，公费医疗也有差别，平时生活上有差别，百年以后有差别。

企业也分类，移动、石油、网通、邮电、铁路、电力，这些企业的退休职工，职务没有我们高，都能拿 1000 多。调工资的时候，人家调，我们也调，但是我们调得没有人家高。

本来上头给调点，旗里不让调，说人家有钱，我们没钱。听说北京 70 岁以上的看病，在门诊上看病给报销。我们这里都是一样，40、50、80 岁看病都是一样的。不合理。

要按文化水平，我低一些，但是我的理解能力不比别人差。论资排辈，我不比人家差。在这个个人问题上，就是比别人吃亏。

当了几十年的干部，在群众中一直没人恨

说到这里，老人仔细看了我一会儿。我看老人心情沉重，就转了话题问起他的孩子。

头一个老伴2002年走的。老伴在娘家从小就干活。结婚了，生娃娃，看娃娃，又要劳动，可拉帮我了。我那个时候当干部，白天黑夜工作，家里都靠老伴。她60岁时开始有病，心脏病、高血压，赶我退休那年，66岁去的。

有6个小孩，除了大闺女没有念过书，其他的都念过几年书。二小子中专毕业，是最高的。

最小的外孙女都14岁了。大闺女的闺女都32岁了。大闺女工作的供销社解体了，可以在社保领个生活费。二闺女在临河区土地局，还过得去，就是一个娃娃，负担也大。三闺女在乌拉山电厂，收入好。大小子原来在公社，提前退休了，做买卖赔了三四十万。大媳妇没有工作，有一儿一女在念书。二小子和儿媳妇都在粮库上，买断工龄。二小子1999年买断的，拿了1万多，儿媳妇1994年买断，也拿了1万多。现在，两口子到了秋天，高利息租上钱去收购农副产品。三小子在小佘太镇当一般干部，三媳妇是乌拉山镇干部，中专毕业。

我们这两口子，就靠我那几个工资过生活了，低标准的。

现在，思想有个想不通的，就是认为社会不合理，不是一般的不合理，而是相当的不合理。

我们原来在公庙子有房子的，但是考虑旗上的医疗条件，这里还有两个娃娃，走在娃娃跟前，两家都可以照顾，所以来了前旗。但是没有想到，来了这才6个月，就让小偷盗了一回。

那是 5 月 23 号晚上给盗的，丢了 2200 多块钱的东西。老伴的金手链丢了，11 克，170 块钱一克买的，还丢了一件 10 年陈酿河套王。老伴攒了好几年的东西，没舍得带，叫人家拿上走了。

也报过案。可现在这事，谁给弄啊？

孩子的姥姥看着我，把右手抬了抬做了个手势，没有说话。姥爷继续说下去。

当了几十年的干部，在群众中一直没人恨。

当娃娃的时候，就知道大、知道小的，给人们好感。几十年工作，没挨过领导的批评，表扬奖励倒是不少，有自治区粮食厅的，巴盟粮食局的，前旗政府的，还有前旗粮食局的。得过发羊毛毯子的奖励、增加一级工资的奖励。

勤勤恳恳几十年。最后，还是对这个不公正的地方有点不高兴，白天黑夜里也想不过来。不好理解。

我这人是一句批评没挨过，却是这么个结果。为啥犯过错误的人，还工资那么多？

什么不合理？就不合理在个人待遇身上。这是一批人，不是我个人。当初我到企业上，是组织安排的。过去，粮库和供销社都是对国家有贡献的单位。一改革开放，以前不好的地方，像银行、铁路这些以前都没人去的地方，现在闹得比哪个也好。

有点什么困难，要是过去，老同志在，肯定替你解决了，一点头一句话的事。现在的领导，门难进，脸难看。

那年，1962 年，从三湖回公庙的路上，我的毛衣兜里装了 72 块钱、两张布票、两双鞋票，给丢了，大队队长什么都不说就给补了。那会儿通情达理的人多，都能互相体贴，互相理解。现在，体贴的也体贴，都体贴到人的关系上了。

说到这，老人沉默起来。这时，天快黑了，我们的谈话就自然结束了。

燕泥一家

一位从小品学兼优的花季少女却有着一双十分粗糙的手，令我很想了解这个优秀女孩的家境。

因为有 3 个需要资助的学生在校上课，教育局的同志建议我可以直接去学校。

在校长办公室里，来了 3 个女孩子。据介绍，一个是高三的理科状元，另外两个是高二的文理科状元。都是那种一看上去就十分聪明、老实的孩子。

在和其中一个个子稍矮的女孩子握手的时候，我心里咯噔了一下：这竟是一只手内掌部分相当粗糙的手。我控制住自己的表情尽量平静，然后问了一下这个大眼睛的秀气女孩的年龄。校长说，17 岁。

在和她们告别之前，我又和她握了次手，只是为了证实那双手的确是粗糙的。当然，为了尊重她本人，我没有多问什么，也没有问她的老师什么，只是默默地把这双手的粗糙记在了心里。

我很想知道这是为什么。

这让我很想去了解一下这个女孩子的家境。

绿意盎然的小院

很意外，她的家居然离我的办公大楼很近。

我是后来才明白，我们的办公大楼刚刚落成不久，选的地点本来就是镇的郊外。所以，这个孩子的家，其实是较偏的了。

那是经过 101 国道旁边一个加油站，和一个玻璃上贴着“看风水　测命运”之类的二层小楼之间的一条很窄的胡同，如果不注意，可能一下就忽略过去了。胡同不深，走 20 米不到，就是他们家了。

这里也是一个小院。

一进院门，右边就是两间小房子。我没有着急进去，而是继续往里走，因为里面是一个绿意盎然的小院落。

仔细看这个院落，不过几十平方米的样子，种着稀疏的玉米和大葱，地比较旱，墙角还有些破烂家具。看来主人没有精心拾掇。用以和邻院隔开的院墙有一人多高，而且只是散砖堆在一起，没有砌泥。

通过一个窄窄的门进到门口的一个小房子里。一进是一个相当小的厅，里面也是一个厨房之类的地方，厅的左手通着另一间屋子。屋子里一张双人床占了一半的地方。床到窗户之间约 1 米的地方是一个老式的卧柜，上面放着一台 18 英寸的电视，后面脏脏的电缆接到房顶。我使劲辨认一下，才发现这是一台日立电视机，开关按钮上基本都是泥儿。柜子前，接着床脚放着一张折叠桌子，我就坐在这张桌子边开始观察这对父母。

父亲中等身材，看上去身体有些单薄。留着板寸的花白头发已经该剪了，面庞黑黄，似乎是缺乏营养，但是细看过去还是看得出年轻时候的眉清目秀，眉目之间的笑意更是露出了心底的善良。母亲相对来说要丰腴些，皮肤比较白还有些粉色，这种面色一般如果不是因为生活优裕，大概就是高血压的症状了。母亲是个直率爽快的人，侧坐在一边的床上。

父亲有些腼腆，但是坐在我面前讲话的还是他。

大山中的周姓家族

我们不是本地人，是河北唐县人。

民国以前，我们周家是在河北唐县的一个村子，是当地的一个大姓，也是最穷的。

马庄在唐县的西北 100 来里地。在太行山里，全是山区。那边有长城，也有拴马桩，传说是宋朝哪个将军拴过马的地方。

听我爷爷叨唠，老爷爷生下了以后，已经被冒出去了，后来又被老爷爷的父亲捡回来，才活了下来。

搬到马庄，渐渐地家族又大了，人多地少。这个地方养不下了，谁有本事谁走。

老爷爷他们从马庄又搬到白道安村。

为什么叫白道安哪？说是古时候，有个老道在这个地方居住修炼过，所以起了个名字叫白道安。哪辈子的事情已经没人能说清楚了。

这个村子以前还出过一个姓严的秀才。

老爷爷他们搬在白道安村一个叫上口的小自然村。这个村子里，姓周的就两大门，是我们老爷爷和他兄弟两家。家里的墙是石头垒了，用泥抹的，南面的门窗都是木头的，房顶是青瓦，房上长着草，地面都是拿石头铺的。院中有个大碾盘。

那个地方，都是小山坡地，自己开荒地。山沟沟里的梯田，一块比一块高，一直到山顶。

老爷爷生了爷爷和大爷爷，弟兄两个合住一个四合院。

大爷爷生了两个儿子，爷爷生了 3 个儿子，都住在这个四合院里。

现在还住在那个院子里的，是大爷爷的儿媳妇。就她一个住在那里，大概有八十四五岁了。

我的爷爷活了78岁。先在白道安住，50来岁的时候，领着老三，搬到20里外的北城子村，实际上是投靠岳父去了。奶奶姓李，是北城子村本地人。

种的都是租的姓邹的一家大财主的地，给人家当长工。

奶奶走的时候，还把遗体埋回了周家白道安祖坟。

爷爷送走了奶奶，又返回北城子村。后来娶了第二房，也姓李。这个奶奶也是原来老汉死了的，才又嫁给爷爷。

那边，家家都有“亡书”，人走了后，往上贴个名字，祖辈传下来的。大概2尺长20厘米宽，白纸对折，上面贴红纸条，写着：某氏哪年哪月。过年的时候，还要烧香摆供。

家族里专门有人来编这些，但这个不能说是家谱，因为活人不能往上写。

一房奶奶生了两个女儿、3个儿子。大女儿从上口嫁在了马庄。二女儿嫁在白道安本村一家姓钟的，他们家是当地的中农。我们家是贫农。

老二是儿子。解放以前是党员、村干部，在南城子乡当过领导。后来，20世纪50年代，在涞源县商业局当过领导。70年代，退休回了白道安，又在村里当干部，种了十来年的地。

老三就是孩子的爷爷，在南城子乡燕窝大队，一家都是农民。那个时候平均下来，连一亩地都不到。

两个老人都是党员。爷爷当过上口生产队第5小队的队长。地里不忙了，就做小买卖，从唐县贩枣子、粗布过来。土改的时候，奶奶在大队做过大队妇联主任，当过演员，唱过戏，是个红人。

说到这，孩子的父亲咧嘴笑了笑，有些替老人骄傲的味道。

他们生了5个小子、两个女子。

大女子没有念过书。二女子初中毕业，嫁到走马驿穿堂背村。

大哥是教书的，北城子高中毕业，考大学也考上了，但是家庭困难，没念起。连校长都来专门做工作，就是没钱，念不起。1964年，搞“四清”运动，他还当了干事。“四清”后，在葛门沟小学教书。大嫂也是教书的，他们俩是在高碑店搞“四清”的时候自己弄上的。

大哥还在县的公路指挥里干了几年，也是个领导，干过公路测量。嫂子教过初中。

1979年或1980年，大哥一次在山路上骑车，刹车失灵，掉到悬崖下面，把神经摔断了，一年后死的。不然的话，也能从民办教师转正。

大嫂后来也不教书了，带着3个娃娃去了保定的李县。3个娃娃都是初中毕业，一个小子，两个女儿。都成过家了，都有了娃娃。娃娃都在毛纺厂上班。

不知道为什么，话说得越来越有气无力甚至有点断断续续，孩子父亲的声音渐渐微弱直至停了下来。我没有抬头看他，只是用余光扫了一下，看见他低头思考了一会儿，然后抬起头微微笑着，才接着说起来。

在部队上当过副班长

我和我哥是双胞胎，1951年生的。他生了两个娃娃，嫂子找的是燕窝村的，和我妈是一个村子的。

他的两个小子现在也不念书了，不愿意念书。那个地方也偏僻，上学也不好好上。现在，初中毕业后开三轮了，就像咱们街上的那种三轮。

我的这个哥哥脖子底下长了个大的甲状腺肿块。那年，有个海军医疗队在村子里住的时候给割了，一分钱没花。人家解放军尽义务，挺好。我们兄弟几个文化最低的是他，才高小。

我开始记事的时候，是1958年的“大跃进”，吃食堂，砸锅卖铁，大炼钢铁。小的时候，可能耍火药了，一弄就把脸给淬了。还喜欢在河边玩水害人。小时候，可能害人了。

1972年在村里、县里，跟着大哥修过公路、铁路。这年的冬天，当了兵。那年是全国征兵。1972年12月入伍，1977年3月退伍回来。

在部队上当过班长、副班长，得过连的嘉奖。我是以前在学校里入的团，到了部队没入上党。

当兵是在沈阳市东陵西街，空军的通信兵。

那个时候，部队的服装还没有变，上黄下蓝。在部队主要搞收发报。复员的时候不给安排工作，那些技术也没有用。

退伍时，部队给了一点安家费，带回来150块钱。那个时候当兵，一个月6块钱。从部队回来了，就有人介绍对象，是高家台的。

在村里干了一年。家里有地，一个人也就5分地。

然后，和四弟一起去东北搞建筑，盖房。在齐齐哈尔的胡中林业局还抬过木头。

又去了漠河，那有金矿。去过加格达旗。

去东北，走的时候带了50多块钱路费，回来的时候一分钱没带回来。8月15日上火车，从齐齐哈尔到北京，再到河北，坐了4天4夜。下了火车，已经不会走路了。

后来，还跟着包工头去过太原给哪个企事业局盖楼，当抹灰工。

说到这里，他的话好像自然地停住了。他就保持着那个姿势，右腿架在左腿上，两个手交叉着搭在右腿上，背微微弓着，低着头点着一支烟，慢慢地吸着，偶尔看我一眼。他似乎在犹豫，说的这些东西是否让我感兴趣。

到山上刨药材，自己挣学费

我正耐心地等着他继续说点什么。孩子的母亲似乎是个急性子，看着老公不吭声了，自己就说开了。

我从小可是比旧社会还苦，8岁上没了父亲，9岁上母亲嫁在本村。姊妹多，我是老四。

1958年刚记事，爹娘都在吃食堂。就用那么一个盆领饭，也只能用那个盆领饭。有一次去打饭，走在路上，下了大雨。我走了3里路，就是为了送那个盆。

6岁上，大姐结了婚。到1961年，我8岁那年，4月上，大姐就病了。当时还去看她。她在床上躺着，一会儿就从鼻子里拿出一个血块子。就那么躺着，没钱买药。

到了7月，弟弟，小我两岁，死了。10月上，爹走了。

那个时候，正是赶着还苏联人债的时候。没粮食吃，就吃榆树皮、玉米和葫芦皮。

是跟着后父亲长大的。母亲嫁过去后，又生了一个弟弟。这个弟弟今年都46岁了。当年，母亲也是为了拉点吃的，才这样又嫁了人的。

我7岁上学。8岁没了父亲，也就失学了。

后父亲有3个小子和两个女子。他们的两个女儿都上学，就是不让我上学。我看着人家上学，眼屈得不行，没办法。每天让我搂柴火。

10岁的时候，老师看到我，又劝我上学。后来上了学，一边上学，一边在生产队干活。每天早上5点钟，跟着队里干两个小时，能挣2工分，再跑3里多山路去上学。每天晚上放了学，就到山上刨药材，自己挣学费。

那个时候，一个工拿3毛钱，可管用了。那个时候，不掏学费，只掏书本费。

初中是在走马驿上的。早上搂了柴火，再走8里路去上课。这样一直坚持到初中毕业。

就是那个后父亲，咋也不如亲生父亲。

十四五岁上有一次，后父亲的儿子抢我的腰带。他比我大一岁，硬是给抢走了。可后父亲不怨他的儿子，反而跑过来打我一顿。

20 岁上初中毕业，毕了业就在生产队干活。一个月刨了 50 多块钱的药材。

每天早上起来，吃上一口饭就出去了。都是玉米面的，没有白面。吃玉米要自己推碾子碾，平常吃不上白面。过年的时候，能用 1 斤 8 两玉米换 1 斤白面。一个人给两斤白面，是供应的。

药材要下连阴雨的时候去刨。那种药材叫远子，只能在地皮下雨下软了的时候才能刨出来。一般长在山坡上，中间有个根，一尺多长的根，根比苗长。把那个根刨出来以后，里面有个芯。今天刨了，第二天早上就能捣，再用一天晒干。1 斤 3 块多。

山上的药材可多了。还能刨柴胡，就是黑柴胡价钱低，一般没人刨。

刨药材，一年就能刨一个月。那个村子里就三姓人，姓田的和姓张的是大户。刨药材的就我们几个女子。家里劳力多的，挣工分多。我们女子没劳力，只好刨药材挣钱。

现在，是没人刨了，也没人收了。本村的人都搬下高家台了。那是老深山里，草那么高，没人住了。

刚说起刨药材的时候，孩子的母亲兴高采烈，说到这里又突然脸色阴沉了下来。

一次，刨药材好不容易攒了 30 块钱。娘要去集市里，没钱，就从我的口袋里全拿走了。我不想给，气得哭了。后老子拿起笤帚就打我，那是黍糜子扎的笤帚。我当时已经 20 多岁了，打得我一口气背过去，浑身憋得黑了。还是邻居过来看了我，救过来的。

要是那个时候真的死了，现在也不受罪了。

打了我，我就不和他们一起住了。和兄弟一起出来，住娘家原来的房。

这几句话把孩子的父亲也说得有了兴奋劲，就接着说起来。

他这人老实，不给钱就不要了

她 25 岁那年我们结的婚。

“那是阴历三月十六，阳历是 5 月 1 号。”孩子的母亲很准确地说。孩子的父亲则继续说下去了。

那个时候没有财力。结婚的时候，给了新娘子 60 块钱。就买了点铺盖。房子是新盖的，石头房子。

我在部队的时候，父亲就给盖起房子了。每天天不亮就走，从北城往集市上卖柴火。20 多里路，爬山，过好几道梁，天亮了赶到集市上卖。一捆柴火能卖十多块。

弟兄几个一起背石头。从深山里，20 来里地砍来木头，编成柳条子，这么着盖的房。

新婚后 3 天就分家了，我们两口子自己单过。那个时候，我那双胞胎哥哥还没结婚。他 30 岁才结的婚，一直找不下老婆。

我是 27 岁结的婚，几个兄弟都是 30 来岁结的婚。我们 5 个兄弟还算都结了婚，村里还有一辈子没结婚的。

她弟弟后来当了林业员，在林场当了几年会计。22 岁上结的婚，有一个小子、一个女子。

听着老公讲自己家的事情，孩子的母亲就抢过话头了。

我还有个妹妹，是娘和后老子生的。比我们好过，现在在县城教书，也有个女子。

结婚后，我们两口子一直在上口住，种山坡子地。他在家里就住了一年，都是我自己在家和我那小子种地。春天往地里背粪，秋天往回背庄稼，尽是羊肠小道。有一年种了萝卜，收成不错，我一个人背不了，就先回去，叫上他来接我。打那以后，我就再也不想种地了。

两口子说着，也就是互相提醒着。一直慢悠悠的孩子的父亲开始滔滔不绝了。

结了婚，第三年，1979 年开始，我每年农闲的时候都到内蒙古来打工。那个时候，地还没分。过来打工，主要就是盖房，拓坯子。拓一块砖坯子给 4 厘，一天能拓个 2000 块，挣 8 块钱。每天起早贪黑的。赶冬天回去，最多能带个五六百块钱。有的时候只能带回 300 来块钱。那个时候，当小工的一天能挣三四块钱，师傅挣 6 块钱。

说着，一个穿着白衬衫牛仔裤，戴着眼镜的敦实的后生进了门来。孩子的父亲给我介绍，这是他的儿子，然后就指着儿子接着说。

他 8 岁那年，我学开了瓦工，孩子他妈也出来。我们在五原合盛乡，两口子一起干瓦工，她给我当小工。干了一年，挣了 600 多块钱。两个人一天就挣 3 块钱。

孩子住在奶奶家。那年回去一看，都是虱子，咬得浑身冒黄水。

赶孩子 13 岁那年，1989 年的时候，我们就把户口落在了五原的建丰农场，彻底出来了。

家里的地不多，也不想回老家了。在河套这个地方干，感觉挺好。给农场盖房，都熟悉了。当时农场的保卫科长，也是部队上复员的。我们给他盖房，关系不错的。人托人，就落下来。到现在，我们的户口还是农场户。

我们弟兄三个一起过来的，都是做小瓦工。

在农场，搞建筑，修桥，做闸门，盖房。农场的中学，就是我们盖的。

“他这人老实，不给钱就不要了。那年，给人家装修了房子，不给钱。我问那人要，打了一架，还被人打了。”孩子的母亲大声大气地插嘴。孩子的父亲微微笑着，低着头抽了口烟，接着说。

人没本事，就是老婆、孩子跟着受罪

人没本事，就是老婆、孩子跟着受罪。

我这人性格好，兄弟间从不吵架，打骂。

“那是你不敢吧？你戒烟戒到啥时候？”孩子的母亲开始话赶话地呛了一句。孩子的父亲歪着头抽了口烟，若有所思地停住了话头。于是孩子的母亲说了起来。

1994年，农场的副业连撤了。我们又在机修连住。房子都是现成的，谁住谁抹房皮。

机修连一排房。他们住东边，我们住西边。一次，他们把电给掐了，到了晚上还是黑的。我跟一个姓张的只说了几句，他就打我，打我的脸。我的眼睛到现在还有后遗症，医生说是血管堵塞。

当时，孩子的父亲和儿子都不在家，在农村盖房。就我带着女儿，两个女的，对付不了他们。保卫科的李科长，领着我们去的五原的医院。后来，还是上了法庭，医疗费给判了600多。

孩子的父亲似乎记起来了什么，开始接着说。

那年，女儿8岁。

第二年，我们就从农场搬走了。还算农场的职工，给我们地也没要。我们出来后，一直就没地，也不会种。小子在临河农管局上高中，家里就她一个。我还是出去干瓦工。

后来单位也撤了，就来了前旗，买了这个地皮，315平方米，花了1万1。这个房子是自己盖的。

说着，孩子的父亲有些得意地抬头看了看顶棚。

现在，我就在纸厂打工，下夜的。开始一个月给四五百块，现在有五六百块。

最近，3 个月都没有发工资了。

她基本上就打点零工，去街那边的前旗花炮厂打零工。这也干快五六年了。给花炮装药，一天能挣五六块。

“手快的能挣十来块。”孩子的母亲插嘴说。

去年挣得多，挣了 700 多。装药是最后一道工序。现在装药还不到时候，就是攒捻子，打土件。

现在，做花炮要等工序，都是先做在一块，再装捻子，最后装药。

现在上班，都要照相，做上岗证。一般都要年轻的，我这年纪的，因为是熟练工，今年还能上岗，明年就不好说了。这是计件工，一般一个月能挣个 300 多块，再多也就 400 多块。咱们老了，手慢。

他下夜，可以倒班。有的时候，出来打点小工，搭个锅台，盖个凉房，能接济上生活就行。

“一天不挣钱就不行。街上住，什么都是现买的。”孩子的父亲这时抬起头，看着窗外，有点欲言又止的感觉。

看着往门外走的儿子的背影，孩子的母亲打开了话匣子。

我们这两个孩子，读书的时候都是好学生

小子高中毕业，25 岁上成的家，找的是砖瓦厂的。小两口的闺女今年也 5 岁了。媳妇没职业，没单位，在家坐着。

我们这两个孩子，读书的时候都是好学生。小子读书可好了，高中毕业后，不想读了。先到呼市的新城宾馆干了一年。他会唱，可以收点小费，但一个月也就才 400 来块钱。

然后，去了建丰农场学修车。学了一阵子，觉得太脏，干不下去，就回来了。

他四叔在旗上的纸厂里当司炉。那年，纸厂招工，就把他招进

去了。小子现在在纸厂，就是纸烘干的那个过程，管看白表。属于技术工，比别人还多挣点，一个月六七百块。

现在放假了，厂里给个三四百块钱。刚开始只给200来块钱。这是旗里向厂里要求，要给够最低生活保障，才给了380多。

这不，厂子停了，就在外面打工。

“有时候，也跟着我干点小工，盖个房，起个院墙什么的。也跟外人干。反正，哪挣钱，去哪干。现在做小工，一天也挣10块钱。”孩子的父亲补充了一句。

母亲继续说。

儿子结婚的时候，315平方米的院子分给了他们170来平方米。到前年，把房产证的名字也改成儿子的了，媳妇说是要改的。

可这院子都是他爹自己买的，房子也是他爹自己给盖的。

当时，也有介绍对象的，都没成功。有个老汉和他爹一起当临时工，介绍了一个。对方要两万多块钱，不算房。我们拿不出钱，就搁下了。没给钱，媒人在女方上说不通，也就不管了。

可是，人家这家的闺女自己看上我们的小子了，两个人自己好起来。他爹只好带着小子去人家家里把这个事情完成。

结婚借了1万元的高利贷，3分利。买东西，吃饭，彩礼6000，一共花了1万8。比起这个地方的别人，这花的还不算多。

本地人没3万块办不下来。这个地方，找个媳妇，能把家给搞穷了。

这个地方的户头都是儿子的。我们的户口一直没下来，还是五原建丰农场的，档案在五原县武装部。只有儿子和女儿是前旗的户头。

买这块地，连办孩子的户，加上厂里集资，一年就把钱给花光了。一个户要1000块。那个时候，成天也不买菜，就是馒头开水。今年稍好些，春天可以买点菜吃了。

现在高利贷还欠3000多块钱。

买这个地方的时候，还有有线电视看。去年，收钱的来了，把我们的给掐了，说我们和孩子分家起了墙，已经是两家了。

这个长虹29英寸的电视，还是老五家的。他回了老家，放在我们这里的。

我们以前住的那边那个家，稍微比这边宽一点。儿子找了媳妇，就给他住了，才盖了这边这个家。

我们（和媳妇）关系不好。他好喝口酒。儿子结婚那年春节，我过生日，媳妇提了两瓶啤酒，给他爹喝了。到了初五，他爹又去媳妇那边拿了两瓶啤酒。到了下午，儿子过来给我说，以后再喝就得掏钱了。

我就买了两瓶啤酒还给了媳妇。结果她就骂起来了，还叫小子赶着我们出去住，想撵我们回老家。见我们不走，他们自己就把那个院子给卖了。我们的水管都接在那边，那边换了别人不让我们吃水。

我从小时候就没享福，现在也跟着受罪。刚结婚才两个多月，就骂起来了，我能接受得了吗？

气得我拿刀子就割了这。这地方到现在都没感觉，两个手指头都是麻的。

说着，孩子的母亲把左手的腕子一翻。可以看到上面一道触目惊心的褐色疤痕。“割着了大动脉，血在三轮车上这么一摊。还是小子把母亲弄到医院里的。”孩子的父亲比画了一下说。

爸爸就是讨吃要饭，也要把你这个书供下来

孩子的母亲接着说。

前年，小子也是放了假在西菜市场卖菜。那个前面叫什么“火爆油香”的饭馆的老板去买菜，嫌他山药1斤5毛钱卖得贵，就让

人打他。他们4个人打我那小子一个，给打得昏死了过去。

看见的人说，打人的那个是给公安局长开车的。媳妇没办法了，打电话让我过去，让我到公安局去说话，说是年轻人说不成话，要老人说才行。

人给抬到医院里。半个多月，都是我天天跑，花了400多块钱，我也没说什么。

我去了公安局，找那个公安局长。说，有人反映打人。

那个局长一见我，张嘴就骂：你个×，谁打你了？你是谁啊，干扰我工作！

我一听就急了。我也骂：你这么大个公安局长，张嘴就骂我。你要是想让我死，就枪毙了我啊，凭什么骂我？你个×！

他就让人把我往外拉。七八个人上来拉我，都是壮小伙子。我就是坐在那儿哭，几乎哭死过去。

他看我这样，就让我去找一个副局长。我说我不是没找过，是那个副局长不在。

“我们这些人没背景，也就没人给我们说理。”孩子的父亲平静地说。孩子的母亲没有理会，继续说。

他爹那会儿去医院，儿子一点反应也没有了。他大兄哥在医院里现找的人借钱，做了CT，输了血。人救的还算及时，不然也就完了。

打了人，也就给了1000多块钱。

后来我们告到法庭。

也抓住了一个。那帮家伙打了我们小子都要跑。有一个老婆婆和我们小子一起卖菜的，她不会算账，我们小子帮她算账。打人的那几个要跑的时候，那个老婆婆生是抱住一个人的腿，一直给拖到了菜市场门口，这边报了案，才给抓住的。也没给我们见面，公安局就给放了。

“要不，我现在高利贷为什么还不上？那年小子出了事，老婆又出了这个事。”父亲在一边慢悠悠地说，“我就给女儿说，你就好好念书。爸爸就是讨吃要饭，也要把你这个书供下来。”

就叫燕泥吧，像小燕子一样一口一口地衔泥垒窝

看着二位沉重的面色，我把话题转到了他们的女儿身上。

还是母亲抢先说：女儿那年考高中，考上了一中，可是不敢上，一开学就要 1000 多，还是回五中念了。五中的老师一听，都高兴，说你回来吧，学费全免，每个月还发 150 块钱。

她每天晚上 10 点 50 分回来。回来还要做两道题，不做完不睡觉。做不出来，就在那里愁，我们也看着难受。

父亲接过来说：她就是想上北大、清华，别的地方不想去。

这个女子，学习上和一般的娃娃不一样，就是爱学。在学校里，老师都靠她，连判作业都交给她。

有个晚上，她怎么也不回来。我过去接她，在路上正好看见她回来。她说，老师让她判作业，也忘了时间。

母亲说：我们这个女子可省心了，从来不串门子，不像别人的娃娃这个去要那个去要的。回来，不是写字就是看电视。

我对我的女子就说过，我可喜欢人家说你好啦。和我在一个车间干活的有一个女女，也是我们女儿的同学。她回来就和她妈妈说，你以后可不要和她一起干活了，不然你一回来就骂我不行。

父亲说：我们这个家庭，油水不行。人家吃得好，我们的营养跟不上。不过，她不像别人家的孩子，什么都要。

母亲说：可不是。出去买东西，给她买什么都嫌贵。

听到这里，我说，明年就高考了，怎么也要保证孩子一天一个

鸡蛋、一袋牛奶。一袋奶9毛多，一个鸡蛋3毛多，最基本的营养还要保证。

看着我提过来的两箱牛奶，母亲接着说的话让我感到压抑。

牛奶给她买了。可她说，这次期中考试没考好，不喝了。以后也不让买了，说买了浪费。

鸡蛋，我们多少年没吃过了。那年给她买了40来个鸡蛋。吃完了，她还要吃。我说，妈没钱了，以后给你买。我也是那年回家，他奶奶养了20多只鸡，每天给我吃鸡蛋。真的好香啊。

这么多年过来，也没吃上了。

听说豆浆补充营养。那年，他们说有个磨豆腐的机器，拿过来让我做。我做了几个晚上，血压上了190。做不了了。

这孩子从小不爱穿着打扮。现在大了点，也知道穿着打扮了。有的时候，我说，这衣服你喜欢就买吧。她怎么也不要，是知道家里困难。

说到这，我突然想起那双粗糙的手掌。母亲倒是很诚实地做了解释。

那手是脱皮。那年暑假，初中毕业了，没有作业，就跟着我去摘枸杞。回来后，她的手就开始脱皮，手心里每天都是硬皮。以前就是手脱皮，现在连手指甲都有了问题。他们老师可关心她，让她吃水萝卜。我们还买过三瓶金维他，可是用处不大。

大概这些事情说得孩子的父亲有些烦心，他就主动开始说些有趣的事情了：这个女子是在（原内蒙古建设兵团）15团生的。起名的时候，我说这个家比较贫困，就叫燕泥吧，像小燕子一样一口一口地衔泥垒窝。他妈妈说，马克思的老伴就是叫什么燕妮，希望自己的女子将来也有这个福气。

说着，父亲指着墙上贴的奖状：

每年一个。

得过自治区英语竞赛三等奖。

今年 4 月 14 号得了一个奖状，是奖励优秀团干部的，全旗的优秀共青团员。孩子还要求入党。

母亲说，这孩子中过两次煤气，就在那个家里的炕上。有一次，站在那个炕上，自己穿衣服，就是套不上去。看着不对劲，他哥哥赶忙扛着送到二医院[①]，然后再送到大医院。

那个时候，刚有环城的大公交车。那天早上，看着我们孩子生病，那辆车谁也没有拉，直接就给拉到了大医院。

在我即将离开乌拉特前旗的时候，正赶上乌拉特前旗团委、教育局等部门在办公楼的门口开庆祝会，纪念党的生日。我看到了密密麻麻却相当整齐的学生，他们每人一个小凳子坐在那里。我一个也看不清楚，可是我知道，只有优秀的学生才能坐在这里。后来，教育局的一位领导告诉我，那天有几个中学生入了党。很有可能这个出色的女生也在其中。

后来，这个女孩子没有考上自己的理想北京大学，但也考上了一所不错的大学。毕业后应聘进入世界 500 强之一的一家跨国公司工作。但是，半年后，听说她辞职了，为了自己的爱情，去了一个南方的二线城市。

① 二医院：就是小诊所之类的俗称。

马七女村

困难主要在于子女较多，一度4个子女都在学校念书。好在父母都很勤劳、健康，不时做些零工补贴家用。父亲有些重男轻女，但总是鼓励孩子读书，常讲的就是："从小感受这个环境，只有好好念书，才能离开这个环境。"

他们的女儿在高中的时候是理科班的状元，后来如愿考上了中国海洋大学，而且是研究生毕业。

这家在明安镇马七女村，受资助的是一名高三女生。第一次见这个学生的时候，校长就介绍说，这是我们高三的理科状元。

有名的马七女村

为了走访这家，我头天就住在了镇政府的招待所里。听镇里的同志说，马七女村是个有名的村子，刘明祖[①]曾专门到过这里。

那是1996年5月3日，蒙西发生里氏6.4级的大地震，报纸上说震中在包头市以西15公里。刘明祖书记来了，说一定要到震中去看看。震中其实是在马七女村附近的山里，但是难进去，也怕进去了不安全。离震中最近的马七女村当时都是老房子，几乎全震塌了，

① 刘明祖：时任中共内蒙古自治区党委书记。

震断的房基条砖都露在外面。于是，当地干部就跟领导汇报说，震中就是这里。刘书记来看了，说我到过震中了，可以返回了。马七女村自此也获得了一笔相当大的国家拨款，整个村子得以重建。

据说，那次地震没有死什么人。因为那正是种玉米的时候，庄户们都在地里种玉米，家里没什么人。比较险的有一家，后墙给震塌了，小娃娃还在炕上睡着——幸好墙是向外塌的。

马七女村，村名听起来有点香艳，其实没什么。

老年人说，这个地方以前是蒙（族）人的地方，住着个姓马的，生了 7 个女子。蒙人们去那里，为了方便，就说去那有 7 个女子的村子里，这就传下来了这么个村名。

我第二天早上过去的时候，没有什么山路，一路平坦。和别的地方不一样的是，路两边的耕地都是长条的，平平整整，犁过的垄沟梳拢着大地伸向远方，让人心旷神怡。看着这片光景，我想这里应该是个肥沃的地方。可是乡里的同志说了，明安明安，十年九旱。看着平整的土地，其实都是旱地。种子播下，就等着天雨。天上没雨，种子出不来，一切就都白费了。

平原上慢慢地出现了一丛绿树，随着绿树丛变得越来越大，就到了马七女村。我们进了村。与我以前去的几个村子明显不一样，这个村子都是整整齐齐的一排排砖房，没有土房，而且家家户户都是一个方方正正的大院子，院子里的格局也差不多：大门南开，坐北朝南的是 3 间正房，院子的东南有一个比较深的水泥青贮池子，南面靠着门的则是两三间较矮小些的凉房、厨房，西北面是一个羊圈。

不知道随行的同志是怎么在这些几乎一样的农户院落中找到我们要找的那家，反正我们进的，的确就是我们要去的那个学生的家。

学生的父母当时不在家，都下地去了，只有孩子的祖父和几个邻居在屋里闲聊。屋里很干净，地面铺了浅色瓷砖，墙白白的，还有一个盖了绣花面罩的绿色双桶洗衣机放在靠门口的地方。我坐在一个绒面的长沙发上，觉得这家并不如想象得那么贫困。

走西口来的

孩子的祖父已经74岁了，似乎不那么健谈。我们聊了几句，却好像互相都听不清楚对方讲了些什么。这么个开头，我多少也有些尴尬。正在沉吟，就这个工夫，听到院子里拖拉机的声音，接着就进来了一个浓眉大眼的高壮汉子，脸色红黑，鼻梁挺直，宽宽的额头上是3道深深的皱纹，十分有趣的是，额头纹的皱褶深处居然还透着肉白色。脚上都是泥土，和我握手的时候很有劲。后面跟着一个穿着蓝地碎花小袄的中年妇女，浓黑的头发还像女孩子一样在脑后梳成了辫子，相比起一般的农村妇女来，皮肤要白嫩一些。这就是孩子的父母了。父亲叫陈志荣，1956年生人。母亲叫郑二梅，1960年生人。

乡里的同志说，陈志荣可是见过大世面的人。那年地震的时候，上了好几回前旗电视台。还有一年搞“民情日记”，新华社记者都采访过他。这么着，我们就逐渐地聊开了。

听着这个介绍，陈志荣稳重地笑了笑：那天正好往村口走，遇上了就说了两句。

我们祖籍是山西宝德县陈家梁村人。

解放后，1955年，爷爷那辈带着姑姑过来了。听父亲说，奶奶那时常有点病，家里困难，就背上烂铺盖，走西口。

我生在宝德，1965年来，在这里念书。“文化大革命”开始后，这里斗老师斗得厉害，念不成书。爷爷就又让我回山西老家念书了。

后来又过来了。

这时候，坐在旁边听我们说话的陈志荣的父亲也有了兴趣，也说了起来。有了陈志荣做翻译，很多话就听得明白了。

以前在老家种地。村里没多少地，我们就烧土瓷。1955 年过来，老人刚来的时候在月圣功村，明安的一个自然村，也是烧土瓷。好几家合伙开的。

公私合营以后，乡政府附近有个陶瓷厂，把我们给合进来了。这就算成工人了。

奶奶早就跟过来了。1972 年老人过世，奶奶没人照顾了，全家过来。因为爷爷是工人，公社出面，把全家的户落在马七女村，就着陶瓷厂近，可以照顾母亲。城市户口办不了。

（指着陈志荣）就这一个小子，还有两个女儿。1972 年过来时，他已经 17 岁了，就在村里种地。

当时，这边没水，种的都是旱地。每天天一明，就担水浇地，晚了就没水了。担的水，和黄河水一样，不能马上喝，要倒在缸里澄一澄。也没电，点的煤油灯。

尽住的土房，盖个房用点水都很困难。那个时候，大集体的地，种的人不少，种的地不多。旱地也有拢瞎的，草比较茂盛。主要是缺水。

后来打的井。井打出来了，才开始有了水地，人吃水也就不困难了。

1981 年分的地。

现在的村子是沾了地震的光

听着父亲说到这里自然而然地停住了，陈志荣接着说。

我是在老家把初中念完的。17 岁过来，就种地，赶过马车，放过牛、马。大集体的时候，毛驴、马都有。现在都种上地了，草片越来越少，没个放处，这些个东西也就养不成了。

1976 年，当兵了。在土木尔台，原来归乌盟，现在划归锡盟了。在陆军里当炮兵，打地炮，主要对付坦克。在部队，1978 年入的党。4 年兵，当了 3 年班长。

1980 年春天复员回来，赶冬天成了家。

介绍的。她是明安镇西边的梁畔村的。彩礼没多少，三四百块钱。那时候也都穷的。现在，一要都好几千。

1981 年，就当过村干部。正是开始分集体财产的时候，村里也就一百五六十人。现在也没超过 200 人。

二十六七岁当队长，当了两年。农村这个营生挺麻烦，干够两年，就不想干了。

还是种地。那个时候，刚分的地，没多少，四五十亩，后来调的也不到 100 亩，都是旱地。种荞麦、黍子、胡麻、糜子、山药。

这个地方，百来亩地不能每年都种，只能种四五十亩，另外四五十亩地要留着长草。等入了伏天，草长起来了，把地翻过，把草压到土里做肥料，叫“压青”。

这里距尤家圪堵 30 来里地，那边的土质比这边要好。

那个时候，粮食 1 毛多 1 斤，粮价低。种麻子，最好的 2 毛多 1 斤。现在这粮食价格是可以的。

现在，粮价是涨起来了，但生产资料价格也涨起来了，都给抵销了。现在生产资料涨价厉害，柴油涨到 5 块 3 了，那个时候 5 毛 2，正好 10 倍。

种地人，就没多大发展，尤其是这个平原地区。这个地方，土质不行。一样当农民，大佘太镇的农民就好。历史上说“瘦明安”，瘦在哪了？瘦在土地上了。人家尽是黑土地，咱们这是砂质地。这个地方种地不行，适合养牧。人家那个地，玉茭 1 亩能产一千六七百斤，我们这里能上 1000 斤就不错了，还得是好地。

马七女村自古就是明安镇最穷的地方，土质差，风沙大。一刮风，人就说，你们马七女又刮得看不见人。

现在，来了村子，看着好看了。这是沾了 1996 年地震的光。

那个时候，旗长来了一看，旧村子震得乱七八糟，不能重建家园。就往旧村子的北边，挪了整个一个村。原来的旧村最北边的，就是现在新村南边的新一排。

乡里出了钱把原来的老村子都给推平了，想在老村子里种地。但是，那地方尽是砖瓦头，也种不下。

那个时候，常有领导来看。

规划的新村子，一排排的新房。一共 7 排，每排 7 户。都是砖房，方方正正的院子，700 来平方米。

房子是自己盖的，贷的世界银行的款。

1996 年地震后，每户人家给 2000 块钱盖房。社会各界也给了捐款。到了 1997 年，盖正房的时候，世界银行贷款，每户给了 8000 元。后来，正房南房都盖起来，没院墙。不让土打墙，每户人家又给了 1000 块钱的砖，做院墙。乡政府出面给的。

我问，为什么没有给钱？

陈志荣开心地笑了起来：不给钱，怕喝了烧酒。

我看包头的报纸，说扶贫办去达茂旗看望贫困户，给了 3 头羊。过了一年再去看，一头也没了。问哪去了？说就给个 3 头羊能干甚了，换了烧酒了。

贷款是 1999 年开始回收，那几年下来，人就是没钱，只好打下玉米就给人玉米。逐年还，能还多少还多少。贷 10 年，一年还 800 元。到今年，正好 10 年，都没还清。

房子盖起来的时候，都是空壳子，不能住。世界银行的领导来检查。那个时候，正好有个生态移民款。我们退了点地，种上柠条。国家就给了我们每户 9000 块钱，其中一半打给世界银行还贷款，剩下的一半就换成了门窗、玻璃。看起来都行了，不管里面有没有地砖，是不是黑克拉。

现在有 50 来户。娶了媳妇、生下小子的算一户，开始算是 47 户。又说漏了 1 户，他那个时候出去打工了，不在。后来也给补上了，算是 48 户。是按 49 户建的。

这房子当时盖的。正房是两万多块，不包括装修。

我们这个在村子里算是标准配套。棚圈、青贮池都要做起，不管有羊没羊，都这么做了。都算在那 4500 块钱里面。需要砖，拉砖；需要水泥，给水泥。反正不给钱，就是督促你做这个事情。人家上头也验收。说是一户户都给了，来验收，看没做起的也不行。乡政府有他的办法。这个营生也不好做。

这个村子，生人一进来看，以为没有穷人，家家有房住。其实进了家里头，会发现生活也不咋的，收入不行。

1997 年到 2003 年，又当了队长。实际上就是上头吼喊做什么就做什么，老百姓说是上传下达。那个时候，给上 300 块钱，实际就是花上 300 块钱雇这个人，要摊派的时候家家户户的去。上边来个人，陪着喝顿烧酒，这钱也就没了。

那个时候，小队是自然村，国家正式叫村民小组，咱们叫社。

实际上，我也慢慢思谋这个事情。那个时候，念大学收费低吧，出个大学生也养不起。现在，收入高了，消费也高了，庄户人家出个大学生，还是供不起。苦就苦在庄户人家了。

不管哪个家庭，咱们庄户人家，也是盼子弟上个大学。以前，上个大学出来，国家包分配；现在出来，还要自己找工作，国家不管了。这个大学生供出来，心里总有些不平衡。

个儿认为，现在，国家给学生免这个费，按说供小学生应该少些，供中学、大学生费用多些。国家应该给大学生多投入点，少给小学生。如果你连小学生都供不起，那还供大学生干甚？

就这一个最小的女子，典房卖地也要供了读书

孩子的母亲郑二梅坐在一边，看着我们说得热闹，表情也随着

我们的聊天很丰富的样子。我就直接请她也说说自己。

我们是山西原平人，早到这来了，好几辈子了。老爷爷清朝那会儿来的。没见过爷爷，爷爷 60 岁上没的。

奶奶养下 7 个孩子。大爹活了 60 来岁没的，不记得；大姑出嫁后没了；二爹 19 岁上没的；四爹今年 70 来岁；还有二姑活了 80 来岁；三姑和四姑都在；老三是我父亲。

父亲现在 79 岁了，生了我们姊妹 6 个。大小子在梁畔村当大夫；二小子是明安中学的校长；老三还是小子，在梁畔种地；大女儿在月圣功村，种地，不多点，她男人在那个铁厂打工；二女儿是我，是正二女儿；三女儿在大佘太镇，种地，那个地方的地比这的强，强也是紧，供着两个学生，儿子也是今年高考。

母亲封建，女子一个也不让念书，就是劳动。我是八九岁上就跟着父亲放羊，十一二岁上大集体锄地，一天书也没念，说不了话。

说是不能说话，郑二梅的话却越说越快，说得脸上泛起了红晕。陈志荣看着，笑了起来，咧着嘴说：不认识字的，没人要，我就娶回了。

听了这话，郑二梅一拧脖子说：几百块钱就娶进来了。一个踩踏缝纫机、一个车子、一块他当兵时候的破表。进了门，几间土房，就一个大红柜子，现在还放在那屋了。

陈志荣也拧了拧脖子：那个时候，那个表就不错了，上海表。三大件都全了。

郑二梅厚道地点了点头：那个时候穷，生下的头一个就是女子，连奶粉都买不起。

三大件才 500 块钱。缝纫机是高价买的，一般是买不上的，车子 180 块，手表 120 块。

过来就几间土房，炕上是 7 块钱扯了块塑料布。

大女儿上小学学习可好了，四年级的时候，得的都是明安最好的奖。住在姥姥家。姥姥没了，住在舅舅家，没人管，整天看电视。考上了初中，考了不及格，他爹就不让念了。孩子哭得难受。

二女儿上到初三，他又不让人考高中，就让回家种地。孩子一直说我们不亲她。那年正盖房，哪有钱给她读书？

小子是老三，16 岁就不念了。自己不好好念，家里也不会管。自己不念了，也省得花钱。在家待了一年，就学开摩托。学会了也没得骑，就说学开车。抬上本了，路上跑得我怕，不让跑了。今年初就让学开装载机。

小子 21 岁了，还没找媳妇。我说，等你妹妹学出来再给你找哇，自个挣了钱自个找。

生小子之前，有人要我做绝育手术，我不做。生下了小子，还不做。小子将来打架得有个弟兄吧？再生个弟兄吧。再一生生下来是个女子，这个女子就爱读书。那个时候，妈妈对她说，哥哥要娶媳妇，比你大一岁，没钱，不念了。她就哭得不成，非要念。

他爸爸说了，就这一个最小的女子，典房卖地也要供她读书。

念小学的时候，这些孩子都是拔尖的。后来，就是看电视，我们也不知道咋管。

现在，城市里的孩子，父母还督促着。我们这个农村，上了初中，我们就不知道怎么管了。

陈志荣接着说：几个娃娃念书要钱，就是负担重。油葵、籽瓜，一种下，就收农业特产税，还有农业税。乱七八糟下来，收入不了多少。养上几只羊，要缴牧业税，加上摊派。这点税费，没有现钱，就要你的粮食、猪肉、羊肉、粉面。杀了猪，连猪骨头也要，甚也行。一年一个人 80 多块钱。那个时候，老师的工资都是乡里负担，发不出来钱，就给这些东西。有个老师说，干甚给我发豆子？乡长说了，你大舅给我的豆子，我不给你给谁？现在好了，可以给现钱了。

你说，这老师干了一年，到了秋天，这给分些甚啊？教学质量能提高?

郑二梅说：我们有4个娃娃念书。那个时候，最大的好处，就是没钱能赊学费，寻个保人就成。别的不花，秋天给人家还上。

陈志荣说：只要认识个老师，说说，做个保人，就能了。你看这两年，中学的教学质量就可以了，起码把老师的后顾之忧解决了。去年，明安中学的统考，是咱们全旗第一名。

农民，一年就开这一次

我转了问题，问陈志荣种地的状况。

陈志荣慢慢地讲了起来：现在种了近50亩地。原来的旱地，现在都是水地了。浇不上水的都给国家退了，种上草。国家实行8年的补贴，每亩给50斤粮食、5块钱。一共退了十来亩。①

该给的时候，以前一般给小麦和玉茭。近两年给钱了，按玉茭和小麦平均价1斤7毛钱，每亩给35块钱，加上5块钱，共给40块钱。

今年主要种的是玉米。14亩玉米、10亩山药、五六亩红豆子，还种了20亩油葵，包括包的别人十来亩地，都种了油葵。包的地，一亩给人家60来块钱，这在这个地方就算高的。

我们这个地方不行，尤家圪堵的地好些。

去年种的还不到40亩地。

这个地方的水费贵，1小时十来块钱。1亩地三四个小时也浇不下来。到了枯水季节，咱们的井深，水少。人家1亩地20块花不出，咱们40块也下不来。

我问，这里一般需要浇几水?

① 这里指的是国家在当地实行的退耕还牧政策。

陈志荣说：一般这个地方不种小麦，种玉米。玉米浇 7 水。正常情况下，浇六七水。这里没汇水，也没秋水，都是现耕地现浇水。

玉米种得最早，要用地膜。头水，4 月十来号，浇完了，二十来号种玉米。头水好些，一般 1 亩地最少要浇一个半小时。这个地方都是长条地，不论浇得多厚，这头放的水来，从这头浇到那头就可以了。有的长条地两三百米长，也有 400 米长的。不敢宽了，因为正好种 2 膜 4 行玉米，再窄也得 6 尺多，最宽的 7 尺 5。这里隔梁梁①还占地，有了隔梁梁，浇水才快些。

二水，6 月十来号。

三水，看情况，下点雨，就迟浇两天。有点天雨，就能少浇一两水。一般这个地方，天不下雨，土不含水，十来天就得浇一水。

想起不少地方都要浇秋水，我再问这里要不要浇秋水。

陈志荣说：种糜子的地方要秋水。咱们这不种小麦，就没有秋水。

50 亩地，我那天连底肥带追肥带籽种的都算了算。

玉米籽种，今年是乡政府免费给的。种 1 亩玉米，国家补 10 块钱，乡政府就给买了籽种。村里有统计，报几亩，就给几亩籽种。我报了 15 亩籽种。

但是，它按每亩 4 斤给的籽种，我 1 亩要 5 斤籽种，就又买了一点。估计它是按每斤 2 块 6 给的，每亩给 4 斤。玉米籽种价格和去年的差不多，2 块 3 或 2 块 6，就是初种的时候贵，待种的时候买，就便宜点。

可能有的人 4 斤够种的，有的人不够。有的点籽稠些，有的点稀些。

自己买了 10 斤，按每斤 2 块 3 买的。

山药，也是买籽种，去固安县——快到乌盟了——买的。10

① 隔梁梁：田垄。

亩，买了 2700 斤种子，加上回来运费，每斤算 6 毛钱。今年价格最高，去年拉回来是 3 毛。

籽种没问题，每亩能收 3000 来斤。去年的收购价格是 3 毛 1 到 3 毛 2，往年都是 2 毛钱。去年的价格是不错的，都是外地调上走。去年天旱，山药少些，所以价格高些。今年天要是不旱，山药还是 2 毛左右。

红豆子，是借的籽种。借 1 斤还 2 斤半。五六亩地，借了 100 斤豆子，秋天还人家 250 斤。放籽的说，中等地 1 亩能产 500 斤。都是走外地的，当地人不用。

我问，是红小豆吗？

陈志荣比画着说：不是红小豆，这么个长形的，猪腰子形状的。现在豆子的品种可多了。去年豆子的价格相当好，能卖 1 块 2。这要到秋天才知道，说不定高了，说不定低了。

油葵，今年种的是美国的新品种——652，买了 17 斤，1 亩地用七八两籽，1 斤 35 块钱。这个地方种花葵不行，地不行。没有养蜂的，弄不好，自然授粉率低了，到时候出好多空壳。今年也来了一个没听说过的新品种，自然授粉率高，说是美国的，但是咱们没有种过这个，不敢冒这个险。

按人家说，1 亩能产四五百斤。咱们这个地方产不下，能有 300 斤就不错了。油葵，不管收购价高低，秋天肯定卖得出去。按去年的价格，1 块 2，最高 1 块 3。20 来亩，最好有个七八千斤。这还是在没有自然灾害的前提下。

去年还好。

前年的油葵，在地里长着长着就坏了。油葵的盘子里没籽，到了秋天那个坨子就烂了，1 亩地要坏上三成多。去年就好一些，不知道为什么，也没个什么科技人员。乡里有个科技副乡长，他也搞不清，也就没人管。到现在没搞清是什么毛病。

油葵，每亩要 40 斤底肥、50 斤追肥。玉米和油葵差不多，底肥一般是磷酸、二胺，追肥一般用尿素。

说着，陈志荣拿出了一个小本本：这个自己有账本。今年买了尿素、二胺、碳胺、葵花专用肥，加起来 50 袋（每袋 100 斤），两吨半。

12 袋尿素，94 块，做追肥。

二胺 6 袋，132 块。

碳胺 20 袋，530 块钱 1 吨。

葵花专用复合肥 9 袋，和二胺一个道理，也是底肥，107 块。

硫酸锌（每袋 50 斤）3 袋，70 块钱，做底肥。

这下子，化肥就投入 4253 块钱。

5 捆地膜，127 块一捆，635 块钱。

山药籽买了 2700 斤。

油葵籽买了 18 斤，35 块钱 1 斤，630 块。

买了 800 块钱的柴油。

雇大车耕地，大车就是那种大拖拉机。春天地还是硬的时候，雇大车有劲。1 亩给 15 块钱。

我记得早上是他们两口子自己开着拖拉机回来的，就问怎么还要雇别人的拖拉机。

陈志荣说：雇车就可以不用磨自己的拖拉机。

也是算了账的。如果是自己买油，用自己的车去做，实际上和雇车差不多，还磨自己的车，不如雇车。人家这个大型机械，比咱们这个小型机械厉害。咱们这个车只能拉 1 个犁，人家的能拉 5 个犁。

到现在，已经进去 7000 多块钱。

还不知道水费多少。往年都是 3000 块钱的水费。好雨水的话，可以少浇一水。

一年光地的成本约 1 万块钱。

农民种地就跟赌博押宝一样。赌徒押宝来得快，这个输了，马上开那个。农民，一年就开这一次。

我妹妹去年把地种了，进去 1 万多块钱，一场冷过来，就冻趴了。有一年是风。油葵长高了，一阵风刮过来，都趴了。这一趴，就什么都没了。

正常的话，不要有天灾，价格基本保持在正常，毛收入应该有两万多块。应该说，这个收入是我在这几家走访中听到的最高数字了。

人一年到头给羊辛苦

陈志荣还是继续说他的。

还养着 70 头羊。

自己种玉米，有草有料。去年后套天旱，人家大量处理羊。七月十五那天，我买了 70 多头。原来自己有十几头，都卖了。再跟人家借了点钱，买了这山羊。山羊草料吃得少，还能产绒。

原来想放，现在闭牧，不叫放。要是雇人放，一年夏天放 5 个月，也要给三四千块钱。

庄户人家，种点地，把个儿产下的草料喂了羊。第二年给地里放上羊粪，做底肥。上些粪再上化肥，不上化肥也不成。

咱们这个旗委书记，前年说过这么个话：养牧就比种地来得快。这个话说得对。但是，如果养牧就在家里圈着，做起青贮窖，这个就行不通。

羊不放就不行。青贮草[①]，赶冬天到春天可以，到了天热，就坏

---

① 青贮草：为发展畜牧业而引进的一种方法。在一定密闭条件下贮藏玉米秸秆、葵花杆等发酵后作为养畜的饲料。对牲畜而言营养较高，而且贮存时间较长。

了。外界温度高了，发酵快，容易坏[1]。我们是前年秋天开始贮的，在北圪堵开了现场庆祝会。明安镇也选了几个人，咱们乡选了我。当时，乡里的书记说要回来推广，我说，怕坏。

那个时候，旗里定任务，必须贮，结果贮下了。到了去年春天开始喂。到了伏天，起温了，坏得不成，羊吃了吐白沫子。

我去找乡里的书记，问能不能到旗里找技术人员咨询，他也没问成。

后来，我就把饲料拿出来晒干，装在麻袋里。羊能吃，但能吃的已经没有多少了。

去年，羊买回来了。收秋的时候，可以带羊去地里遛茬子。要是不贮，还不让羊出院。

结果贮下了。到了现在，正好喂完了。贮这么一窖饲料，也有开支，二胺、水、人吃的喝的。正好，有人家里缺饲料，就给了一些。不然，入了伏天，就容易坏了。

吃到现在正好。现在喂玉米秆、葵花秆。70多头羊。去年种了12亩半玉茭，1亩产个1000多斤，共6吨玉米籽。这个不能卖，都做精饲料喂了羊，喂到现在。精饲料喂完了，外面不让放。现在，牧区不禁牧，可以到牧区找人放几个月。

那边有个二机场，也不禁牧，也可以到那儿，专门有人揽着给放羊的。让人家给放，每头羊每个月6块钱。

从现在起，最少要放5个月。我们把庄户收完，10月多的时候，再把羊赶回来。

这70来头羊，已经产了30头小羊羔。到了人家那儿，不大大的小羊羔，也算大羊，这就一个月算600多块钱了。

这样算过来，养羊的利不大。

---

① 就这个问题我请教了有关同志，他们说问题的关键在密封技术是否过关。如果严格按照技术要求操作，应该是没有问题的。

平均一头山羊能产六七两绒，70来头大羊能产50斤绒。1斤绒去年100来块钱，现在120（元每斤）来要的还不给。但今年130（元每斤）上不了。按120（元每斤）算，羊绒的毛收入有6000块钱。

按喂进的6吨玉米，去年秋天的玉米5毛钱1斤，正好6000块钱。这和喂进去的饲料差不多。

也有牧区的来买草的。玉米草要是不喂羊而是卖的话，到春天的羊粪，也够这个草钱。相抵了。

人一年到头给羊辛苦，就赚下这30头小羊羔。小羊羔当年卖不成，没人要，不值钱。继续喂，到了明年或后年还能赚小羊羔。去年的小羊羔长大了，就能卖下钱。

第二年秋后，吃肥了，卖大羊里的老的、有毛病的。20来斤的一头羊，秋天能卖个七八十块钱。山羊产肉不行，在城市里山羊肉贵些。在农村，还是绵羊肉贵，要是一样的价，宁要绵羊肉，不要山羊肉。

要是我吃，吃不出多大差别。就是出了锅后，山羊肉要马上吃，不然冷得快。

近几年，羊肉价格基本保持不变，没有降下，也没有涨起来。

过去没有养过山羊，只有十多头绵羊。这也是去年天旱，后山里头没草，有人家卖羊。这家的男人去铁矿上打工，就都卖了。咱们考虑，女子大了要上学，儿子要娶媳妇了，绵羊不得利，山羊那个时候连大带小都有了，平均152块钱。人家那家就这么多羊，这里好的也有赖的也有。要是单拨地买，只给你赖的，好的不卖。

可是这个路也不顺利，正好赶上国家禁牧。放羊，还要掏3000块钱。

要是交给牧区养的话，小羊羔自己产，100块钱1头。30头羊羔，顶着100块钱买的。要是自己放的话，就是自己赚这3000块钱。

庄户人家，甚营生也得做，落下的才是自己的。如果雇上别人去做，就没有多少利了。

庄户人家添个大件，挺不容易的

说着说着，话题又转到农具上去了。

种地，庄户人家要是农具不全，就干不成。到了耕地的时候，借不成，你干人家也要干。一般的普通农具家里都有，就是播种机不是都有，村里有几家有。

我们有个拖拉机是“非典”那年，2003 年买的，6300 块。

原来 1980 年就买了一台，4352 块 5 毛钱。那个时候就这么个价，有零有整。去农机公司买的。2003 年春天，正是种地的时候，用坏了，就纯粹卖了废铁，胶皮轱辘不算钱。卖了 900 块钱，又添了 5000 多块钱。那个时候“非典”，哪也不能去。要是去前旗，还能找个熟人赊点钱，但是不让去。

只能去包头买。自己卖了羊，借了 4000 块钱。春天拿钱不容易，自己掏了 2300 块。那个时候，这里有个工业园区，赶快去打工，老婆也去做饭。还挺好，工业园区正开工，用人多，当年把这个 4000 块钱挣出来。

说着，陈志荣笑了起来：家里的地种上了，就让二姑娘管着。

那个时期还是挺好。

庄户人家添这么个大件，挺不容易的。

现在就是为这个犯愁：儿子娶媳妇，女子要上大学

到这个时候，我才基本清楚，这家的困难相对来说是因为孩子

比较多，4 个。

陈志荣倒是不隐瞒自己的想法：人这个想法不一样。

现在，农村人想开了，生个女孩，就算了，负担轻。

我还是想多生点，孩子小的时候紧巴着，拉扯着长大了，干活的也多。

这边的人，要是天阴了，就懒得去地里了。在家喝烧酒、聊天。咱想法不一样，家庭人口多点，想办法种地，再外出打点工，贴补点家里。反正小孩多了，是比别人要多受不少的苦，也有乐趣。我总觉得是这样。

大姑娘，去年元旦聘的。娶媳妇，聘闺女，也是说人了。现在，像咱们这个地方，要彩礼都是 6600，或者 8800。我这个姑娘，人家给了 1000 块钱，找了个包头郊区的。

人家来说，那个地方就是给 1000 块钱。人家说的，我也不知道。我说，人家说怎么就怎么吧。

女婿是别人介绍的。

他家给了 1000，我还赔了 2000。他父亲是包钢上班的，女婿是城市户口，没有工作，有个本，给人开车，打工。

下一个关键是小子。咱们这么好说话，希望给小子聘闺女的时候，也能碰上和咱们一样好说话的人。

小子今年 21 岁，还没有对象，正在学开装载机。在这个地方，农村的小孩，二十二三岁是找对象的黄金年龄，如果超过 25 岁，就不好找了。人家会问，25 岁了咋还没有找对象？

如果他自己有本事，领回一个来，可能会少花一点钱。当今社会上大都是这样，这样好说话。如果是咱们给介绍成的，那就绝对少花不了。

今年二月，给大妹妹的小子找了个对象。我去给订婚的，也在这个村住的。连这个彩礼算上，5 万多块。

这个钱里包括这么几样：家电里起码得有冰箱、彩电、洗衣机、电风扇、电饭锅。

家具起码得有一套组合柜、双人床，房里一间有炕，一间有床，沙发贵的也要几千块钱。

要“三金”：金耳环、金戒指、金项链，至少50克金子。

衣裳是人家个儿买。

找成对象了，要先说好，是5万还是6万，就包了。订婚的时候给一部分。

有个“探话”的。就是定下结婚日子前提前一个月，必须是前一个月。父亲或舅舅，反正是主事的人去，和人家说好，到了下个月，准备娶。要下的钱，哪天能准备好。如果准备充分的话，探话这天，就一次给清。如果缺点钱，就说好哪天给。

最后期限的时候，就是搬媳妇那天，把钱全部拿上。如果不搬钱，人家就不给搬这个媳妇。

请客吃饭，男方父母掏钱。

这里可有不好的习惯，要“压包”。

女方买了衣服，娶的那天都带回来，一包一包的衣服。如果人家女方想要钱，就在衣服包里放上1000块钱。你娶回来看到，男方的父母要给媳妇2000块钱，红纸包着的。

这个，探话的时候都要说好。家里娶媳妇，用钱多。好说话的，不压也成；不好说话的，就要压。三五百也成。但是，要双倍给的。

还要说好媳妇下车时候的下轿钱。这没数，300，500，千八百都可以。必须给，给多少事前要说好。公婆给媳妇的，说好数，不然，媳妇可以想要多少要多少，不给不下车。

送亲的时候，引一个压轿的娃娃，属于媳妇的兄弟侄儿子。要没结婚的半大小子、小小孩，不能是女子。也要给钱，探话的时候也要说好，不给钱也不下车。这个也没数，一两百也成。不说好，要五六千也得给。

去年的一家没说好，最后要了500才下车。你一个送亲的，给你吃好喝好的，本来庄户人家娶媳妇就够困难了，你还要上500，这个乡俗就不好。

本来这个地方，200就行了。探话的时候没注意，没说好数，所以到了的时候就要500。

去年，聘我妹妹的那个大闺女，就给了100。100也成。你说，那种情况下多不好，人家欢天喜地娶媳妇了，你就是不给钱不下车，咋办？只好忍痛给吧。

吃饭要请，多少不等，看亲家来的多少人。也要答礼。办事业的，人家给多少，我们也答多少。哪个亲家来了，都知道的，准备个账。

农村办事业，不管谁办事业，就是来五去五。亲家们互相请着花了顿钱。这么着，都是搞批发弄烟酒的赚了，卖牛肉、卖蔬菜的人富起来了。

现在就是为这个犯愁：儿子娶媳妇，女子上大学。

多挣一点，就多宽裕一点

陈志荣越说脸越红，人也越精神了：这个小子不念书以后，我说，庄户人家受罪，你去学点手艺。他就去了包头的轻骑集团学修摩托，学了两年，还去山东济南培训了不到一个月。这个营生不好，挣不了多少钱。个人开不起这个摊子，光是给别人打工。

看见别人开车，觉得这个挺好，就去学开大车。学了一年多，有了本了。一个原因，是咱们对这个开车也不爱，路上车多。再一个，我说你年龄小，多学点手艺。后来说学开装载机，我总觉得，这个不上路，学好了总有个稳定。

今年开春去学了。学开装载机不用交钱，就通过关系，学就行了，已经有点基础了。我说，学什么都要学精了，去当学徒，可以给人家干活，自己也能把技术学精了。咱们不用花学费。

咱们的想法，不想让他像我一样，每天修地球。现在，每年从冬到夏，没一天闲的功夫。夏天，把地种上，到外面打点工。冬天，实在没活了，去二机场给烧个锅炉。为这个烧锅炉，还专门考了个证，持证上岗。每个月 300 块钱总得给了，比坐在家里吃干饭强。挣一个算一个。

锅炉里用的水，必须软化。烧锅炉三班倒，一班两个人，得有个人学会软化水，可以多给 60 块钱。我就学了个软化的技术，多挣一点是一点。

说到这里，陈志荣虽然还是微笑着，但表情特别地庄重起来。

人这一生总得奋斗。我们虽然挣不了大钱，但总是多挣一点，就多宽裕一点。

我一天给女子说：你不要管家里怎么样，我肯定支持你读书。正月走的时候，我给她说，今年高考，你每天喝上奶子。要每天喝。在这个时候，要补充营养。我宁愿我在家吃得赖点，也要你吃好点。这个孩子也仔细，舍不得吃。我老问她奶子喝了没有。

这几天考试。前天，我打电话问她，想过去前旗。别的忙帮不上，可以她上午考完，吃了饭，让她睡会儿。

她说，你不用来，来了我紧张。

我也就不敢去了，怕帮倒忙。

一般礼拜天都不回来。省下路费，还能在那里学一会儿。

她上的是宏志班，比正常上省钱。每个月给补 60 块钱。

这个娃娃念书，我就没去过，开家长会也没去过。她在前旗的姑舅姐姐去的。去年她的班主任下来招生，我们叨唠了一会儿。我说，你们开一次家长会我去一次，来回一次，要个 20 多块钱，也不现实。不如省下来，给孩子多吃一点。

从小感受这个环境，只有好好念书，才能离开这个环境。不然只能和父辈一样，刨土为生。我一天就跟他们说，这个书，我就没念成。人家都是举例来说，比外人。我现在就比我们自家，我弟弟就念成书，在包钢上班。你看，人家念成书，就可以到城市上班，就可以住楼房，就可以轻松挣钱。我一天到晚给他们说这个。

念书这个东西，实际是个好事。这个二舅，书也是自己念的。那个时候，高中没考上。老人说，没关系，念不成回家种地也赖不了。可这个家伙，就是爱念书，就去杭后念了个师专，后来坚持念了个函授大学。那个时候，老师也缺，一毕业，教育局就给转了个正式教师。人家那会儿，就念书，不找对象。他父亲老脑筋，硬是给找了一个，是个没念书的，只能当临时工。要是找个对象上班的，两个都上班，不就更好了？

这里，小学上了三四年级都要去明安中心区。村里十来个娃娃，念上两个班，三年级的娃娃就要走 5 里地。夏天还好，冬天没点毅力可真不行。天不亮，就要去了。那时，4 个孩子，一人一辆车，每天去。咱们这个光景也买不起好车，就是几十块钱的车。每天回来，我就是修车工。

后来，上了初中，可以住校了，就在那边租了个小房子，4 个娃娃住在一起，大的带着。送顿饭过去，他们可以吃好几天。

我那个时候给他们讲，大集体的时候，冬天一次蒸上一锅馒头，放在凉房里，拿出来都是冻得硬邦邦的，就那么啃，娃娃们还笑我，还有那么个社会？

关于陈志荣所提的退耕还林的款项，我一直没有听得太明白，也没有多问。第二天早上，正在镇招待所的食堂吃饭，一个农民，瞪着眼晃着膀子就过来了，冲着和我一起吃饭的镇上的一个干部问：退耕还林的钱，怎么还没有给到？那个干部也瞪着眼说：过几天，等等。

那个农民就继续摇着膀子走了。

我问那个干部：退耕还林，1 亩多少钱？

他说：1 亩补 160 块。有好几年的政策，数字都不一样。

2002 年是退一还三的政策。退耕是 1 份，还林是 3 份，退 4 亩地享受补贴政策是 1 亩的，不完全是 3 亩，2 亩 9 分几。每亩地的生活补贴是 20 块钱，粮食补贴是 100 公斤。

2003 年是退一还一的政策，退掉 2 亩地享受 1 亩，退耕是 1 份，还林是 1 份。

2004 年仅退不还，拿出 100 亩，就给 100 亩的钱。2004 年开始，粮食折成钱，每亩地 140 块钱，加 20 块，正好 1 亩地 160 块。

我说，陈志荣说的是 1 亩地给 50 块啊。

这位干部很明白：那是因为有个大小亩之别。按 2002 年政策计算，如果是 4 亩地，拿到 200 元，正好就是 1 亩 50 元。

我本来就不会算账，到现在也弄不清楚。听了这些计算，只会盲目地记下来，请有心的读者去算吧。

值得欣慰的是，陈志荣的女儿后来考上了青岛的中国海洋大学计算机专业，而且是班里的团支部书记。

“我自己能行”

孩子两个，父母壮年，但是地太少了，一年的纯收入也就4000来块钱。男主人是个远近闻名的懒散人，所有的农活都由女人承担。女人一气之下和男人离了婚。当我们去探望的时候，这个受过高中教育的女人很倔强地说：“我自己能行。”

上次来这家的时候，还是属于朝阳镇应州渠村。再去，已经改名叫明安镇应州渠村了。经过撤乡并镇的改革，朝阳镇与原明安镇合并，但保留了“明安”的名字，因为在历史上，“明安”更有名气。

被资助的孩子是一名初三女生。她的母亲叫张秀英，1960年生人，父亲叫丁四，1956年生人。

记得曾坚决地拒绝过

能够记得上次来的场景就是，当我把装资助孩子的钱的信封递给张秀英的时候，她竟然推辞了。当她以绝对有力的动作推辞了好几次以后，我清晰地感觉到她内心的坚决。就在我很无奈也无措的时候，随来的镇上干部发出一声低而威严的断喝，张秀英立即软了下来，接受了捐款。

拒绝的坚决让我当时仔细观察了一下这个女人。那是这个地方最冷的时候，她身上穿了一件到膝的浅色羽绒服，显得相当臃肿，裤子和鞋都是深色的。这里，所有的颜色最好是用深浅来描述，此外的细节就都是模糊的，因为，除了她的脸部外，身上的衣服都是沾染着各式各样、不同时期的而且肯定是来自不同地方的土、灰、尘。当然，作为一个出来见客人的主妇，她的脸虽然肤色昏暗但还是干净的，头发也还算整齐，就是手比较粗糙而且很有劲。但她的态度和动作却是相当有礼貌的，声音也很节制。或者说，她的举止显示受过一定的教育，只是衣着意味着生活可能甚至不如一个普通的庄户人家。

推辞的时候，她重复了好几遍同样的话："我们这么年轻，不能接受您的救助。我自己能行。"如果说这个话已经给我以深刻印象的话，她在推开我的手的同时，推开的另外一双试图拿钱的手，给了我更深刻的印象。那双手属于一个干瘦的中年男子，两眼蒙眬，动作有些摇晃，嘴里喷着酒气，甚至因为我没有把钱直接给在他手里而恨恨地瞪了我一眼。后来有人告诉我，这就是张秀英的丈夫丁四。

这个家的一家之主显然是这个女人。而丁四不知道是怎么被人拉走的，后来没有见过。

带着这些记忆再次来到这家的时候，又看到了些新东西。

天已经转暖了，张秀英也不再穿那件臃肿肥大的羽绒服了，而是穿了一件蓝地碎花外衣，头发剪短了，虽然身体已经开始发胖了，动作却利索得很。

她的屋子不大也不小，进门的左手是一个铁皮炉子，炉子靠的墙上贴着一张奖状，奖给她的女儿"初三年级语文竞赛优秀奖获得者"。右手是一个低矮的灶台，灶台后就是占据整个房屋一半的敦敦实实的大炕。这边的人家，因为天冷，一般炕都是和窗户保持距离，这家的炕正好窄的一面临窗。窗户的上半截是窗纸，下半截是玻璃窗，玻璃已经用心地擦得十分干净，上午的阳光充满活力地撒漫进来，照得屋子里敞敞亮亮的。看得出炕上经过了认真的收拾，所有的物件都整齐地堆放在一个角落里，像叠起来的被子大小那么摞着，外面还罩了一个浅绿色的床单。

我刚刚在对着门的一个四方折叠桌旁坐好，张秀英也刚给我倒上茶水，就又立即起身说了声去买点什么。等她走了以后，我才隐约听到外面有人叫卖水果之类。我没有过多在意，只是又细细地打量这间屋子。

围着炕边的墙纸看来已经很旧了，内容是三国故事的连环画，刘备、关羽、张飞、曹操、貂蝉之类的人物仍然清晰可辨。如果没事的话，躺在床上看，是可以看得津津有味的。

一个大木头柜子，漆成橘黄色或者曾经漆成橘黄色，立在炕的另一头，看来是衣柜。一个斑驳的白漆高低柜站在旁边，一台外壳污浊的14英寸黑白电视放在低柜上，商标只看得清“TIANE”几个字母，实在不知道是什么牌子。低柜旁边有一个缝纫机，机头用一块难以名状的暗色布罩上，下面的一侧支架却是用砖头架起来的。

地砖就是砖头，和夯土在一起，特意撒了水。靠近门口是一个大缸，大缸和门之间就是那个铁皮炉子。我这时才记起上次来的时候，这个炉子原来是摆在炕和墙之间的中间位置。应该是因为天气转暖了，就不在屋子里生火了。原来放炉子的地方放的就是现在的这张折叠桌了。

这么看来，屋子里最漂亮的地方就是对着门的墙上的一幅大画。画虽然就是塑料皮之类，就像从前几年流行的挂历上剪下来的一样，但不是那种常见的写着年年发财之类的新画，显然也是旧画，而且很漂亮：两个鸳鸯在荷花和牡丹花围绕的水面上静卧着，背景是长着黄山迎客松的远山，一轮高高的圆圆的红日把远山和水面照得红黄灿烂。画面的左上和右上各竖写着4个字：形影相随，心心相印。

看得差不多了，张秀英也回来了，手里竟是满满的，拿着一把长长的香蕉和一个大西瓜。

昨晚，我还在镇上自己买了香蕉吃，知道在这个偏僻的西北小镇上，在这个春寒未暖的时候，这是多么贵的东西。至于西瓜，这个时节连城里人都未必会舍得吃。

我十分不安地站起来说：我可不是来给你们添麻烦的。

上学时，也是个上中等学生

吃过香蕉，坐在桌子边，听张秀英慢慢说来。她说得很慢，全没有了印象中的泼辣劲头，而且有些零乱。

孩子他爸出生后，家里能力有限。别人都上过学，就他爸没上过学。他们家里 7 个孩子。他性格挺犟的，不在家，在外面打工。去了好几家铁矿，给人通铁石。人家不愿意要他，嫌他年纪太大了。

前几天，孩子说学校的老师给她说，您过几天要来家里看咱们。她刚拿来优秀共青团员证书。要中考了，考得好点就在一中，次点就在五中。

昨天她哥哥还打过电话来。她哥哥，就是大的，去年考了二本，没上。今年想再补补，在一中补习，给他免了一半学费，一般人是 1000 块，只要了他 500。

爷爷最早是从伊盟过来的，去世的早。爷爷有 6 个孩子。大姑，一生孩子就去世了，难产，才十八九岁。那时候医学也不发达。

二姑，也是从伊盟来到现在的包头市固阳县忽鸡沟镇[①]。1990 年去世了。

大爹是老三，在杭锦后旗光荣乡，种地的，也去世了。二哥，

① 忽鸡沟镇：现在叫西明胜村。

也就是大爹的孩子现在还在那。

父亲，是老四。

父亲和大爹给傅作义抓了壮丁。后来，跟着傅作义的部队起义了，在部队待了两年，他们的部队就解散了。后来就回到伊盟。1958 年去了固阳那边。

父母有 6 个孩子。大姐在忽鸡沟镇马路壕村，归固阳县。二姐在固阳新建镇。三小子和母亲在一起。

还有两个弟弟，在杭后。大弟在陕坝打工。二弟 2001 年出了车祸，现在在家里养着。

我是老四，从小在妈妈家，七八岁懂事的时候上的学。1981 年，在新建镇那边高中毕业。

上学时，也是个上中等学生，考中专差 4 分，走不了。然后回沙湾中学（民办中学）教了两年初中，教过初三的数学和初二的物理。

后来民办中学不让建了，因为教学条件太差，归在固阳三中。我们这些民办老师就没事干了。

1985 年过这边结的婚。他爸没文化。

21 年了。

当时心情也不好，考学没考上，觉得要文化也没有，就来了这边。看到这边青山绿水，虽然他文化水平低，比我大 4 岁，那年他 28、我 24 岁，觉得应该没问题。

他家祖上可能是山西的，家里可贫寒了。他妈是童养媳，他爸和他妈同岁。他姥姥家很穷，养不起，七八岁就领过门，十五六岁的时候就另过了。

来的时候，他妈脑血栓，病重了，还有 3 个弟弟，老五、老六、老七没聘上媳妇。他们家兄弟 7 个、两个女儿，姊妹兄弟 9 个。他是老四。

嫁过来的时候，不另过。上面3个哥哥都另过了，自己过来却不能另过，要给他妈做饭。他弟弟出去打工。

这家其实劳力充足，就是管理不妥当。说不团结吧也团结；说团结，又没有能力。有的时候，连自己都顾不了。

他妈病了，他爸还能骑自行车去固阳卖点雪糕。那个时候60岁多点。我就给他们做饭，喂个猪，帮着种点地。

1986年，老五结婚，当年秋天另过。我们和老六、老七继续过。

到1990年，老六也结了婚。

他妈1991年去世，没看到老七结婚。

在此期间，他爷爷一直和我们在一起住。1993年老六带着他爷爷另过。

1995年3月，老七结的婚。5月，他爷爷去世。从那以后，我们这个家就彻底出来了。

有的时候种不对，一辈子也种不对

家里的地不多，分的口粮地，也就是河湾地，一个人就1亩多。

1991年，这里打了好几眼井。乡政府后来在村对面打出井来。当时，谁要地，谁掏钱，每亩地80块钱，还说信用社给贷款。那个时候，如果有贷款多的，有沉淀贷款的，就不给贷。

这个地方，有钱的有买下100多亩的。

这个村，河湾里的有洪水澄过的地，土质好，是按口粮地每个人头分1亩4分地。再就是那上面，以前都是旱地，都分过，一个人7亩多地。

后来打出井来，变成水地，又重新分了地。打井的时候，征求过我们的意见，说打井花钱，如果要地的话，每亩拿80块钱。

有钱就能多买。村子里有的人多到 20 多亩地。

我们 4 口人，没那么多钱，才在北面买了 20 亩地。人家 4 口人有 80 多亩地。

这个地都是我一个人种。

下点雨，旱地也种得上。有的时候种不对，一辈子也种不对。

没有想到的是，这么一个壮实的西北女子说话竟是细声细气的，而且说了一句很有诗意很有哲理的话。

她沉默了一会儿，接着起身要去切西瓜。

我说，时间还早，讲讲今年种的地吧。

今年种了 4 亩小麦、4 亩玉米、十多亩豆子、四五亩籽瓜。

小麦的种子是去年自己留下的。1 亩小麦用 50 斤种子。

玉米，1 亩用 5 斤种子。玉米种子是买的，1 斤 2 块 5。

两种豆子。一种是五月莲，1 亩地 20 斤种子。一种是豇豆，1 亩地 6 斤种子。豆子的籽是从南方过来的，赊的，1 斤给还个 2 斤半。

籽瓜，1 亩地用 5 斤籽。赊了 30 斤，1 斤 5 块 3。要是用现钱买，给优惠一些，5 块 1。

买种子掏现金也就是 50 块钱。

化肥前后花了不到 2000 块钱。

买了 1000 多块钱的底肥。二胺，140 多 1 袋，买了 6 袋。

600 来块钱的追肥。尿素买了 4 袋，1 袋 90 多。7 袋碳胺，1 袋 27 块钱买的，这几天上 28 块钱了。

还买了两捆 10 公斤地膜，籽瓜用的。玉米也用了 1 捆多点。1 捆 126 块钱，共买了 3 捆。

378 加 50 加 2000，2500 以内。

我问：这边小麦要汇水吗？

张秀英说：这边小麦要浇 7 水。要是下点雨，玉米就浇 4 水。

籽瓜，不下雨，也就浇 1 水。豆子要浇 4 水。连汇地要 5 水。井里的水已经不行了。

这边要汇地，春天，大概在清明节前十来天，浇汇水。

电费嘛，有一个小时 7 块 5 的、8 块 1 的，还有 6 块多的，跟那个泵的大小有关系。

头水，汇水，用井里水好，浇四五亩地也就三四个小时。地耕得不一样，用大拖拉机耕，耕得深就废水；用马力耕，就省点水。

下点雨，雨长点，就比井水好得多。

去年水费 600 多块钱。

去年旱得太厉害，关键时候不下雨，就得浇。

去年种了 9 亩小麦、4 亩玉米、9 亩多油葵，生豆芽的那个豆子种了 4 亩多。

去年，春天开支 2000 多块钱，算上电费，上不了 3000 块钱。

好点的话，地里的毛收入能有六七千，纯收入最好的也就是 4000 块钱。

种不对，还赔钱。

地里的收入占全年收入的一半。

还喂了五六只羊，因为孩子上学要资料费，不停地要。一个学期要二三百。刚就卖了两只羊，卖了 280 块钱。

男孩上初中的时候，他连个学费都缴不起

听到这，我有点诧异，好像所有的农活都在这个女人一个人身上。

我问：孩子的父亲，既然出去打工，应该给家里的收入很大支持啊？

这话问得她把头低了低，但是很快就接着说，而且声音也不那么细细的了。

他爸出去打工也是一般。那人没技术，干点笨活，老了，也是干不动了。他二哥的小子领上走的，一个月挣个900块钱。

去年头一次给家里拿回4000多块钱。不稳定。他自己花费太大，不懂事。我们1998年离婚了。

说不在一起。

1986年生的大儿子，1990年生的女儿。收入不多，他还懒散。

1998年离婚的时候，法律上规定他要把小孩培养到18岁。

那会儿，一年是1分钱也拿不回来，还倒贴。他就爱在小卖店，爱抽烟，爱喝酒。

没有牲畜，没有四轮。我们帮人家干活，谁家有四轮车的就帮我们干干。

地里的活，都是我干，他不干。

男孩上初中的时候，他连个学费都缴不起。那个时候，费用不大，一个在初中，一个在小学。后来，老是吵架，就打起来了。

所以，我们就分离了。

没有勇气，没法生活。这两个小孩，还挺懂事，挺听话。这个女孩更懂事。

我老早以前就不想和他过了。他生在农村，不会干农活。就是去打工，也没有个职业，整天就是个懒散。

小孩上初中了，他连个学费都拿不出来。我就想，快自己过哇，为了孩子。就离婚了。

他说，这两个小孩都归你，土地也归你。他说他啥也不要。

离了婚，他就走了。最近还给送点钱过来，有的时候还去学校看看小孩。比前几年懂事了，好多了。

说到这里，她又给我剥了一根香蕉。为了听她继续说下去，我只好往饱饱的肚子里继续塞。看着我这么吃，她很高兴，继续说。

1997年，和他去前旗北郊赊了一个四轮车。我说，有了这才好种地，你就在村里放牛吧。

到了秋天，我还了点四轮车的赊账，让他也出钱。那年他挣了4000多块钱，还不够他花的，也没拿来。两个人为了这个四轮车吵了起来。

一直吵到第二年。刚过完年，3月就离了。

到现在，四轮车的钱还没还完。农机站的经理来了两次，要起诉。我说，你起诉他吧，我已经还了一半，8500块钱的一半，他的那半还没还。你起诉他吧。

法院的人来了，还是起诉了我。我说，你缓一缓，等我儿子今年高考完了，我就是打工也还你。他们就把四轮车给封了，但还可以用，就是不许转卖。他们也同情我。

说着，她就起身到那个白漆柜子里翻出了一张当地法院起诉书之类的东西，上面的落款时间还真就是在最近。

我忍不住问了一句：快十年了？

张秀英轻松地点点头：快十年了。

去年冬天，您来的那会儿，他没打上工，又回来了。反正凑合着过吧，为了不影响孩子上学。

或许是水果吃多了，我想上厕所。张秀英给我指了指外面的一个断续的半人高的土墙围着的地方。

等我站在了那里，才发现，这个厕所竟然是一个交通路口，四周被几家的房子围着。来这里倒是很方便，但是被四处的窗子里的人观察也是很方便的事情。而且，里面根本没有什么厕位，都是随地进行的。看来，新农村的建设的确是任重道远啊。

自己连自己都糊弄不成

也许是因为这个村子很穷吧？我这样想，也就这样回去问了张秀英。

村子有 300 来口人，100 多户。没有太有钱的。如果当年种地不贷款，就算不错的家境了。

现在的债务，银行还有 1 万多。1995 年那年包种他二哥的地，种的亚麻，下了雨了，就没收下。当年没还上。

那年事真多了。娶媳妇，他爷爷去世，包上他二哥的地又赔了，他就一点也不管。我就跟儿子说：你爸也太不负责任了，是个地地道道的反革命。那个小子说了：妈，我爸又没危害社会，咋就是个反革命？

我说，倒也是，没危害社会，就危害家庭成了这样子。

在村里，每家每户盖房的，是因为种的地多，实际上银行的贷款都不少。本身这个地方的产量就不高。

我问她：今年贷了多少款？

短的银行的款太多了，今年跑了七八次才贷上 3000 块。今年 10 月以前应该给还上。

估摸，今年正常年景，就是个纯收入 4000 左右，毛收入 6000。还不上贷款，再找人家借，来回循环。

今年春天，地里开支，带上两个小孩上学，已经出去 8000 多块钱了。

说着，张秀英使劲地摇了摇头。

他打工走了一个多月了，还没有开支，太不够意思了。

他们家更复杂，家大业大，也不整顿，把我给气坏了。

家里一个男人都没有。老六在西边打工，在山洞子里面挖云母。打 1 米给 600 块钱，如果见了云母，1 吨不知道给多少钱，找着对的才给钱，也有产量特别好的，有的时候就白做了。那好几个人，打一天，浅的时候可以打二三米；深的时候，好几十米，一天也打不到 1 米。

到了十几米以下，从石头里面掏。一个月 2000 多，基本上能给 1000 多。如果不见云母就白干。

这个云母矿是朝阳镇的，蒙古人家的。开矿的是王家圪旦的人，也是租的，不知道一个月给人家缴多少。

老七在固阳东边铁矿上打工。一天有时有 50 多，有时 70 多，跟吨位走。他和人伙着承包从山上炸下石头，炸得多就给得多，没有就没钱。这两天没有炸药，他就回来锄地。

老三当兵，在部队得了脉管炎，把右腿给取了。现在在呼市军人家属院待着。

我说吧，人的一生也没有几天，应该好好地珍惜。现在反正过个普通人的生活，也应该奋斗。他就不长志气，干甚也没有决心，就是这种的。

说着，她的声音已经细若游丝，听不清了。

我等了一会儿，就问她孩子上学的情况。

小子在一中补习。一个月的饭费 175 块，每天早点 1 块半。

女儿在学校里，从小学到初二大部分是免的，主要掏生活费、资料费。现在早饭是学校统一发，每个月要 150 块钱。

半个学年，两个孩子 6000 来块钱。

喂了口猪。现在卖不合算。

现在，政策还好，不收农业税，就是化肥价格高些，电费涨点。

大儿子想考个军校，打算负担轻点。今年 22 岁，怕有点超龄。也看分数吧。

村里的干部，也没什么可干的。上面安排，春天到了，开个会，安排春耕生产。秋天说一下，作用也不大。

村民之间也不开展互助、联系，自己连自己都糊弄不成。

那几年想不开，这几年想开了

看着张秀英说得没精打采的，我提起上次来的事情：当时就你不要钱。

听我这么说，张秀英的精神起来了点：我觉得我们四肢俱全，年龄也不算太大。不能给别人帮上忙，反而给人家添负担。就是这种想法。

想了想，张秀英又说：主要是当年打井的时候，把地给分少了。当时这一大家子，兄弟们也都一样，都是地不多，产量上不去。再没有其他经济来源，就都是贫困。

老五在朝阳给私人开车，就是跑前旗的大班车。一个月有个1500块钱，相对好一些。

弟兄多，劳力多，但是不抱团，也是不行的。素质低，娶的媳妇都是外姓的，想法不一样，越来越说不在一起。老人也没了。

父亲今年82岁，母亲76岁，帮不上了。他们也是种地。2001年，那个弟弟出了车祸，父母亲到现在都不知道。5年没过去看他们了。

说到这里，张秀英又停了下来。

我们都沉默着。

一会儿，她接着说：倒也是讲信用的。反正借了钱，到时候，就是借上高利贷也要还，一般都是去外村借的3分利。这个地方春天开支大，哪家也没钱，得到外村借去。

好几年，没给孩子新衣服了，就是学校每年发一套校服。那校服也是我们花的钱，看着也挺新的。反正，学生吧，就是艰苦点。

那几年想不开。这几年想开了，小孩也听话了。就他爸不听话，不听话我也不理他了，就把心思放在孩子身上了。

现在上地，主要是除草，种的豆子地再补点种子。

小麦，每年留 600 多斤口粮，加 200 来斤种子。小孩读书花钱，身体还好。

上次，你们走了以后，我更觉得好些了。政府这么关心我，照顾我。好好活吧。

中午，我在这家吃了饭，但是没有再在这里休息就回到镇上去了。我实在是舍不得吃掉那个大西瓜。我听她说，孩子们马上要回来了。我希望，她的孩子能吃到这个西瓜。

他参加过两次"羊绒大战"

一位改革开放以来从镇村结合部成长起来的农民商人。早年在供销社工作，供销社倒了后自己出来做生意。最壮观的是全程经历了1998年、2001年两次"羊绒大战"。在几次被骗折本的情况下，投奔外父，成为当地的一个养牛户。养起牛来又是一番甘苦。

这家在大佘太镇忠厚堂村。

一个方方正正的大院子，有着铁栅栏的大门。院子的西南边有两套连在一起的砖房，是一家人住的地方。房子只占了全院最多三分之一的地方，所以让人觉得这个院子格外大。

进门来，是当地常见的左右两个套间、中间一个小厅的样式。左边的套间较小，一盘大炕基本上已经把空间占满了。右边套间要大些、敞亮些，没有床，看来是做待客用的了。沿南窗户下是一个罩着半旧的单子的转圈沙发，北墙前靠东站着一个20世纪80年代早期样式的酒柜，就是那种半人高、有着一层玻璃隔层的柜子。柜子上放着一台老式菲利普牌彩电。剩下的大部分墙面的正中贴着一张奖状。我凑过去一看，原来并不是我们资助的那个女孩子的，而是她弟弟的。这间房子的西南角立着个冰箱，离冰箱不远的西墙前还摆着个浅绿色的洗衣机。

孩子的父亲吕润良请我坐在沙发的一头，他坐在沙发的另一头。

这是个身量不高、不胖不瘦的汉子，一脸的精明，腰带上别着手机，衣裤虽然不是很干净，但是还是给人一种比较在意衣着的感觉。抽的是纸烟。总之，不太像以前见过的农民。

关于他，我听到的介绍是，做生意赔了不少，现在是一个养殖专业户。

勺头山边的天巨德村

关于我的来意，教育局的同志都打过招呼了。我们之间也没有更多的寒暄。他只是解释，这不是自己家，是一个租住的地方。他在这个村子里养牛，就租了这么个院子。当然，一讲起来，还是要讲自己家的故事了。

我们这家是从老爷爷——就是爷爷的父亲——那代来到这个地方，他们大概弟兄 4 个。老家那边主要是吃不好。

刚来的时候，到的是大佘太镇北边的天巨德村。

这个村子靠着两个村子。一个叫麻圪卜村，这是蒙人的叫法；一个叫后圪卜村，这是汉人的叫法，就是在那个村子的后头，有个圪卜。圪卜的意思就是低地，可以存水。

当时，这个天巨德村子也就三四户人家，属于蒙人的地方。村子靠山边，往正北四五里地对正的地方，叫勺头山。那个形状像个勺子。

在那定了居，开点荒地。那个时候，水很浅。

来的时候，已经带着老奶奶和老爷爷过来。后来我们上坟的时候，老爷爷和老奶奶，爷爷和奶奶，都在一块埋的。

老爷爷和老奶奶生了 5 个儿子，没听说有女子。

老大和老三——老三就是我爷爷——在一块，在天巨德村，给地主种地，喂马。刚上来的时候，弄一小片地，维持生活。后来就是给人打工，喂马，种地。

老二、老四后来不在这边了，分散了，干脆没联系了。

就知道老五去了五原什么村，种地。现在那边还有一个他的小子。

我爷爷始终在这天巨德村子里。爷爷没的早，也就60多岁。

奶奶也是家里种点地。从记事起，就叫奶奶“娘娘”。

八百里河套川，就这么一个土匪

吕润良说着来了兴致，想起了他奶奶给他讲的故事。

奶奶主要叨唠日本人在大佘太住的时候的事。

日本人在的时候，盖了个城墙。奶奶他们从西门进城，日本人站在大门前检查人带的这个东西。中间有个中国人，咱们叫汉奸，管搜身。他要是看见哪个不顺眼，就问了：进去看甚？要是不高兴了，就问：你是不是王八？你是不是个泡[①]？

要是你回答：我是个王八，我是个个泡，也就过去了。

你要是不高兴，不理他，他就上来打你几个嘴巴子。日本人是偶尔过来，这个家伙倒是天天在城门那待着，专门把城门。

这个汉奸就是佘太人，名字里有个“鞲”字。按说，一解放应该给崩了，但是在“文化大革命”当中才抓起来。可叫打了，绑在电线杆上，就是过去的那种木杆子上。也把他的头扳起来，也问他：你是不是王八，是不是个泡？

他就说：我是了，我是王八，我是个泡。

然后，就打他几个嘴巴子。

日本人在的时候，有马鸿逵的部队，但是不敢到明安来，说明安是“明案”，是杀猪的案子。

---

① 个泡：当地骂人话，意为“混蛋”“杂种”一类。

这边以前有个土匪，叫刘玉牛，人家的老家在乌拉特中旗的刘蓝壕村。刘家的祖宗叫刘蓝，那个地方的地形像个壕，所以这个地方就叫刘蓝壕了。

刘玉牛后来跑到这边当土匪，带枪，大概有个一伙人，出去就骑着马。村里的人他从来不叼，就欺负外边人。老百姓叫他刘团长。在这个村里，没见过他的家属，只见过他的小子。

那个时候，那个村子也就十来户。

一九七几年还见过这个老头。我和他那个孙子是同学，小时候玩的时候去过他们家。

说是解放初，抓他的时候，他跑了。后来回到这个地方。“文化大革命”时，村里头斗他，老汉每天扫街。

他有一个小子，被每天斗得受不了，就上吊自杀。刚上了吊，女人回来正好看到，跑过来取下来。我们也都去看了，看见他在床上吐白沫子。当时看着，人们都说不行了。晚上，又醒过来了。

活过来以后，成了那么一个人：手和头都不由自主地常发抖，乱摇。他有 3 个儿子。

这 3 个孩子现在还在村子里。老大就没娶过，正赶上“文化大革命”，是个土匪的后代，没人跟。老二，也是很大年纪才找上媳妇，30 来岁了，找了一个有狐臭的女人。而且这个女人她家的狐臭在当地都非常有名，一般人不找。他也不嫌她，她也不嫌他。

吕润良抽了口烟，嘿嘿地笑了笑，接着说。

那个时候，一般土匪都在后山，常下来这边。八百里河套川，就这么一个土匪，刘玉牛。

我们去他们家的时候，看见过他额头上好大的一块疤。我们问他是怎么回事。他说，是子弹扫上的。

他和明安的土匪王毛人都有联系。

王毛人很少来这边。听我奶奶说，王毛人是给追到山洞里，困了不知道多少天。那个山洞归中旗的。

和王毛人一起有个姓张的土匪，我见过。1995 年、1996 年，我跟上人家去山里收羊绒，在深山里的一个小村子，那个村子归明安，当地人引我们去的，到羊场里看看是甚情况。那个老头正在床上坐着，看着个子很大，头圆不拉的，长圆脸。当年也是手使双枪的。

我们在那炕上坐了一会儿，看他手抖得不成。我们就问，现在给你枪，还行吗？

那会儿赶车的挺牛的

吕润良正说着，进来了一个老人，是孩子的姥爷。老人刚坐下，手机响了，又转身出去。还是吕润良接着讲，说是讲些奶奶讲过的印象深的事情。

奶奶生了 3 个小子、两个女子。

二爹，在大佘太北面的什那干村，放羊，种地。什那干就是勺子的意思。那里是半农半牧。

三爹，在白彦花镇的良种厂那块，种地。

两个姑姑都在天巨德村，嫁在本村，种地。

父亲是老大，一直在天巨德村。大集体时是赶骡马车的，那会儿是最好的职业，相当于现在的司机，必须是村里印象好的人才能干上这个。

听父亲说，那会儿赶车去包头，要好几天，路上还有求搭车的。挺牛的，觉得了不得。

后来，就在集体里放羊了。大集体分成小集体的时候，一个村分为 4 个自然村了，他又继续放羊。大概是 1980 年以前，放了三四年的羊。

1981 年，分田到户，每人 3 亩多地。那时候还没打井。农具给分成一片一片的。比如分骡马，20 个人和 30 个人分成一片，有 5 个骡马。小片里再分，一个小片里 1 个骡马。如果大家都想要，就抓阄。谁抓着了，再掏钱，别人把钱分了。农具也是这么分的。

地分两等。家里人口多，老大、老二都成了家，是按人头分了，有水库地十多亩，这是最好的地，还有机井地 20 多亩。加在一起不到 40 亩。

那个时候，爷爷已经不在了。父亲分了 30 几亩地。8 个人的地，一个人平均也就是 3 亩多。

母亲也是山西河曲的，和舅舅错个七八岁，三四岁的时候，姥爷带着来了这个地方。母亲十三四岁的时候，姥爷、姥姥没了，很穷，没个办法，就当童养媳来到了我们家。我们家已经在这里待了两三代了。

吕润良这么说着，我又闻到了炒菜的大油味，外间屋有人进来后来回走动。吕润良解释说，他叫妹妹来给我们做午饭了。

母亲生了我们弟兄 3 个、1 个妹妹。

老大，以前在大佘太镇的供销社纸厂，后来不让干了。纸厂有地，就分给他了。有分门市部的，也有分地的。他当时是个副主任，分到 60 来亩地。没结婚以前，也是在村子里，十八九岁初中毕业在大队开链轨车，就是耕地用的车，在村里印象很好。当时，大队里最好的就是刚买回的这种车。

当时，从 3 个村子里要选两个人开车。有个大队书记的孩子想开都没选上，因为在村里，这个孩子的印象不好。那年，大哥 21 岁，供销社选人，他又到了供销社，在门市部卖了两年东西。

那个时候，供销社后面有个小院，里面放着铁锅之类，是个货场。供销社门市部的一个负责人为了考验他，把一个钢笔放在那个小院里。过一会儿，打发他到后面提货。钢笔在一个比较醒目的地方，他就拿回来，到处问：谁的笔？谁也不答。他也就把笔插在一个醒目的地方。

过了几天，那个负责人就对他说：我是故意把东西放在那的，就是想看看你。看来不错。他对待顾客也不错，这就有了信任。

那个时候，大佘太的供销社是全旗最好的供销社。1982年、1983年，供销社买了个五十铃的卡车，就让他跟着司机师傅学。七八万一辆，那时，全旗就这么一辆。两年后，供销社又买了个“2020”，是从包头买了个旧的，给领导坐的，他就又给开上了。过了两年，把他提成业务副主任了。

老二，念书的时候，数他学习好。大集体的时候，我们叔伯二爹，是小队的会计，他有心脏病。我二哥那年正在念高中。

叔伯二爹心脏病厉害。那个时候，不敢让外人接，就让二哥过来替他办点事。都是大集体。

过来后，二爹就指指点点，可这就影响了二哥的学习。当时，恢复高考后不久，他没考上大学。

第二年，他还想复读。村里人说，你念了书，也还是工作，不如就在这工作吧。这年，二爹就没了。二哥当年也就十七八岁，就把这个会计接上了。

刚当上会计，包头的到这里来拉西瓜。人们抬上过秤，一班队里领导都跟着，他本来看着像个小孩，站在秤前头。一个包头来的领导，看着这个后生站着不动，也不搬西瓜，就掰了个臭西瓜给他。

他把那个臭西瓜给丢了说：明明是个臭的，你不吃，干吗给我？就给扔了。

那个时候，一般给来抬西瓜的都送上几袋。二哥让把这要送的瓜也给过秤。

后来，队长过来说，这是我们的会计。

二哥，现在是大队书记。集体分开以后，单干了，当了几年大队主任。大队书记退休后，又当了大队书记。

妹妹给聘在忠厚堂村了。

我就来这里养牛了。

两次参加“羊绒大战”

我忽然觉得，这个村的名字很好，也许有什么传说之类。就问：“忠厚堂”有什么讲究？

吕润良摇了摇头说：自己不是本村人，没有打听过。

我原来也在村里单干了 3 年，种地。

1981 年初三毕业，复了一年班。那个时候，老大不在这，老二没分开，就在一块种地了。

1984 年，供销社招聘，也是考试。当时，我大哥在供销社，问我去不去。我说，去啊。

进去，也在门市部销货。刚进去的时候，大哥已经是副主任了。

1991 年，还是 1992 年，供销社解体了。我出来在街上做点买卖，收点羊绒什么的，流动买卖。做了十来年。

刚一开始，跑得可以。

有个朋友，四队的，在街上住。他岁数大些，做羊绒羊皮。那个时候，我刚出来，有人家在街上做服装，我不懂，就选了这个活和他一起干。到了年底，钱都是他管的。

这个活，当时还是比较好的活。只要信誉好，能从朋友那贷得出钱来就能做。当时，很难从信用社贷出款子来，一般都是从朋友那以 3 分利借出来。咱们还是有点朋友，可以借出款子来。当时，我抬了 3 万块钱，就是问街上的有钱人借的。那个时候，自己的亲戚都没钱，自己手上也就两三千块钱。

当时做羊绒，还挺顺的。

那个时候绒相当贵，一百六七十块钱 1 斤。一般都是到小佘太、中旗、乌拉山、明安收。1996 年上到 210 块钱 1 斤。

我们两个人收，一起出去，他提钱，我记账。就是相信一起做买卖的，让人骗了。说是一起做，后来钱就不给了。

说到这，吕润良的妹妹拿进来一个切开的西瓜。西瓜很甜，我们一边吃着，他继续说着。

一般一次收个一两百斤。那个时候，外地的，大多是河北的，还有就是伊盟的羊绒衫厂，来人收购我们手里的绒。

看情况，好的时候每斤加个四五块，差的时候也加三四块。

收得多的是和了土的羊绒。羊户那就已经弄下了，拿色拉油和变压器油混在一起，变压器油没有味道。把油和细土搅拌起，拿箩子筛到羊绒里。羊绒在地上堆下，再拿棍棍敲羊绒，这就混在一起了。

1996年“羊绒大战”时候的羊绒，能1斤绒掺1斤土。平时，就掺个二三两。

2000年又“战”了一次。据说，当时中央都干涉了。

整个内蒙古产绒的这个地区都是这个办法了。

那个时候，厂里直接来人收。我们给收绒的直接捅1万块，他就知道有问题，也不说。回去后，再给管库的捅点。

掺个二三两看不出来，后来是半斤，再后来1斤里掺1斤。

这个用的已经不是本地的土，而是一种专用袋子装的矿粉。

不知道从哪来的，有专门卖这个土的人，人家叫“重金粉”，是那种相当细、稍微发点黄的粉。一尺半高的袋子，就有100斤，250块钱，往羊绒里面掺。

那时候，伊盟的鄂尔多斯、包头的鹿原，这两个厂子来收的绒多。集体单位，漏洞大了。

来了不熟悉，就请着吃喝。中间人，事先说好，抽个多少钱。一般，1斤抽两三块钱。那个时候，不是看质量，就是看关系了。

1996年、2000年的“羊绒大战”我都参加了。人们就是卖了就去收，买通了才好卖。有门路有关系的，想办法弄上钱，全部买成绒，都去卖。利润有15%左右，1斤绒有20多块钱的利。

结果，到了最后，都看利益，就全进来。绒贩子把所有的绒都压在自己的手里。1996年后来最明显，大部分人的家里都积压了大量的羊绒。

但是，收购的绒到了厂子里一洗，洗出来的土都是拿卡车往外运的。于是，厂家下令不许收购。这样很长一段时间没有收购。

过了一个多月以后再来收，检查得就仔细了，土少的才要。随便抓一把，看分量轻重，重的就不要了。价格一下子跌了，跌到四五十块钱。土的比例大就跌得多，土的比例小也要跌到80来块钱。

这种情况，就要赔钱了。人们那个时候已经把自己的全部钱都变成绒了，少的家里有三五百斤，多的都放上2000斤，1斤赔50块，已经赔了10万块了。

人们就放着，不卖了。到了快封冻的时候，收绒的来了，雇上人，拿着大筛子，把绒放在筛子上，用棍子打，把土给打出去。

这样，人们把这几年挣的都赔进去了。乌拉特中旗、临河区的贩的最多，赔个三五十万的都有。

我们这个的赔个十来万，小的也有赔个几万、几千的。

1988年还有一次，那是相当严重的一次。那个时候，刚开始发现这种粉，一般人买不上。那个时候，主要是地方上当官的，通过有关系的，镇上、大队里有面子的，才能参与。前旗的领导也有参加。

1988年的时候，不是直接下来收。那个时候，大佘太有供销社和牧场两个点收，再集中卖。当时，这两个点周围都是饭馆子。绒贩子自己吃，也请人。

那个时候，绒贩子全是抽的“万宝路”，有钱了。

那个时候，我正在街上卖东西，没有参加，但听说有这种粉了。

贩到底的人都赔了，中间退出的反而能赚上点。

正常情况下，1斤挣个六七块，平常的挣个四五块。

听伊盟说，这个事情把伊盟给赔塌了，1996年已经开不了门了。那个时候，牧民就靠羊绒，农民就靠种地。

我对他说：你要骗人也骗个有钱的

绒季完了，到了冬季。这个地方宰羊，我跟他就在一起收羊皮。绵羊皮，一张 60 来块钱。

当时想多收点，钱都花完了。我弄了点钱，他也弄来点。还有一个人，3 个人一起。我在绒上挣了点，又贷了点钱。我拿了 2 万 7，剩下的他们拿，一共弄了 7 万来块钱的货，1200 多张羊皮。

雇上车拉河北。还带上别人的，一车能拉 3000 张。拉到河北保定地区的一个镇上，叫柳市，就这一个地方制革。这个地方，污染很厉害，妇女一怀孕就流产。后来，国家治理很严，不让生产了。治理好了，又让生产了。

那个地方离保定市不远，离安国市不远，坐车才 4 块钱。

走的时候我没走，我说用不着全走。就他们两个拉过去卖的。20 多天了，一直没有卖掉。我就到邮电局里打上电话，问问王在不在。

又过了三四天，那个相跟着的打电话说，王在那边要钱，把钱输完了。那个时候，皮衣的钱由店老板拿着。他输的钱是由店老板拿的，剩下的钱店老板给那个人。

王回来，我去拧他了。他回来不敢让老婆知道，跟我说，你的钱我给你归了就行了。

有一天，叫我去他老婆的亲的[①]那儿走一趟。我们两个相跟着去了，和他那个亲的，说弄点钱。他亲家说，没钱，有点糜子你去卖了吧。就把糜子抬上，卖了 3000 多块钱，先给了我。

---

① 亲的：亲戚。

后来，我每天去他那，他都说，我去弄钱。但每次都没有。

有一天，他说，达茂旗有个朋友说和他一起弄皮子，可以抬点钱。他就走了。过了一个多月回来了，还是没有钱。

这就快过年了。我说，过了年再说。

过了年，他不知道从哪里弄了点钱，又弄点皮子。他说，这样，我先给上你点利息。说得挺好，我就等着。

他就走了。我去问他媳妇，他媳妇说，等着，皮子不好卖。

后来，又传出来了，回不来了，在那打零工。

我去问了他媳妇，他媳妇哭了一顿，骂他是个泡。我想我是跟人家男人的事情，也不好跟女人多说了。

没钱了，也就闲了一年多。

过不了多久，他女人也过去了。

到了冬天，我就搭上收皮子的车，去河北找他。河北那儿前旗的人也多，见了一问，都知道他，也好找。

我对他说，你要骗人也骗个有钱的。

那个时候，他就在倒腾那个正规厂不用的小皮子。我住了四五天，他给我拿了个 3500 块钱，还开支了四五百。

后来我还过去，他就是那样，有点钱就要了。2 万多块就这样给骗了。

我在家里这样待着也不行，就去了能借钱的家，说我还年轻，一定给你挣下。

那个时候，还有点朋友。原来供销社的会计，给我抬了 2 万多块，2 分多的利。

后来，我就是在绒上、皮上做，把人家 2 万多块钱给还了，自己也落下点。

2000 年的时候，手里积了绒，问到前旗的一个后生王某，他的舅舅是个公司的一个经理。说要是卖了，1 斤给他抽 5 块钱。

这个后生看着也老实。

他们也来看了绒了，定了质量。

我们说，就跟着他做吧。通过他做。

当时，只是记账。收了十几次，这次利润3000，下次利润2000，但是没有分钱，等最后算账提钱。

到了绒季完了，一算账，每个人那年应该能分个7000来块钱。我们就催那个后生去取钱。

一时间，他说公司没钱，等一段再拿钱。

可是拖了很长时间。我们三个人讨论，怎么回事啊？就一起去财务上问，上面记的是他的名字。

一去，人家说，那后生早就把钱取了。我们返回来去他家。当时，他还不承认。我们说，我们去了，说知道他早就取了。

他后来说，卖这个得送人情吧？请这个人吃饭多少钱，请那个人吃饭多少钱。我们也没办法，说有什么开支都依你。

反正，怎么拧，就是没钱。后来人也没了。去了他住的那家，干脆人都换了，住着挺年轻的一对，说他们把这个房买成了。

我们三个人一算账，连本带利，都让人给割了。

当时，奶牛相当吃香

吕润良这才开始说起养牛的事情。

后来，我们连襟，众人齐凑着把借人家的还了，把饥荒过了。那个时候，一个月的利息就是400块钱。我们就凑在一起赶快还了，就是欠我外父和连襟的钱。2003年4月我就到了这边来养牛。

这个村里有个在蒙牛公司有股份的，他回来在这个忠厚堂村盖了个奶站。上面有个政策贷款，一头奶牛，蒙牛公司给6000块，信用社给6000块。

当时，奶牛相当吃香，我们算过。

买一头大牛，12000～15000。我们来了这，以我外父的名义跟人登记。一次性买了6头，花了9万块钱。当时算，很有利。

2003年4月10号买来的这6头牛。

一直没弄过这个东西。当时，没想到那么复杂。买上了，在小区里盖的牛圈，只是用那个杨树杆子围了这么个圈子，以为喂把草就行了。轧草机也没有，甚也没有。

又抬上钱，买上轧草机、粉碎机，还有个旧四轮车。一下雨，牛不好好吃，只好又搭了个棚子。

轧草机，旗里给补三分之一，我和人家一起买的，拿了1200块。花1500块买的旧四轮车。加上搭圈，一共又进去1万多块钱。

奶站站长做保人，给我们贷上款。

那个时候行情还好。当时，下一个牛犊，就可以卖4000多块钱。当年一年就下了3个母牛犊，都舍不得卖，想着多喂几个。当时看，下3个牛犊就顶一头大牛。下了牛犊，高兴，要响炮，是个喜事。

有公牛犊就卖了，600块。

饲料，买玉米每斤3毛4，和饲料五十料要7毛2，意思就是50%的玉米、50%的料。饲料价格便宜，牛价高，觉得还可以。

2004年四五月，盟畜牧局局长都下来，说是考察了澳牛相当好，要登记这个澳牛。这个值钱的时候，看谁要，16000块钱就拉到这边。信用社给贷13000，剩余的自己拿，一头3000块。

人家都登记，说是产量相当好，每天七八十斤的奶。我就登记了两头。

拉到跟前的时候，变成17000块了。当时拿不出钱，和在乌拉特前旗的连襟通话。连襟说，你发展这么快干什么？

我说，怕将来形势发展，外国的牛要淘汰本国的牛怎么办？咱们买的牛都老了。这个村里，有人抬了50头牛。

他说：既然你说抬就抬吧。

这样就抬了8000块钱。

2004年9月，说是牛拉到山东了。我们就三五家合着雇了8辆车。这个村子，加后套的，买了300多头牛。

那个时候，农村人一说贷款都不怕。

从山东拉回来。人家澳牛耳朵上本来都打着号。我们把所有的牛号都登记上，抓号，抓住几号就抬几号。

人家那牛本来在澳洲是野牛样，没有圈养过，人根本就去不了跟前。弄了半年才弄住。

买的时候，签合同说是牛的年龄在18个月以上。结果弄回来一看，可有小的。

可是已经弄回来了，抓住哪个是哪个。

有人吼过，也没用。

据说，这个牛到了口岸的时候，根本不到1万块钱。

有人说，呼和浩特市附近也有卖这个牛的，可多了。包头那边也都知道。人家那边的个头大，价钱比这边便宜，12000多元。

有人想告。也有人说，你个农民往哪告啊！

不只是咱们这边有这牛，小佘太镇、后套那边都有，一次搞来1000多头。回来了，不管咋的，得养。

2005年，奶没涨，草料都涨了。

玉米，从刚买时候的每斤3毛2，涨到4毛8，2005年涨到5毛5，现在再涨到6毛5。

奶牛专用饲料，从每斤7毛2开始涨，然后是8毛5，后来分等级，低了三四分的也有。去年冬天涨到9毛多。

这边喂的玉米秆，做粗饲料，从2003年的每亩15块钱，到了2004年23～25块钱，2005年一下子涨到60块钱。今年天旱，可能更贵。这还没算费用。去年来来回回的1亩得要92块钱。1年每头牛需要7亩粗饲料。

从去年年中开始，牛没人要了。牛奶不涨，饲料疯长，365天没一天休息，还是没利润。

过去，下了牛犊子，这也来问，那也来问。现在，根本没人问。

我买了 8 头牛，后来下个 5 个牛犊子。母的 500 块钱就卖了；公的 200 块就卖，最多卖 220 块。包头来的收犊子的，拉到包头，血库用这个抽血。

牛不挣钱了，信用社的利息还要涨。过去合同上是 4 厘 8，去年 4 月开始涨成 9 厘 2。

那天人们闹事，信用社说合同就这么写的。

我们说，你们把牛弄上走吧，养户不要了。

信用社就把大门关了。养户就往镇政府走，赶过去 100 多头牛。

镇政府的大门也关了。有两个小子把铁门的销子给拔了，牛就都赶进去了。

正好镇政府院子里的草都长起了，牛就进去吃草，到处拉牛粪。

没办法，就叫公安。公安来了问：谁拔的销子？

大佘太镇的书记当时不在。打了电话，当天就回来了。他说：你们选几个代表，解决问题。养户选了几个代表，说了情况。

书记问：你们的意思是什么？

代表们说：免利息。3 年不要扣贷款，扣得我们连草料都买不回来。

书记说：你们回去吧，一个礼拜内给你们答复。一个礼拜内一定解决，还要汇报旗里的银行。

这样，人们才把牛吆喝回来。

也就几天，一个年轻的副书记来了，说利息是给降，但是免利息不成，扣款还得扣。

人们不同意。

最后，谈的利息降到 5 厘 88，但是扣款必须扣，可以少点。原来扣一半，后来改到扣三分之一。蒙牛每个月的月初发前两个月的奶款。

牛要下了牛才能产奶

我问吕润良现在牛养得怎么样。

现在有6头大牛，去年杀了两头。买的时候不懂，尽买了老牛，养两年就没奶了。牛肉卖到肉场，6块半1斤，一头牛连皮带下水卖了三千一二百块钱，两头牛卖了6000多块钱。还没创造利润，就给宰了。

6头大牛在产奶，还有2003年买回来后生下的两头小牛犊也开始产奶了。

牛要下了牛才能产奶，那两头牛犊也是下了牛才能产奶。

连大带小总共13头牛，按现在的价钱没法算。有山西来人想买，最好的才给五六千。

牛犊长到18个月配种，9个半月生下，一头牛要27个月才能产奶。在此期间，不说人工，草料就要五六千块钱。

产奶牛，一天一头牛喂二十四五斤饲料，玉米和专用料混合料。小牛犊，不配种以前，一天吃6斤料，配种的9个月中每天10斤料。

牛羔子80天之内，前20天每天吃13斤奶，20天之后每天加3斤犊牛料。

产奶的旺季，高的一天能产五十七八斤奶，可以连续产两个月，产下牛犊的4个月就每天减个十来斤奶。3个多月后又开始配种，再7个月，平均25～28斤奶。

产前两个月，奶还要停产。

1年也就挤10个月，有两个月产量最高，两个月不挤奶。

专门有人工配种。那几年配1头100块钱，现在降到80块钱。现在干的人多了。

国家的补贴，都是地方财政补贴。一个给牛人工授精用的精链补十几二十块钱。

现在有 8 头产奶牛，每天产的可以用的优质奶 2700 多斤。奶的收购价是每斤 8 毛 5。

每天的投入，一般不细算。

这段时间，一天富余上 30 几块钱。这个不算信用社贷款的利息。

贷款还了 1 万多元，已经是第 4 年了。当初，蒙牛集团贷了 5 万 4，加上信用社的 2 万，连上借信用社的 3 万 6，总的有 11 万 6 的贷款。

还贷刚开始。4 年下来，给蒙牛连本钱还了 1 万 8。那个时候，不能给同个名字的贷。我自己打了一个户，还有老婆和孩子的户还没还。

4 年的利息 2000 多，已经还上。蒙牛的贷款还有 3 万 6。信用社的还了 6000 多。

信用社把这两笔钱统在一块了。过去也是拿户头贷的，后来闹完事，就给统在一块。

后来按比例扣，一天扣个 80 块钱。

年初的时候是 5 头在产奶。缴了奶之后，蒙牛集团把钱打回信用社，它就扣三分之一。如果你实在不行了，可以去信用社对社长说，我实在是草料买不回来了，家里缺钱了。他也会答应少扣点。

要是不算扣款，还能赚点。

淡季，就 6 头牛产奶，最少的时候日产 1400 多斤奶，几乎差一倍。

到了淡季，成本也低了。旺季每天吃 24 斤料，产奶少的时候 20 斤料，后来就十五六斤料。

总的来说，这 11 万多的贷款还了 3 万多。

养牛，靠奶不挣钱，只能卖牛犊子挣钱。

按这个速度发展，还要 4 年后，还贷少了，扣的也少了，基本上才可以挣钱。总共要八九年左右，前提是奶不要跌价。

快吃饭了，看见吕润良的妹妹在忙着做饭，我就问起他的爱人在做什么。

吕润良说：她在大余太水泥厂，1 个月给开个 500 来块钱。厂子原来是集体的，现在承包给个人。

吕润良顿了一下，看了一眼墙上儿子的奖状，说起了女儿。

她那会儿考在旗一中了。去五中，是为省钱。五中的学杂费一学期 800 块全免，考好了就免一学期，全校前几名都免了，下回考得不行了还要。走上门的也给免。其他的收费正常。她在她大姨家住的，小子也在人家住的。

这个学期总共给学校缴进 300 块钱，生活费都在大姨家包了。一个礼拜给个 10 块钱。早午饭在家吃，晚饭后 40 分钟上晚自习，在学校吃的晚饭。一顿晚饭 1 块半，吃菜就 2 块，只吃馒头不吃菜就 1 块，里面包些咸菜。

现在牛是变成了 13 头，但是，手里没钱。孩子开头住校，后来大姨舍不得，就叫回来住了。

一说就成“百万富翁”了

忠厚堂村，这么好的名字真应该有个特别的来历。我说。

吕润良听了，像是想起什么好笑的事情，笑着说起来。

忠厚堂村大概 2000 来人，大村子。什么来历也说不清楚。

这个村子里有钱的有买 50 来头牛的，贷了 80 万，自己拿 20 万，一说就成了“百万富翁”了。

牛刚来不产奶，要配种，等发情，到产奶要十来个月。一天就是 500 斤料往里喂，一个月 15000 斤料，喂了十来个月，料钱喂了十来万。

待快产牛犊的时候，坚持不下了，说是得了什么病，腿疼，有瘫痪的可能，还雇上人给喂牛。有人说是装的。

过两三个月回来，拄着拐，找了奶站站长，还去了镇里。也找书记，说自己不行了，你们镇里把牛拉回去吧。

镇里说，这个牛也是你自己买的，我们没这个政策。

见镇里不理他，他就拱信用社，说我要死了，我死了你就把这牛抬回去吧。

最后，和信用社说，适当扶持一下。还给旗里写信。

后来信用社说，你向外卖，我们可以转贷，把利息降成 3 厘。

这么个时候，每头牛已经跌到 13000 了，就算自己出的 4000 元赔了。这个地方的人就这个 5 头、那个 3 头，分出了 30 头，他赔了 12 万。连 1 头牛 1 天喂 10 斤料，1 头牛 1 个月 300 斤，10 个月 30 头牛 9 万斤料，1 斤 8 毛来钱，赔了 7 万来块钱。

不算人工，加上粗草，赔了 20 多万。

他也 50 多岁了，赔了 20 多万，还高兴轻松了。

生个牛犊，一个 4000 块钱。当年下的要是卖了，就是对半，几万块钱也进来了，省下的就都是信用社的了。当时，思谋着发财了。没想到，后来成了个这。

这家爱喝苦菜水

本来最应该指靠的壮年儿子，打工得了严重的肾病和高血压。因治病而借的债成了一家人沉重的负担。为了孩子上学，这位父亲再也不敢花更多的钱治病了。

这家在乌拉特前旗明安镇东圪旦村。这里虽然在乌拉山后，却离包头近些。比起其他干旱的地方，这里的河水、井水要多一些。

去的时候有点小雨。雨少见而珍贵，让人心情很好。

这家的院子被两排房子夹着，不像以前去的几家那么宽敞。面南的是一套土房连着一套砖房，面北的是一个驴骡棚连着一个羊圈。砖房高大干净，是儿子一家，也就是孩子的父母住的；土房低矮零乱一些，是父亲，也就是孩子的爷爷住的。

孩子的父亲叫苗旺和，母亲叫张素平，两口子都不到40岁，按说还是年轻人。家里的困难主要来自于苗旺和的身体，由于打工积劳成疾，可以说是从鬼门关上走回来的。天已经逐渐变暖了，别人穿一件夹克就可以，苗旺和还要裹上厚厚的工装服，脸色青黄，身材较高却瘦骨嶙峋，说话也是有气无力的。张素平要开朗健康得多，精力充沛，总是想说就说、想笑就笑的，若是仔细观察，言谈举止中还是看得出的确是做过干部的。

他们把我让到砖房里。砖房实际上是3间，中间进去是个厅，摆着饭桌。厅左右各两个门，都是卧室，格局都差不多，靠里是有小半间屋子大小的火炕，炕和南面窗户之间的墙上靠着柜子之类。

往右进的一间是苗旺和、张素平两口子的卧室，靠窗边摆着一圈沙发，大概兼作会客室了。玻璃是双层的，窗户比较大，透进来充足的阳光照得屋子里亮堂堂、暖洋洋的。地砖居然是水磨石的，红绿色格间杂着排成很好看的样子。

苗旺和的父亲把沙发让给了我坐，自己坐在了旁边的一把半新的电镀折叠椅上。

和别家不一样，他们给我倒的不是一般的白水，也不是茶水，而是用比较高的玻璃杯盛的一种有些混浊的绿水，水面上还漂浮着几片叶子。看见他们都在喝，我也喝了一口，味道有些苦又有些甜。

张素平笑着说，这是苦菜水，用晒干了的苦菜叶子泡的水，加了点冰糖，常喝可以去火、消炎。

苗旺和坐在我对面的床上，看着我们。尽管气色不好，但还是停不下来，出出进进的，总是要做点什么。

说话的主要是苗旺和的父亲苗雨生，个子不高，花白头发，不那么起眼的老人，就是皮肤不像当地经常做农活的农民那么粗黑，而是相对带着点细致。

苗雨生说得不快，很清楚简洁。

姓苗，有点雨就能生长

我们祖上是山西大同南郊的，现在和老家也联系。我们家是老爷爷——就是爷爷的父亲——那辈来的。清朝时候的兵，过来收税的。

老爷爷在村上找了个对象，一直住在这里，没有回去。生了两个小子，一个生下来过了十大几、二十几的，没结婚就死了，什么也没留下。就留下我爷爷一个。那个时候家穷，没办法。

爷爷 1913 年出生的，今年 93 岁了，就是个农村种地的。在后边的那个村子三百营里找的奶奶。小时候家穷没人管，晒得头上起了一种病，都秃了，就叫苗二秃。

爷爷生了8个娃娃，两个女子、6个小子。有个小子生下不满月就给了人。

爷爷一直在农村种地，什么仗都没参加过。这边，部队都没来过。那个时候，傅作义在包头打仗，打炮的声音都能听见。这个地方，土匪什么的都有。反正家里穷，没财产，甚也不怕。

大爹，1939年生的。那个时候，哪也去了，哪也没干成，瞎跑。在包头的医院里工作过，在当地的兽医站也干过。20世纪80年代，前旗在附近开了一个云母矿，他在那个矿上掏矿石。后来云母矿倒了，他也退休了。那个时候，子女能顶班，他的大小子就顶进去了。

三爹，70年代当兵，在乌盟，是志愿兵。那个时候，国家管分配，复员到前旗供电局，后来在朝阳镇、小佘太镇都当过乡的农电站站长。现在退休在前旗。

三爹当兵后，四爹16岁就去了云母矿，家里生活得有个支柱。那会儿是大集体，不挣钱，挣工分。云母矿倒后，工人分流，他在前旗砖瓦厂、水泥厂和煤矿也待过。后来还是去了煤矿，明安后头的十一份子那儿，现在还在煤矿掏煤。这个煤矿已经私人承包了。他属马的，53岁了，还在掏煤，老职工了。现在主要是修理路矿，算是安全工人。

五爹，在这个村子种地，农民。

一个女子在五原，全家种地。一个女子在上八百营村，农民。

附近还有一个下八百营村，还有一个地方叫伍千营，估摸这边以前都是驻军的地方。我们老爷爷就是当兵来的这儿。

来这的人原来都是山西的，后来才有河北的。大集体的时候，在这边找了媳妇的可以给下户。这个地方穷，希望有人来。

我是老二，连爷爷也没有见过。1945年生人，62岁了。记事的时候就是开始成立互助组，1955 年改造落后乡，就是成立合作社，把农具都归了公了。我们是个贫农，甚也没有，没有农具，就是一条牛。

大哥，叫苗过兵。那个时候兵荒马乱，生的时候正在过军队，就叫苗过兵。

我生的时候，也是来了兵，就叫苗来兵了。后来上学，老师给改的名字，说是姓苗，有点雨就能生长，苗来兵也给改成苗雨生。但是改的名字没有叫上来，一般还是来兵、来兵地叫。

那个时候，有个小学文化就了不起，能到公社当会计。

我 8 岁就放牛，就上学。上午，我的妹妹不大一点点，帮我揽一会儿牛，我去学校上学，下午回来再放牛。先开始，牛是互助组的，后来成了合作社的。那个时候，是给人家放牛，别人的牛都往回端，我让妹妹帮我揽着，不往回端，下午放了学我再放会儿。开始牛是私人的，都是这家的、那家的，在一起放。后来，牛归了集体了。

往后，合作社改成人民公社。

放牛可以挣工分。那个时候，我不知道挣几分，父亲让放就放。

念了 4 年书，学习不行。说是 4 年，实际上，不是一年一年地念。家里农活忙了，就不让去了。16 岁就离开学校了。

不念了，就不念了。学校又给我捎了几本奖状书，都是批判吴晗、邓拓、廖沫沙的。那个时候，学校让学生学习和劳动相结合，上学的时候给拔点草，农忙了让学生给生产队锄地收秋。我那会儿草拔得多，老师们表扬，还想让入团。我已经不念书了，还给选了个模范，捎回了几本奖状书。

咱们学习不行，考五年级考不上。看着早上背着书包去了学校，其实学得不行，就又跑回来，到了铁业社做学徒了。一开始，我做学徒，父亲还不知道。

小学没毕业，就学了木匠。在大队的铁业社，里面有铁匠、木匠、裁缝、修车的，大队组织的那么个单位。学了1年木工，也没学成。铁业社垮台了，收入不行，给生产队放不回钱来。那年，我16岁。

铁业社垮了，1965年，有培养两条腿走路的教育方针，就是不念书的娃娃，组织耕读校。和一般的正经学校不一样，不忙的时候把不上学的娃娃叫上，教一教，算是个扫盲吧。这是尽义务，不算工分。

后来当了民办教师，有了工分了，一天10工分。正是“文化大革命”搞“三忠于”的时候，学校放假搞大串联。我哪也没有去，学校一放假，就拿个斧头修修木头，后来慢慢地木匠活也会了。

我这个命不好。我要是再坚持教1年，就转正成为国家正式老师了。那会儿，还参加过好几次先进耕读教师表彰会，做过发言。

那个时候，正式老师也就是二三十块钱。文教卫生系统的工资可低了，谁想到后来提得这么高。现在，坚持下来的，他们退休的，每个月都是1000多。

没那个命啊，脑筋不行嘛，不活套。不教书，其实学校里可以做的事情还很多，打个铃也行。就是觉得自己文化程度低，不想教了。

说到这，老人停了停，我们互相对视了一眼。

每个月1000多元的确在当地是个相当多的收入。

我这个工拿的和人家赶胶车的差不多

再出来，就是种地了。反正不记得哪年，那会儿就是记工分。木匠活也干，队里给补上3毛钱，一天给记上10分。给生产队一天最少缴回4块钱，算是干了副业。给公社、粮库做点活，挣下钱，生产队长去结算。3毛钱，一个活结算一次。

别人，没这个3毛钱，只有赶胶车的才有。我这个工拿的和人家赶胶车的差不多。

看着老人说得轻松，我问这边有没有过“倒分红”。

有啊。倒分红的时候，不挣工分的人，赔得少；挣工分的人，倒赔了。队里算下来，没有挣钱，有了债务。没工分的人、没法劳动的人摊的债务少，能劳动的人摊的债务多，这就成了倒分红。这儿就出现了一年。

哪年结的婚记不得了。这个地方流行的就是，人活一辈子，养下个小子就给娶个媳妇，小子给老人盖棺材。

有3个孩子。跟前的这个是老大，还有个女子、一个二小子。

老二是个女子，搬在达茂旗了。女婿是包头固阳县的，在达茂旗开三轮车，看见谁拉个东西，他给人拉上。

二小子就在旁边住，这两天也去了呼和浩特市打工。他会电焊，一个月怎么也挣一两千。原来在咱们这个村外的农具机械厂，一个月能挣个千把块钱，也想这个一年下来能上1万块钱。可到冬天没业务就关门了，这是村里人开的一个私人厂子。不念书，就去那儿了。

二小子的娃娃8岁，开始念一年级了，是个女子。

咱们这地界和固阳县分的。水库北畔是咱们，南畔就归了包头市了。这是咱们前旗紧东边的村子。

往南走15里多就是包头郊区；往东走十五六里就是三份子，归了固阳了；往北走20多里，也是归了固阳了。

老人说到这里，正好苗旺和又出去了。看了儿子的背影一眼，老人接着说。

这个小子是老大，1969年生的，现在是肝硬化，脾大压迫血管，还有尿毒症前期的征兆。那次发作的时候，没钱，还是他三爹——供电局的——下令，救人要紧，每家1000块，银行贷了6000

元，去年才还清。

说着，苗旺和又转了回来，老人顺嘴又讲起了自己。

大儿子十七八岁那年，我病了。病了 3 年，肌无力，连个筷子也拿不起来，年月日都不记得了。

主要是劳累过度。去了包头中医联合医院，那个时候还没有改成蒙中医院。院长叫王文达，给看的。一个老中医，现在估计也走了。

大儿子当时正在念书，公社书记说，你就好好看吧，不然，这个家庭就散班了。我们离公社近，那些书记都认识的。我那个时候，在公社做营生，都是认得了。

吃中药就吃了 3 年。记不清花了多少钱，怎么也顶现在的 1 万块吧。不住地看病，原先积攒下的钱都看了病。

那个时候，白面大米每斤才 1 毛 8、1 毛 9。那会儿钱值钱。

人家大夫说了，别的肌无力都瘫痪了，就我这个恢复得好。现在，好多活都能干，当然力气比原先是错了一半了。

后来身体不咋了，又跟上建筑队做工，哪有活跟上哪干。我们村有个刘富，这活在前旗，他管包工，就跟上他做工程。人家工程包哪我做到哪，一个月也挣个千数块钱。那个时候的钱也比现在值钱，盖房也没现在贵，就是木料贵。那个时候的砖是 8 分，还是好砖。现在这砖要两毛了。

说着，老人指着自家的砖房说：那个时候，公社盖食堂，这个就是我调出来时一起盖的。

这个房也不都是用砖，外面是单层砖，里面是土坯。土坯就是我们自己拿泥做的，不然也盖不起这房。

一口气盖了 6 间房，大小都一样的，花了一千五六百。个儿的手工。开始瓦工刷房要搭架，我就自己上去刷，后来瓦工见我不搭架能刷，也就不搭架了。

地面是水磨石的，也是自己做的。这个地方有毛坯，托人买的颜料。

水磨石，要是机器磨就好了。我是用碾米机上的砂轮打烂了，钉在木头板上，用手推着磨出来的。还是比土地强些。

老二盖房那年，就是买的水磨石。给老大盖房的时候，开始没钱买，经济力量不行。

那个时候，我这个房就算可以的了。这边的水磨石，过 3 年后才有人家用。

这家附近尽出好学生

说着到了吃午饭的时候。这个时候，张素平才热热闹闹地出现了，让我们到中间的厅里吃饭。应该说，在当地这是很典型的好饭了，有炖羊肉、凉拌西红柿、凉粉、黄米糕、羊肉汤。尤其是黄米糕，一般多是过节的时候才吃的，蘸上羊肉汤吃，别有风味。

张素平一下子往我碗里夹了两块黄米糕，一边夹一边说：这是自个种的黄米。街上卖的糕多是拌江米的，黄米比较少。

边吃着，我问起村子的大概情况。苗雨生还没开口，当过干部的儿媳妇张素平就抢着说了。

这个村子有 80 来户，270 口人。最早那会儿才三五户。

我们这里不像应州渠的有些人家，都把钱花在修房子上，还是愿意把钱花在娃娃的学习上。

我们这家附近尽出好学生。村里有一家，3 个孩子全是大学生。后头的一家 4 个娃娃，3 个上了大学、中专，一个还是北京大学的，读理科，现在刚上大二，已经在外面给一个私人公司的老板打工，一个月 4000 块钱。他父亲还说要给他攒钱盖房子娶媳妇，他说，根本用不着。

河东那边的一个小村子里，有一个娃娃在北京读书。大学毕了业，分在国家林业局，当个不大点官。那天回来，和自治区林业局的一起，把自己村的给退耕还林。以前，一个人退 3 亩，现在加成了 6 亩。退耕还林的补助，1 亩按 6 分地给，这样原来的每亩给 120 块钱提高到 200 块钱。那边草片大，退的也多。

苗雨生也接着说：这个地方都是泉水，种下杨树一种就起。其实，这个地方离应州渠最多 5 里路。

这边的水很浅，家家都有一个小井，挖不多少就出水，水也好。这几年旱了，前几年，山下河道里山洪来的时候，能有一人高的浪头。

张素平想起了自己的孩子，带着骄傲的神情张口就说：他刚进中学，1 年级的时候英语差些。第一次大考试，全年级 1000 多人他考第 42 名。后来找老师补习，第二次考试就到 20 多名。这次是第 6 名，前面 5 个都是女娃娃。老师都很惊奇。

吃着羊肉，我问他们家养畜的情况。

苗雨生说：养了十来头绵羊和 4 头猪。

我问：为什么没养山羊？

苗雨生说：绵羊一年能下三四个羔羔，一个羔羔能卖 200 来块钱；山羊一年就下一次，一个羔羔只卖 100 多块钱。但是绵羊费草料，吃得多；山羊好养，什么都吃。山羊的羊绒要是价格高起还好，要是低了还不如卖绵羊羔羔有保证。

刚把当了 11 年的妇联主任的官丢了

下午，说得多的就是张素平了。一上来她就说了估摸是最让她闹心的事：刚把当了 11 年的妇联主任的官丢了。这次撤乡并镇，换了书记，一朝天子一朝臣，都用自己跟前亲的。都是一样的。

我问她家是哪个村的。

家就在村东口那排土房里，一个村上的。

没有祖爷爷，就一个爷爷。父亲那辈，在山西偏关县的神池村，山沟里种地的。今年71岁了。

母亲1945年出生。父亲比母亲大9岁，1936年出生。13岁上连夜偷跑到包头，在包头修铁路。后来叫包头养路段。

26岁上，人家介绍成的家，母亲就这个东圪旦村上的。结完婚，还在修铁路，家就安在这个村了。

坐在一旁抽着纸烟的苗雨生这时指着窗外不远的山，插话说：咱们这个南山跟前，从包头到白云鄂博的包白线就是我们修的。将修好的时候，要调到乌海那边修铁路，因外父家就这么一个女儿，家里不愿意让我走，就没走成，从养路段里撤出来，就回到村里来了。以前是个包头城市户口，回到村里成了农村户口。那些工人，就我一个在农村。那些当年一起的工人尽退休在包头，一个月一两千的退休金。就我是个种地的。

张素平点了点头，接着说。

母亲生了4个孩子。18岁那年生大哥。大哥今年44岁，初中毕业，在临河区做点买卖，媳妇在银行上班。大哥供两个娃娃，一个女儿在呼伦贝尔市念大学本科，一个儿子在乌海市念电力学校。

二哥41岁了，在前旗包点小工程，起点围墙，硬化点地。也供着两个孩子，一个女子在五中上高二，一个小子上初一，比我这个大1个月零4天。

四弟33岁了，在明安镇上开门市。

看了一眼刚进来的苗旺和，张素平一口气不歇地说了下去。

我们1992年结的婚。聘了1000块钱的礼，用这钱买了个洗衣机。

都是同学，自己找上的。

聘礼很高吗？我想起了在马七女村听到的高价聘礼，问她。

她摇了摇头说：前十年，聘礼就是个一两千块钱。这几年上涨到好几万了。当然，也不全是这样。

过来以后就是种地。刚结婚时，就两亩地，河槽上1亩半，那6分是从娘家带来的。孩子5岁那年给分了6分地。

两口子五六亩地。后来，老人给的两亩多地都是好地。

这里的地少。路北边那边有刚开发出来的沙地，那就得掏上钱买。父亲1990年那年买了12亩地，我们典礼了四五年后才抬出来。

苗雨生也点点头，笑着慢慢说：这里的地，解放后全是水地。那个时候浇的是河水，门前的河水随便浇，不用交钱。水位后来下降了，才开始打井。

那个时候，村子里到处都是柳树。“文化大革命”的时候，现在旗一中的牛存强，当时是红卫兵、造反派，要挖“私”字的根。那些柳树，在大集体的时候也是个人地畔上自己种的树，后来归了大集体，树还是归个人。

上头有指示，不能搞“私”字的事情。牛存强就带着人拿着铁锹挖树，实际上也没多挖，就挖了一个人的树。

我七八岁的时候，这个河水还很丰盛，后来水位下降了。1958年发过一次大水。这个河槽，通外蒙的，当时都是水。平时就自己往外冒水，胳膊粗的水口。20世纪70年代左右，开始打井。孩子们小的时候水已经不大了。

现在水是一年不如一年，河东是一点水也没了。

只能打井。这边打井，大概四五米见水，过去1丈（约为3.33米）就见水。捉水头还要四五米，一共就十来米。

淘金矿淘出来的病

看着苗雨生比画着，张素平忍不住又说起来：27岁上，娃娃3

岁的时候，他病了。

听着说到自己，一直在一边坐着的苗旺和也说了起来：头一年成家在家，那是1994年、1995年吧。第二年去乌拉特中旗金矿上背石头。

看我不解的样子，苗旺和加上手势比画着说：把石头背出来，用碾子碾碎了。碾盘里面全是水，汞一直在里面跟着碾子跑。石头碎了，碾成面了，就跟着水出来了，汞和金子跑不了。

矿石堆成一堆，慢慢地往里面加矿石。也不知道多少石头。放进多少汞后，出来还是稀的。用纱布把水银一挤，水银就出来了。但是不纯，像个银皮蛋蛋，大的有鸡蛋大。再拿火一烧，才出来黄的金子。

那也不够纯，再氰化，这样金子才纯。再往后的工序就不让看了，一般就让掏石头。

掏出石头来，能看到烟头大的金点点。为了那个石头，掌柜子和掌柜子打架。那时，一个山头是好几十个掌柜子的，各花十大几万买上一片，可还就是在交界处的产量最高，掌柜子就会互相争着打起来。

那个时候，在金矿，一天能挣四五十块钱。这是最低的工资，会放炮的一天挣100多块钱。

干了一个来月。

经常有黑皮过来叼矿，尽是黑社会的。来要矿石，黑夜白天都有。掌柜的全不是当地人，前旗的多，还有包头的。来叼矿的都是当地人。掌柜的也怕，让我们咋的干就咋干。干了还没有一个月，就回来了。

去那矿山，很乱。相跟上一帮帮，看哪个掌柜用。不用就坐着，也没钱。

掏出来矿，好的就加工资，不好的就一般的工资。

在中旗的时候，背石头，老用劲……

苗雨生在旁边低着头吐了口烟说：结果把脾子给扯开了个裂子。

苗旺和看了看父亲，目光中满是无奈和歉疚，继续说：在中旗干了一个多月，又去了乌拉山前山的乌兰矾村，也是淘金子。和在中旗一样，顶多也就是四五天，就病得不行了。

那年冬天，整个冬天都发高烧。后来去检查，就是肝大、脾大。

一直看着，退烧后，炎症没了，就觉得没事了。

1996 年前半年种地，后半年去了固阳县开推土机，一上冻的时候，就不干了。

回来后，吃了一冬天的药。挺好的。1997 年就没出去，在村里乡镇上当装卸工，来了二胺卸二胺，来了碳胺就卸碳胺。一个月后，病又发了。这回就吃劲了，血压高得下不来。

张素平插话说：在包头一附院住了两个月的院。回来的时候，麦子都那么高了，才浇二水。

苗旺和用思索样的表情说：主要就是高血压，都寻不出来什么原因。血压高得什么事都只能轻来轻做。给人看看货。

说起儿子住院的事，苗雨生又慢慢地讲了起来：2001 年最严重的时候，什么力气也用不成。是二期肾性高血压，只能保养，没法治。医院说，回去吧。

2003 年正月，二十几号吧，人事不省了。先在包头，后来又转到呼市医学院。医生说，得终生灌肠。在那住了一个多月。

旗医院都让面对现实了。后来在车上遇到一个熟人，说呼市有一个老中医，在玉泉区南柴火市土默川学校往西，那有个私人门诊，专攻肾病。当时，就过去了。那个中医让先把灌肠停了，再去医院做化验，给看了化验单，再给开药。就这样一次一次地看。

那个时候，一个月走一次，一次 1000 块钱。

后来两个月去一次。

娃娃上学，去不起了。光这个化验费，一次就得 200 块钱。再去这个地方，开上药就 1200 块钱，这还不算住店吃饭。

那个时候，钱就欠多了。三四十头羊都卖了，跟亲家借的都说不清了。

至今已经花了5万多，现在外面还拉了1万多的债。不住地花，不住地看。

原先，银行贷款借了6000元，都还了。现在就是欠亲家的，已经还了3年。

今年4月贷了3000元，是为了种点地。

现在都是个人的，没有集体的

说到这些，这一家人好像又回到了那些压力沉沉的日子，都不出声了。稍过了一会儿，我索性就问起了今年种地的情况。

说到这个，苗雨生一下子轻快了。

现在种地，连好带赖地种了十来亩地。沙地12亩，底下的河头地，就叫好地，有个五六亩。

好地种了4亩小麦、两亩山药。

赖地种了5亩玉茭、5亩油葵、两亩籽瓜。

小麦的种子，也是1斤1块5买的，买了200斤，花了300块钱。

两袋二胺，290块钱，146块钱1袋，做底肥。

两袋尿素，98块钱1袋，196块钱。

小麦不上地膜。1亩地要五十五六斤籽，还贴了二三十斤籽，自己的，她大姨给拿来的。

山药，籽种买了400来斤，1斤3毛5，在本村买的，从固阳县调回来的，花了140来块钱。1亩地要300斤籽，自个贴了1袋不到100斤籽。

5袋碳胺，1袋28块钱。头一天卖没了，27块钱。第二天新进货，就涨了1块钱。花了140块钱。

和村上的人赵五家借了1袋籽，80来斤吧。

玉茭，籽种，花了80块钱。1斤2块5，买了30多斤。1亩地用5斤籽，有的地用6斤籽。今年的四轮车的播种机一下子下去就有四五个籽，就费籽。人家30斤够了，我们要30多斤。种完也得补苗，其实还要多些。

两袋二胺，花了290块钱。每亩玉茭地要上40来斤。

1袋尿素，98块钱。

两捆地膜258块钱，每捆129块钱。

还种了5亩油葵，叫什么“澳33”。籽种35块钱1斤。买了4斤，140块钱。底肥就1袋二胺。

追肥还没有买，苗苗太小，等什么时候要，什么时候买，化肥站就在跟前。这个不用地膜。

两亩籽瓜，种玉茭剩下的地亩用来种籽瓜。

籽种花了75块钱。5块钱1斤，买了15斤。还剩下一小碗籽。

底肥用玉茭剩下的就可以了。

追肥也不急。长好就追，长不好就不追了。

我们没播种机，要花钱雇上机器，种小麦、玉茭。要雇三种播种机，一共花了110块钱，1亩地10块钱。这些机器都是人家私人的。

现在都是个人的，没有集体的。

大集体的时候，一个村子缴33000斤粮食。现在，一家大户就完成了。

你说，大集体好啊，还是现在好？

我想起了还没有说水电的费用，就问了。

苗雨生看了我一眼，指点着儿子说：集体有一眼井。这村子的社长和我好，看见了他的情况，就让他看水。这样子还掏点辛苦，水就不要钱。一般浇1个小时2块8，有的是4块钱。这点钱可以省了。

这边要不要汇地？我问。

田雨生说：这边也要汇地。汇水，糜子要 3 月 20 号，玉茭要 4 月 20 号，油葵要 5 月。

汇水，5 亩地一般一次要 6 个来小时。糜子要 7 水、8 水；玉茭、油葵要 5 水、6 水；籽瓜少些，连汇水最多 3 水。

也看下雨不下雨。现在，天天看预报，天天盼下雨。

这里不浇秋水。

已经投入了多少？估摸今年能有多少收入？我问。

田雨生说：这小半年已经投入 2000 块钱，贷了 3000 块钱。自己甚也不算，年年就这么个程序。

玉米不卖，可能还要买些，做饲料。

只卖油葵、山药、籽瓜。

5 亩油葵，每亩能有 300 来斤。

山药，小的全喂猪，人吃的也留个千数斤。好的 1 亩可以打 3000 斤，总共大概有 6000 斤的产量，大小对半。好价有个每斤 3 毛钱，卖 3000 斤才 900 块钱。去年，后山没下雨，才有每斤 3 毛 5，往年就两毛钱。

籽瓜，1 亩地能有个 100 来斤，差的六七十斤。1 亩地要是能卖上个 150 块钱就好了。有一年，遭了雹子，5 亩地才打 8 斤。雹子打了，籽瓜就不长了。

养了 4 头猪。去年卖了 1 头，1000 多点。今年有 4 头，那两头卖不成。那头大的也将近 200 斤了。这边猪肉 5 块多，切好能卖 6 块。这里离包头固阳近，猪肉价钱好些。

今年卖了 3 个羊羔子，共卖了 450 块钱，每个就是十来斤重的。留下 4 个大的绞了毛了，一个能绞下三四两。

放羊，雇上人放，1 头羊 1 个月给 7 块，雇人放 4 头羊，自己留上 4 头。连大带小有十来头羊。

今年农业纯收入估摸能有2000多，养殖业有3000多，加在一起能有6000多。

孩子读书，一年下来就要6000多块钱。前几年，在当地念书不大花钱。

他的病就不看了，自己吃点降压药

说着，老汉指指苗旺和说：他的病就不看了，自己吃点降压药。

孩子去了前旗上学才装的电话。缴上300块钱，280块钱电费，说话只花20块钱。

养牲畜关键是喂养，喂得好能多卖点，喂不好就少卖两头，这里头差别不小。

前几年，她当妇联主任也能挣点，一年有800块钱。

张素平听了，抿了抿嘴，一甩头接着大声说了起来。

娃娃上学，今年学费加报名费320，其他杂七杂八的，报纸、冬校服、夏校服都要钱，1个月缴4块钱水费，还有数学报、英语报、语文老师给配的练习册什么的。

去年孩子8月18号报名，缴了706块钱，包括400块钱建校费。我回来的时候，给他留下了600块钱。1个月的饭费和补习费是400块钱，还有零花钱200。10月十几号，去开家长会的时候，那200块零花钱倒欠下40来块钱。又给付两个月的饭费和补习费800块钱，再留下200块的零花钱，是3个月的。

赶假期，12月30号回来的，带着900块钱。再付1个月的饭费和补习费，400块。

后来零花钱又倒短101块钱。

元月3号考试，又要了50块钱取暖费。

一共4个月零15天，这15天就算100块钱。这还不算车费，就花了 3100 多块。

这一连串数字都是张素平一口气说出来的，一点犹豫都没有，看来是已经算了很多次，烂熟于心了。我根本来不及和她一起算账，只能低头忙着记下来。张素平继续说。

今年省了 400 块钱建校费，学费缴了 320 块。

所以，今年的 3100 可以减去这 400 块钱。今年全学年 5600 就够了。

孩子坚持去前旗念，个儿挑的学校，一下子就考进了。贾文和这个家伙厉害。

我没有听说过贾文和，就问这个人是谁。一问，苗雨生、苗旺和父子都笑着争着说，可还是张素平嗓门大。

以前朝阳镇中学的校长。他在朝阳，朝阳的考试就是全旗第一。现在，贾文和来了明安镇中学，明安就成了全旗第一。

说到这里，天已经黑了，该坐在饭厅的桌子边吃晚饭了。又是一顿丰盛的晚饭，有素糕、炖羊肉、凉粉和白糖拌生西红柿。

毛家圪旦村过党日

2006年7月1日下午，我和毛家圪旦村的15个党员在一起过了组织生活。

乌拉特旗委有个好传统，每年“七一”党的生日，所有旗委干部都要下到村镇基层组织参加党的生活。

这年7月1日下午，在一个一面墙前都是奖杯和奖状的屋子里，我和明安镇毛家圪旦村的15个党员在一起过了组织生活。这个村刚合并不久，是由3个社合并而成的。

支部书记叫许广亮，51岁，1990年入党，一个瘦瘦高高的、有些文静的人，不大爱说话。村长王太和，50来岁的粗壮汉子，浓眉大眼，只是头发白了不少，总是带着一丝微微的笑意，嗓门很大。他是6月28日刚选上的，算是新官上任。

王太和介绍，这个村子有2760人，9800亩耕地，算是一个人口众多的大村子。

当场到的15个党员，仅占全村59个党员的少部分。村长解释说，部分党员外出了。今年还有预备党员4名全部转正。

我问，几个党员外出了？

王太和说，外出的有8个党员。

看来即使8个外出，仍然有不少并未外出的党员没有到会。我不便细问。这还算一个比较好的基层组织，其他村支部状况到底如何，也可以知道个大概了。

村支书的发展思路

按照程序，王太和先介绍了这个村的发展思路。他熟悉村里的情况，思路也很清楚。

大队人口众多，地方落后，总体发展思路主要有三点。

第一是招商引资。目的是活跃当地经济。要党员带头，解决就业问题。我们这是两村合并的。毛村一个工矿企业也没有，就是有点做小买卖的。人均 3 亩水地。我们这里目前要解决的，不是奔小康的问题，还是温饱问题。

第二，把握信息，瞄准市场。去年葫芦头社有一户卖豆子，因为把市场价格摸准了，一年就挣了七八万元。要发展奶牛业。全大队现建起两个奶站，有 136 头牛，还有不到 1 万只羊。在地少的情况下，要讲科学种植。现在羊肉价格一直上涨。我们共产党员要一直走在群众前头，更新观念，走致富道路。

第三，放开胆子，大胆创新。求真务实，把思想放开了，才能做出显著成绩。

既然领导都来了，这里就先说一点。现在国家对农机具收税，收四轮车、摩托车的小额费增加了，要 70 元养路费，还有其他各种费用。弄得骑摩托的不敢出去，卖化肥的不敢来。

缴费也不是集中缴。不缴就罚款，开上车到田间地头抓住罚，有 120 元的，200 元的，态度不好还有 300 元的。

最好是村里集中缴费，和原来的标准一样统一征收，增收减半。

想为农民做的几件大事

再说我们想做的几件大事。

打几眼机井。原来机井水位下降，准备修复6眼，新打1眼。现在全是个人担保贷款，以自筹资金为主。还是需要上级有关部门帮助。我们也努力多和群众沟通，讲明白坚持自筹为主，上级扶贫为辅。

做好渠衬配套。村里的渠原来都是土渠，没有渠衬。现在想都弄成U型渠，用水泥做衬，总共有上万米长。资金问题也是准备两条腿走路的办法，自筹一部分，再从上级申请一部分。争取在3年内解决。

搞好“三结合”，就是搞好科技信息服务链、生产生活链、扶贫帮困链。从有能力的党员名单里选拔28名党员，把党员、群众、能人链在一起，搞“双推双链”，帮贫帮困，推动共同发展。

把村村通的路、社与社的公路都整好，这样打井的事情才好做。我们这里是山区，测算了，距离包头34公里。请求政府能帮个忙，如果能修通到包头的公路，对我们这里的发展很有好处。

前几天，有个地方的冷雨打了125亩玉米、60亩小麦、70亩山药、140亩花葵、140亩豆类，西沙壕自然村受到自然灾害。全体党员在这个问题上都没含糊，自己捐助帮扶了这个生产队。共产党员不能连一般老百姓都不如，要振兴毛大队，大家添彩增光。

还有，以前高压线路用的变压器全是供电公司负责，现在变成全都是农民负责。一旦出故障，抢修至少要300块钱，这是致富路上的一个很大绊脚石。供电究竟应该由哪个部门负责，也没有一个明确的文件。尤其是今年，说是地埋线不合格，要架高压线。今年整个高压线就花了1万多块钱，负担得难受。我们自己接吧，又说不合格。

农村党员们如是说

王太和说完，我就鼓励别的同志说。

第一个发言的叫桑国文。

我62岁，1971年入党。今天领导都来了，我年过花甲了，想讲点个人看法。

对咱们这个支部很有希望。都是老干部了，想为老百姓做点实事。像群众买化肥买不上，贷款方面希望领导帮助出面，党员多帮一帮。

再说一个。两个大队合在一起了，有点老问题。应州渠这个社，3眼机井管着1200亩，4个小时浇不上1亩地，水小。一个晚上浇不上地，就火烧眉毛了。打一个井好几万，再叫社员拿钱，就是牛趴了也要扶一下。上级扶点，可以给我们点信心。

去年，全村党员捐款1200块钱，我也帮扶了100块钱，帮助贫困户过年。不是钱多少，就是咱们自己少吃几顿饭，这个政治意义大，让社员看见共产党可靠。

接着发言的是贾四娥。名字是个女同志的名字，人可是个胡子拉碴的老头。

我1994年入党，今年54了。

邓小平讲过发展是硬道理，这个话我们很赞成。刚才书记说了，修修路，改建渠衬，非常好。比如说，我们那个地方有4000来米土渠，面积大，还有一半的黄土渠，本来这个渠就不大，还渗了不少水。

干事业，关键在领导，你们是最基层的领导，我们普通党员给你们助力。当社长干一年必须得干一件事，不能上来了，就自己打工，不管别人。要会组织、引导群众。

去年我种了30多亩花葵，就动员过村里的十来户，带动了100多人。去年旱得厉害，每亩还是打了500斤，每斤1块9卖的。最好的一亩产了600斤。这个比油葵还是好。今年就好多家都跟上来了。只要你这个把握住，肯定没问题。

要讲究养牧结合。我们两个人种了40多亩地，养了13头奶牛，今年下来有 20 头了。现在一个月毛利有 5000 块钱，纯利润 2000 块钱。今年还是初见成效。现在都是机械化，不发展不行。

路要修，关键是共产党员要有组织能力，干什么都要会组织。水要治理，要组织。党的最基层的组织能力很重要。要让为人民负责的人坐在这个位置上。

接着发言的是李永旺，以前是应州渠社的社长，现在是毛家圪旦的社长。

我 46 岁，2000 年入党。

我们这两个社的地少，平均 2.8 亩。地少了，经常两口子都出去打工，怕自己出去打工不安全。

其实，这里建大棚最好，附近没有搞蔬菜种植的。

关键是要有关部门加强组织，最好能组织一下帮助建大棚，这个比出去打工保险。

说着气氛活跃起来，贾四娥插嘴说：能不能推广沼气？去年搞青贮，我的青贮池是最大的，青贮饲料一点也没有坏。我的那些牛出来都光明光明的，个大大的。

接着发言的是吴全富，东圪旦社的书记。

我 1973 年入党，60 岁。

每年参加这么一次会不容易，对新一届领导是有希望的。他们提出很多大胆的设想，不管成功不成功，有这想法，还是为人民谋利益的，切合农民需求。我也干过好几年村长、社长，现在年纪到了，不干了，但是也要帮助。都是一个目标——把这个地方搞好。

希望帮助打井。

1996 年地震，每家发了 40 块钱，我把这里钱留下打井了。现在社里全靠这口井活。

贾四娥又插话：要是能把退耕还林补给个人的钱留下给大家办事，打井多好。你给他发了几十块钱，都喝了烧酒，办不了事情。

王太和点了点头说：葫芦头大小 7 眼井，都旱了，社员排队，闹得打架斗殴。要是两年退耕还林的钱不分光花掉，攒下来打井，多好。已经攒了 8 万块钱。打了 1 眼井，花 4 万块钱。

有一个自然村，三百营村，只有一眼 1958 年打的井，现在只剩下 6 寸管的水了，开 24 个小时，只能 10 个小时供水。现在一户吃水要花 30 来块钱。这个地方土地少人多，没有水不行。

说到水，大家都来了话。沙壕社长郝蓝虎接着说。

我 47 岁，1997 年入党。

总体的矛盾就是缺水。沙壕就是没水，只有 20 世纪 60 年代的一个大口井，人工挖的水坝子。其他 3 眼机井都没水了。

电是太难了。像我们村的变压器，1970 年上的，现在增改点线路，还要施工费。农电搞得太狠。

我们这个社是全明安乡最小的村，实际人口 60 来人，都在山里。

再往下都是抢着说了。这个说话的是阎宽。

我 1998 年入党，56 岁，赤脚医生。

今天是党的伟大生日。刚才有了新支部，他们的规划都是实实在在的事情，就是水、电、渠。能把这样几件事办好就不错了。这个地方观念落后，经济落后，文化落后。

现在，青年就想进城打工，觉得穿点短裙子就是进城了。农村基本都是留守的 50 岁以上的人。现在看电视，说搞社会主义新农村建设，有电、有新房是很好，可我们和那个差得太远了。搞新农村，现在连个高中生都留不住，留下的都是年纪大的，都是文化水平低的，这个不行。

搞新农村，解决农村这个观念问题，困难。干部干几天就走，对工作没感情。很多农民也都是等靠要。

最关键的是给农民办实事。

许广亮一直没怎么说话，这时候开口了：农村干部能把农村的水电搞好就是好干部了。现在去银行贷款，不给担保就不行。社员想种地，银行只关心收回贷款。

能把买不到的化肥买到，就不错了。

和我一起来的明安乡的包片干部刘云龙也说了起来。

我41岁，1995年入党。

建党周年，开这个座谈会，是反映基层问题的会，反映农村的问题，也是每年谈每年解决不了的问题的会。

这个村人口多，土质不好，基础差。井好多年了，一直没有投资改造，带病运行。

没有任何资源，没有企业，总体来讲比较贫困。我们也多次和乡里谈过修渠衬和井的问题，希望能再反映一下。

那天选举日，就是6月28日，上午刚选举完，就下来10分钟的冰雹，把沙壕这个社打得绝收了，还捎带了200来亩地。好在庄户没事。

我说，我要负责地把大家的意见转告旗委。

对我这个长期在新闻单位工作、暂时来这里挂职锻炼的共产党员来说，能参加一个村党支部的会，是十分难得的。回到城市和同事聊天，发现他们对基层干部指责的多，理解和支持的少。其实，如果没有这些同志的勤恳工作，很难想象我们的党和国家机器如何正常运转。他们自己就是基层群众，天天和群众生产、生活在一起。“要会组织、引导群众”，“关键是共产党员要有组织能力”，“农村落后，国家就落后”，说得朴素、坦率，带着大地的深厚和泥土的芳香，多么好！我愿在这本“原生态”采访实录结尾的地方，向这些基层的共产党员，向乌拉特前旗各族牧民和农民，向那里的长辈、同辈和孩子们，表示诚挚的感激之情和祝福！

青海笔记

大美青海[1]

江南的美，更多的美在小巧玲珑。青海的美，更多的却美在“大”。大山、大江、大河、大湖、集于一地。雄浑之美、壮观之美、磅礴之美、深邃之美，显于一域。人到此地，豁然开朗，心旷神怡，境界亦为之一宽。

青海大美之大，为风骨为精神。在于大气和谐，几十个民族和睦相处，藏传佛教、伊斯兰教等多种宗教和谐共存，人与自然和谐相处。在于源远流长，从柳湾彩陶、同仁唐卡、丹葛尔古城、藏医药，到西路军、原子城、青藏公路，古往今来。在于大爱深情，玉树强震，四面八方千里驰援，玉树人自救互救；玉树重建，全国支援相助，玉树不倒、青海长青，美丽的格桑花重新绽放。

青海大美之美，为神韵为风华。在于生态自然，高山高原，冰川江源，野生动物，其原生态、大自然，美得令人心颤。在于神奇神秘，塔尔寺、格萨尔王传说闻名天下，早于庞贝古城2000多年的大型史前灾难遗址喇家遗址正在为人所知。在于风情无尽，“花儿”歌声动人，康巴歌舞独具特色。

青海大美，亦美在细部，美在具体。夏都西宁，风情海东，圣洁海南，美丽海西，生态海北，秘境黄南，雪域果洛，天上玉树。生态文化，民族文化，宗教文化，自然人文，可谓“大”在多元发展、多样共存，“美”在丰富多彩、悠久深厚。

① 原载《人民日报》，2011年6月3日，第4版。

多少年来，青海偏居西域，其“大美”不为更多人知，只有多扬其风骨神韵，方能让天下人美其美、享其美。

欲扬其风骨神韵，何妨在“大”上做文章？须有大气魄、大战略、大思路、大手笔，引进大项目、大资金、大企业，形成大品牌，构建大交通，做好大服务，形成大产品，对接大市场，架构大产业，以大开放促进大发展，勿被“小作坊”“小商铺”式的发展误了前程，束了手脚。亦须在“特”上求生存，瞄准其独特的地域环境和省情，找到富有青海特色的开发模式和战略途径；在“新”上寻空间，以新资源应对新市场，开发新产品，提供新服务，利用新技术，培育新业态，营造新环境，开辟新天地。

欲扬其风骨神韵，更须站位“高”。后发而立足高起点，后起而占据制高点。“生态立省，坚持走内涵式发展道路。”“十二五”期间，青海旅游总收入年均增长20%以上，打造百亿元产业，建设高原旅游名省——5月31日青海第五次旅游大会的郑重宣告，表明了青海人民深思熟虑的坚定抉择。如此原生态的美，须要走内涵式发展之道、科学发展之路，绝不走先污染后治理的老路、先破坏后保护的弯路。

唯有让其风骨神韵自然绽放，方能存其“大美”，成其“大美”。

党旗在天路飘扬[①]

——青藏铁路全线通车六周年记

列车运行在青藏铁路。

青藏高原，山宗水源，壮美而苍茫冷峻，神奇而高寒旷远。

2006年7月1日，东起西宁，南至拉萨，全长1956千米的青藏铁路全线通车。

跨昆仑、越巅峰、走羌塘，青藏铁路是名副其实的天路。960千米穿越4000米以上高海拔地区，最高点5072米，是世界上海拔最高、线路最长的高原铁路。

天路，是经济线、政治线、文化线，是团结线、生态线、幸福线。截至2012年6月30日，青藏铁路累计运送旅客5276万人，运送货物2.45亿吨。客、货运送量由2006年的648.2万人、2491万吨分别增长到2011年的1060.2万人、5164.3万吨，为青藏两省区实现GDP年均增长10%以上作出重大贡献。

“那是一条神奇的天路，把人间的温暖送到边疆。从此山不再高，路不再漫长，各族儿女欢聚一堂。”天路上，高高飘扬的是鲜红的党旗，走在最前面的是共产党员们。

① 原载《人民日报》，2012年8月20日，第1版。

高原雄鹰

“浩浩江河涌，巍巍昆仑横；瀚海八万里，雪峰傲碧空；冰川江河涌，天险鬼神惊……羚羊跃健步，神鹰舞长风”，诗人刘延军这样描述青藏高原。

能在高原的蓝天上自由翱翔的，是雄鹰。能在天路上纵横驰骋的，是雄鹰般的青藏铁路人。

2006年7月1日，在格尔木火车站的平台上，胡锦涛同志为青藏铁路首趟旅客列车剪彩。担当这趟列车牵引任务的，是西宁机务段格尔木运用车间司机姜森林。

“我一定要当一个最好的火车司机。”当还是一名普通的检修工人的时候，姜森林就立下了这样的目标。他拿出蚂蚁啃骨头的精神，在很短的时间里成长为一名“问不倒，考不倒，难不倒”的金牌司机，获得全国“五一”劳动奖章等荣誉。

“从望昆到格尔木，161千米，走一个半小时，海拔4800米下降到2800米，落差2000米。过玉珠峰的时候，要插管。”开了23年的机车、今年49岁的老司机李文说。他的安全行车记录是852323千米。玉珠峰，是昆仑山主峰。他说的插管指的是吸氧。在高海拔缺氧线路，司机插着吸氧管驾驶机车，是青藏线的一道经典风景。

李文一家三代都是高原高海拔机车司机。“我们是机车世家。9月，我儿子就上来了。”说起自己的儿子，李文的眼睛里闪烁着特别的光彩，而同样的光彩也曾在李文的父亲眼里闪耀过。

“作为集机车运用、检修、整备、救援于一体的格尔木机务段，运用车间有280多位机车司机，党员比例达到74%。人员安全，机车安全整体稳定。”机务段党委书记黄海言语中充满自豪。

“平时像只猴，雨天像只鸡，雪天是圣诞老人。”32岁的任城介绍起调车作业来很生动。他是三等中间站哈尔盖站的调车长。“猴子”，比喻他们扒车、跟车时的上蹿下跳或在寒风中缩成一团；“鸡”，比喻他们总是露天作业，风雨中毛发直立；“圣诞老人”，比喻他们在风雪中须发皆白。“我们现在一天24小时大概编解1700多辆车。无论什么天气，都必须出去作业。”和任城搭班的连结员马学红平静地说。

拉萨西站调车组是在海拔近4000米、高寒、含氧量仅为内地40%的地方作业。4个班组共16人，其中藏族职工2名，每昼夜调车作业7批，调动钩数81钩，调动辆数362辆。6年来，拉萨西站运输货物950余万吨。

青藏铁路公司坚持着力培养一支高素质的人才队伍。截至2010年末，公司运输业工人中高中及以上文化程度人数占到近93%。“他们都是高原雄鹰！”青藏铁路公司党委副书记朱华新骄傲地说。

天路道钉

天路神奇，而神奇来自平凡。

神奇的天路，是由一段段钢轨焊接而成，一道道枕木铺就，一颗颗道钉固定。那些常年在青藏铁路沿线工作的养路工、线路工、接触网工、电力工和治安民警，坚守着平凡的岗位，被称为“天路道钉”。

青海察尔汗的“万丈盐桥”天下闻名，拥有“全国五一劳动奖状”和“全国铁路工人先锋号”两个“全国先进”荣誉的格尔木工务段达布逊线路工区正在盐桥的中间，担负着青藏线K708至K738上下行60千米正线和达布逊车站站场5股道18组道岔设备的维修任务。海拔2800米，气候干燥，盐碱风肆虐，外面走一天，嘴里都是咸的，耳朵里可以掏出不少矿物质来。

达布逊是个老典型。32 名职工，6 个党员，每个人都有“执行令”，安排什么就做什么。即使没有“天窗”（特指无车通过时封闭线路内的维修时间），工区里都按时按点学习和整理内业。这里的职工丰富了大庆人的创造：白天和夜晚一个样，雨天和晴天一个样，领导检查和不检查一个样，督导和不督导一个样，数十年一个样。

“我们的主要作业是起道、捣固、拨道、改道、曲线正矢（找水平），辅助作业有锚（螺栓）固、路肩除草、线路外观整治、整修网围栏。”在一个临时要的“天窗”时间里，西宁工务段哈尔盖车间那仁工区党员工长方圣泉这样介绍。他干了 27 年的养路工，一眼可以看出 1 千米内钢轨轨向几毫米的偏差。而正常的标准轨距是 435 毫米，允许的偏差仅在正负 1 毫米之间。方圣泉正带着 7 个人的作业小组在轨道上作业。他们的工具有一台 27 千克的起拨道器，自重 45 千克、加满油有 100 千克的螺栓机，还有 9 千克的撬棍，450 毫米活口扳手等。“铁路养路工，说起来是粗人，其实干的都是细活，而且是用几十公斤重的工具干几毫米的活。”

“4513，意志如山。”这说的是青藏铁路公司最小的直属站——海拔 4513 米的那曲站。那曲站有职工 49 人，党员 20 人，担负着管内那曲、安多两个有人站和 10 个无人站的运输组织及那曲物流中心的经营和运输安全生产服务。青藏铁路那曲直属站是全路海拔最高、条件最艰苦的站区。即使在最好的季节 8 月，这里含氧量也只有平原地区的一半，冬天仅有平原地区的 37%，即使坐着不动也相当于在平原地区负重 40 公斤。

那曲派出所下辖的安多警务区，号称“天路第一哨”。所在安多站，是世界上海拔最高的有人值守车站。“4702，不当第二”，就是这里的党员们喊出来的。

越是艰难的地方，党员的先进性越突出，为了实现争创高原一流车站的任务目标，那曲站不断推动班组党支部工作扎实深入开展，实现了党员“四个零”：零误差、零缺陷、零故障、零违章。

在海拔4850米的格尔木工务段唐古拉线路车间二层楼上贴着一幅口号:“来到雪域高原，我们就热爱这片土地；选择这份职业，我们就只顾风雨兼程。”

“我们是天路最高的道钉。”面容黧黑、形销骨立的车间党支部书记马骥这样说。他患重感冒3天了，同事们一直劝他下山。在高原上，最可怕的就是感冒引发的肺水肿，一般3个小时内就可以致命。可他坚持留在山上。

正是在党支部的团结带领下，在党员的示范引领下，车间职工围绕确保高原冻土线路稳定和运输安全畅通两大主题，积极应对生理和心理的双重挑战，在海拔近5000米的高原冻土线路上设立“技术攻关示范区段”，累计完成近10万个各类数据的观测记录和搜集整理，摸清了高原冻土路基在不同季节、不同气温条件下的变化规律。通过改进作业方法，实施精检细修，使管内线路质量大幅提升，安全基础不断夯实。2011年，唐古拉车间党支部被中组部授予“全国先进基层党组织”称号。

“列检神医”

再先进的技术，也不能保证设备在高寒缺氧的高原不出故障。为了保障行车安全，青藏铁路上有一批不穿白大褂的车辆“医生”，时刻负责客货车的检修工作，简称“列检”。他们都是从普通工人中成长起来的技术工作者。其中，“二马”最有名，他们是西宁车辆段西宁客车运用车间的马云和格尔木货车运用车间的马寿。二人被誉为“列检神医”。

我在一辆送回车间检修的绿皮客车备用车厢内见到了马云，他正在检修出故障的控制柜，这是一个不大的故障。在短短的十多分钟内，他就接了五六个电话。原来，他接的是以他的名字命名的

"马云 120 远程故障应急服务台"的电话。这个服务台被铁道部政治部命名为"党内优质品牌"。

"修车人要想着乘车人。"马云淡淡地说。28 年来，只有初中文化的他，经过刻苦钻研，从一个门外汉成为首屈一指的青藏铁路发电车及车辆电气方面的技术带头人。2010 年，西宁车辆段的 7 辆发电车先后发生 22 台次机组停机，但故障原因始终找不到。马云苦干 3 天，排除故障。

"图纸都在脑子里。"当车辆在运行途中发生车电故障时，马云能够根据乘务员的电话描述，快速、准确地判断故障所在，通过远程遥控作业人员快速处置，被公认为车辆技术业务的"活字典"。段党委成立"马云 120 远程故障应急服务台"，抽调精通车辆电气发电车故障处理的十余名技术尖子，充实服务台力量，做到哪里有故障，哪里就有"马云 120"的声音；哪里有技术难题，哪里就有"马云 120"的身影。两年多来，马云带领"马云 120"的十几名成员，处理重点故障 100 余件，协助处理其他铁路局的进出藏列车突发故障 30 余件。

列车进藏前要经过最后一关"关口列检"，在格尔木货车运用车间，马寿是这个关口的"把关大将"。就在不久前，他发现了编挂 40 节车厢的一列货车中间部 120 阀体螺栓丢失。这个故障很隐蔽，会导致空气制动机（列车刹车）失灵。"有问题找马寿。别人看不到的，马工看得到。"这是同事们对马寿的肯定。

"我检查过的车辆应该没有问题。"马寿自信地说。伴随着青藏铁路格尔木—拉萨段开通运营，新型 70T 货车、25T 客车、5T 设备等新技术、新装备大量投入使用，给车间带来前所未有的压力。作为车间第一党小组组长，他每天总是第一个来到车间，一般要干到晚上 10 点来钟。

"车型在进步，检修工具也要随之改造。"马寿说着，顺便介绍几件自己设计发明的工具。一个是多用途锤，锤把可作为撬棍，锤头伸出的部分有钩引功能；一个是“钩高调整器”，原来需要3～4个人的工作，现在一个人就可以做。

“一个车间一个骨干，太少了。”格尔木货车运用车间党支部书记说，“我们希望通过立标树型，带动更多的职工学技术。以一个骨干培养更多的骨干，打造过硬的‘关口列检’。”

五彩哈达

在7月19日的K9801次列车上，两个藏族小伙子赤列贡呷和洛桑塔青为乘客唱了一首《欢聚》。他们都是大三的学生，一个来自咸阳的西藏民族学院，一个来自武汉的中国地质大学，因为邻坐而相识，也因为列车员的精彩表演而受到鼓舞。

当入藏列车过了格尔木逐渐行驶在海拔3000多米路段时，列车员们会以车厢为舞台表演一些自编文艺节目，他们也会邀请旅客一起互动。“这样可以缓解乘客的高原反应。旅客快乐，我们也快乐。”列车长郑艳芬说。“这是对旅客的人文关怀，更体现了乘务员的高原情怀。”一位来自河南南阳的中学美术老师激动地说。

“每个列车组都有自己的文艺演出小分队，这是我们提高服务质量的特色做法。火车提速，队伍‘提素’，全路要打造‘天路使者’的高原示范列车服务品牌，实现列车安全零事故、服务优质零距离、旅客平安零死亡、路风良好零投诉、环保达标零污染、高原疫情零传播。”西宁客运段党委书记杨柳波说。

其实，乘务员过海拔高的地方也一样有反应，可他们还是要为旅客服务。“进藏列车一个来回4344千米，52小时44分，一会儿海拔5000米，一会儿3000米，乘务员们叫自己是‘变频人’。”拉萨车队总支书记殷雷雷说。

几年来，担负着西宁、兰州至拉萨的K917/8、K9801/2次列车乘务工作的拉萨车队，凭借优质的服务和良好的精神风貌得到了广大旅客的一致好评，车队先后收到旅客表扬信 123 封，在留言簿表扬 1953 次，锦旗 4 面。

按照青藏铁路公司党委突出“细节、标准、特色”，建设“中国特色、高原特点、世界一流”高原客运服务品牌的要求，西宁站打造“大美青海，爱心使者”服务台，拉萨站打造“五彩哈达”旅客服务中心，格尔木站、那曲站、海石湾站分别打造“昆仑驿站”“格桑花”和“爱心第一站”等车站服务品牌。

拉萨站的“五彩哈达”服务活动很有特色。其中，“白色哈达”代表诚信服务；“红色哈达”代表热情服务；“黄色哈达”代表精细服务；“蓝色哈达”代表洁净服务；“绿色哈达”代表便捷服务，为旅客提供一站式的导航服务。

“藏族的五彩哈达是献给佛的，拉萨站的‘五彩哈达’是献给旅客的。”斯朗卓玛庄重地说。她是青藏铁路第一批藏族正式员工，来自昌都牧区，在西南交大读大学的时候就入了党。近 6 年里，她在进站引导、检票、贵宾接待、进款管理、票据管理、计划管理、售票组织不同岗位上都做得十分出色，入选“感动青藏铁路十大人物”，先后被铁道部授予“火车头奖章”“优秀共产党员”等荣誉称号。

党旗鲜红

“我以党员的身份向全体职工承诺：认真执行规章制度，带头提高设备质量，带头学习政治、业务知识，带头提高自身素质，带头完成生产任务，带头关心职工疾苦，绝不违章作业，自觉接受全体职工的监督。”这是西宁信号车间平安驿工区工长董春雷贴在墙上的承诺书。

针对点多线长、施工配合任务重的现状，西宁信号车间一线党员首先向职工群众做出承诺，再由党支部检查践行承诺情况，并把落实承诺情况纳入党员“创岗建区”活动的月度考核。建立党员承诺和点评制度，增强了党员的责任意识，促进了职工整体安全意识的提高。职工们说：“党员带头做出承诺，我们学有榜样、干有方向。”

党员承诺和点评制度，已成为青藏铁路公司党建工作的一个抓手。“高原生产生活条件格外艰苦，所以我们更要发挥党员的先进性，做保持党员纯洁性的表率。”青藏铁路公司党委书记王新文说。

青藏铁路公司是铁道部所属18个铁路局（公司）之一，现有运输单位17个，职工总数19418名。目前，全公司共有基层党组织443个，党员9433人。公司党委立足青藏铁路特殊的地理位置、特殊的任务使命，坚持把加强和改进党建工作融入管好用好青藏铁路的全部工作之中，深入探索基层党建工作的规律和融入运输安全、生产经营的途径。

“支部建在班组，堡垒筑在前沿”。公司各级党组织坚持“当班能见面、作业能互控、情况能交流、思想能沟通”和党员岗位“一人一岗”、生产一线党员100%参加。开展窗口创先争优，以党员“无违章、无违纪、无事故”和“包最差、创最优、当表率、做贡献”为目标，围绕设备质量、关键作业等影响安全的突出问题进行选题立项，党员骨干牵头，组织开展党内立项攻关，把党员引向了为天路畅通保驾护航的最前沿，打造了一批如察尔汗党员万丈盐桥线路示范区段、唐古拉地区党员高原冻土线路示范区段等叫得响的党内安全品牌。

对少数民族干部职工“多关爱一些，多厚爱一层”。青藏铁路公司少数民族党员占全公司党员总数的6.1%，公司把少数民族干部职工的培养、选拔、教育、任用作为党组织的一项基础性工作来抓，把发挥民族骨干人才作用作为实现公司运输发展奋斗目标的重要保证来落实。几年来，培养了马云、斯朗卓玛等一大批少数民族党员职工干部。

青藏铁路公司坚持物质激励和精神激励相结合的原则，注重一人一事的人文关怀与心理疏导，把思想政治工作的触角延伸到家庭、生产生活的各个方面。职工关心的收入、住房、助学、助医等问题得到了有效改善，提高了企业认同感和向心力。公司也被青藏两省区评为“民族团结进步模范单位”和“全国模范劳动关系和谐企业”。

几年来，公司党委推选出了全国先进基层党组织、全路先进党支部标杆格尔木工务段唐古拉车间党支部，全路学习型领导班子标杆西宁车辆段党委；培育了“安全标兵”“天使工程”“金牌司机”“五彩哈达温馨服务台”等一系列党建服务品牌；开展了“感动青藏铁路十大人物”及青藏铁路十佳“安全标兵”“服务明星”“工班长”等“天路系列”品牌创建活动，对在创先争优活动中涌现出的先进党委、党支部、党小组和优秀共产党员、优秀党务工作者进行表彰。

茫茫雪域，巍巍昆仑，千里铁路，万众一心。6 年间，青藏铁路公司的几乎每个工种、每个领域都有一批荣获“全国工人先锋号”“全国五一劳动奖状”“全国劳动模范”和“共和国铁路楷模”“青海省工人先锋号”“西藏自治区‘十一五’建功立业先进集体”等荣誉称号的全国、省部级先进集体和个人典型，在安全发展、和谐发展的进程中发挥出了应有的战斗堡垒和先锋模范作用。

高原上的共产党员“白衣度母”[①]

——记玉树州人民医院院长韩慧瑛

度母，传说美丽端庄，善良慈悲，救苦救难，在藏族人民精神信仰中有着重要地位。在玉树灾区的废墟上，人们真的见到了一位“度母”，但她不是来自天上，而是来自人间。她是优秀共产党员，是用精湛医术救死扶伤的医生，而且就是玉树土生土长的藏家女儿。当地的汉藏群众都亲切地称她为共产党员“白衣度母”。她，就是玉树藏族自治州人民医院党委书记、院长韩慧瑛。

“我是病人，更是医生。这个时候，我应该回到自己的岗位上”

2010年4月14日，大地癫狂，7.1级地震几乎撕裂了海拔3700米的玉树高原，废墟遍野。晚上10点，在结古镇州人民医院院子里，无家可归的受伤群众们在刺骨寒风中忽然感到温暖，他们看到了院长韩慧瑛的熟悉身影。但是，只有在残垣断壁间实行抢救的医院同事们知道，正在省城治病的院长，是在得知地震后立即动身，奔波了十多个小时刚刚赶到的。

“院长来了，我们就有了主心骨。”一位当时在现场的医生这样说。医疗救助区划出来了，伤员会诊一个接着一个，救治工作紧张

① 原载《人民日报》，2011年5月22日，第1版。

有序地进行着，不知所措的群众们逐步安定了。凌晨2点，第一批救灾物资到了，韩慧瑛又和大家一起赶紧在院子里搭建帐篷，把重伤员抬进去，安排转运伤员的路途药品供应，向家属们讲解注意事项。第二天傍晚，韩慧瑛还为两天一夜粒米未进的员工们亲手熬了米粥。

直到18日上午，4天之内，在韩慧瑛的带领下，州医院共救治伤员3400多人，安全转运400余人。

听到护士长汇报说，伤员数量趋于平稳，大家情绪相对稳定，韩慧瑛长长地出了一口气。接下来，就是不知道多少次爬上危楼调查医院的整体受损情况，积极协调军地双方和济南军区方舱医院联合开展医疗救治工作，带领员工抢运设备、器械和药品，劝慰失去亲人的同事，监督卫生防疫，对接援助单位，安排物资分发和项目用地，偶尔才在狭小、拥挤、冰冷的救护车里休息一下。就这样，她度过了生命中的最灿烂的几十天。

这时，人们看到的，是一个充满生机和活力的韩慧瑛。即使医院同事们也不知道，她正身患严重的过敏性紫癜、高血压、心脏病、黄疸性肝炎、腹水等病，本来应该留在省城医院继续治疗，而她在震后40分钟就离院出发了。当时，她只说了一句："我是病人，更是医生。这个时候，我应该回到自己的岗位上。"

6月28日，由于"过度疲劳，机体免疫力急剧下降导致病情严重恶化"，韩慧瑛开始接受输液治疗。然而，为了不影响救灾工作，她坚决不去省城治疗。

"一切为了患者"

韩慧瑛有一句名言："一切为了患者，一切服务患者，一切方便患者。"她这么说，更是这么做的。

医护工作者就要“以病人为中心”。17 岁从医的韩慧瑛，30 多年如一日，不论深夜还是休息日，只要患者需要，她就全身心地投入工作。

不断提高医术才能更好地为患者服务。在业务上，韩慧瑛刻苦钻研，精益求精。她也逐渐成为玉树地区儿科学科带头人。

加强建设，才能更好地履行医院职能。成为院领导后，韩慧瑛多方奔走，为医院建设争取项目。在她的努力下，门诊部扩建了，高压氧舱落成了，全州第一台数字化 X 射线摄影设备（DR）运行了，住院医技综合楼盖起来了……

捐献，直到最后的日子

那些因为困难而准备放弃治疗的患者，都记着韩院长。很多次，都是因为她主动拿出自己微薄的薪金，及时作了安排，他们才能继续治疗下去。而她自己却记不清这样的捐献有多少次了。

玉树州孤儿学校校长尼玛仁增这样讲起自己熟识的韩慧瑛：她真是一个非常好的医生，确实有爱心。地震前，我们这个孤儿学校特别困难。有一次，要给全院 200 多个孤儿做体检，一个孤儿要 300 多元，全部下来要 6 万多元，这个对我们来说太贵了。我就和韩院长直说了，没钱。韩院长当时就说，孩子们的体检一定要做，我们只收成本费，别的不再说了。这是个市场经济的时代，她就是个领导，如果没有爱心，能这么做吗？她真正做到了。

2010 年 7 月 3 日，病重的韩慧瑛被送到北京住院，当天就被下发病危通知书。8 月 13 日，她从昏迷中刚刚醒过来，听说甘肃舟曲发生特大山洪泥石流灾害，当即委托丈夫向灾区捐款。经历过灾难的韩慧瑛知道，受灾群众急需救助。8 月 23 日，得知丈夫完成了这次捐献后，年仅 48 岁的韩慧瑛满意地离开了这个世界。

最好的纪念

玉树汉藏群众热爱这位高原上的共产党员“白衣度母”，党和人民也给了韩慧瑛很高的荣誉。她是中共青海省第十一届代表大会代表，玉树州政协第十一届委员、第十二届常委，玉树县第十二届人大代表。

“对韩慧瑛的事迹要深度挖掘，系统整理，大力宣传。”青海省委主要领导这样强调。

“她重事业，业务强，心胸豁达，是个模范共产党员，更是个好班长。她和江西是藏族，我是汉族。我们这个班子是汉藏一家的班子，什么事情都商量着来，从来没红过脸，是民族和谐的班子。”玉树州人民医院副院长严进才这样回忆着。

“韩老师留给我们的精神是无穷无尽的。在她的精神鼓励下，我们一定会重建美好家园。”玉树州人民医院主任医师才仁卓玛坚定地说。

对于韩慧瑛最好的纪念，其实就是继承和发扬她的精神和品德，用我们自己的实际行为丰富这个伟大时代的时代精神和民族精神。

站在高原更高处[①]

——记中国铁建二十局集团祁连山隧道掘进队的共产党员

新时期的优秀共产党员，既是党的优良传统的最优秀最集中的继承者和发扬者，同时又与时代的先进生产力最紧密地结合在一起，拥有丰富的现代科学技术知识，主动积极地传播先进文化，以自己的模范言行丰富着时代精神。

“我们这支队伍是铁道兵和‘学生排’的结合。”坐在祁连山深处工地指挥部的办公室里，中国铁建二十局总工程师、兰新铁路二线项目经理任少强这样平淡地开始了对赫赫有名的祁连山隧道掘进队的介绍。

2010年以来，祁连山隧道掘进队承建了兰新铁路第二双线祁连山隧道工程，在平均气温零下13.1摄氏度、最低气温零下34.5摄氏度，海拔4300多米的极端恶劣自然条件下，攻克了有“地下泥石流”之称的碎屑流地质这一世界级隧道施工难题，创造了中国乃至世界铁路施工史上的新纪录，为国家重点建设项目、目前世界海拔最高的高速铁路——兰州至新疆铁路第二双线全线按期贯通提供了保证。

勇往直前“尖兵连”

“从当年的‘支部建在连上’到如今的‘项目干到哪里就把党组

① 原载《人民日报》，2011年6月28日，第5版。

织的战斗堡垒作用发挥到哪里’，从当年青藏铁路一期工程，到今天兰新铁路第二双线的祁连山隧道，我们这支队伍的施工技术、装备水平和生活条件、安全保障都发生了很大变化，有了很大进步。但是不变的，是挑战极限、吃苦奉献、勇创一流的青藏铁路精神。”中国铁建董事长、党委书记孟凤朝这样说。

这是一支有着53年光荣传统的英雄团队，前身是原铁道兵十师五十团十三连。自1959年3月从抗美援朝战场回国进入青藏高原担负青藏铁路施工以来，这支队伍始终战斗在青藏高原上。20世纪70年代，为了打通当时世界海拔最高的铁路隧道——关角山隧道，25名年轻的共产党员付出了生命。为配合科研单位进行冻土试验研究，他们3次来到海拔5010米的可可西里无人区，担负青藏铁路风火山试验段施工，被铁道兵党委授予“风火山尖兵连”称号。

2001年青藏铁路二期工程（格尔木至拉萨段）开工，他们写下血书，积极请战参加海拔4920米的世界第一高隧——风火山隧道的施工。新、老共产党员为主，老铁道兵和年轻学生一起，组成掘进突击队、科技攻关小组等，提前打通风火山冻土隧道，打破了西方人“青藏铁路过不了风火山”的预言，创下吉尼斯世界纪录，并获得国家科技进步奖和中国建筑工程鲁班奖、詹天佑土木工程大奖。

“50多年了，我们传承了铁道兵披荆斩棘，百折不挠，以苦为荣，艰苦创业的奋斗精神和革命乐观主义精神，我们一次又一次战胜艰难险阻，克服常人难以想象的困难，创造了一个又一个世界之最。”中国铁建总裁赵广发感慨地说。

勇克难题“搭天梯”

祁连，是古匈奴语“天上之山”的意思。2010年开始的兰新铁路第二双线建设被喻为“搭天梯”。这支队伍再次承担了全线海拔最高的祁连山隧道的建设任务。

“共产党员的先进性，既体现在继承和发扬党的优良传统上，又体现在与先进生产力的结合上。”任少强说。这位当年“风火山尖兵连”的新兵，目前已经是祁连山隧道掘进队队长。他拥有着桥梁专业硕士学位和隧道专业博士学位，是年轻的教授级高工。

干部职工300人左右，35%是党员，30%是工程师，30%拥有本科学历，15%以上拥有副高职称，8%左右是教授级高工——这是一支富于党员先进性，又以现代科技武装起来的队伍。接手全线的重点工程、难点工程，面对着洞口海拔3600米至3800米，高寒缺氧，一天最大涌水量10万立方米，碎屑流地质……任少强特别重视科技手段和安全管理。

针对地质情况，他们探索出了多项国家级新工艺和新工法，一举攻克了碎屑流这一世界铁路隧道施工难题，创造了中国乃至世界铁路施工新纪录。

从关角山隧道到风火山隧道再到今天的祁连山隧道，这是一部中国铁路建设的编年史。

从铁道兵十师五十团十三连到“风火山尖兵连”、祁连山隧道掘进队，这是中国铁建的一部优秀共产党员的成长史、一部共产党员先进性的编年史。

青海党政军企共建示范村
干部晒黑了，村庄变美了[①]

冬季的雪域高原，银装素裹，分外妖娆。一路走来，乡间水泥路平直宽阔，路边村庄砖瓦房整齐划一，家家户户院墙和大门修缮一新，房前屋后干净整洁。就是两年前来过青海的，也都不禁欣喜地问一句：高原新村怎么能建设得这么漂亮？

“短短的6个月时间里，我们村告别了几辈人的土屋矮墙，迎来了青砖红瓦。太阳能、热水器这些城里人的设施也搬进了我们牧民家中。这是共建的力量啊！”祁连县峨堡镇峨堡村党支部书记陈建新感慨地说。

今年以来，青海省委组织部动员全省党政机关、驻军单位、企事业单位、中央驻青单位、援青省市开展“党政军企共建示范村”活动，全省除玉树州外的7个州市地21个县市区81个乡镇的306个村，在679家共建单位的结对帮扶下，投入资金44.87亿元，整合实施各类建设项目100余个，使农牧区7.23万户、30.65万农牧民群众直接受益。

打出新农村的“建设组合拳”

党的十八大提出，解决好农业农村农民问题是全党工作重中之

① 原载《人民日报》，2013年1月12日，第1版。

重，城乡发展一体化是解决“三农”问题的根本途径。这为新形势下新农村新牧区建设指明了方向。

特别是近年来，随着党的惠农导向越来越实、惠农政策越来越多，青海新农村新牧区建设取得了积极进展。但由于农牧业基础脆弱，城乡经济社会发展的差距依然很大，农牧区“只见新房不见新村”的局面还没有完全改变。

为进一步贯彻党中央关于统筹城乡发展的要求，整体推进新农村新牧区建设步伐，2011 年，省委、省政府决定，由省委组织部牵头连续两年在全省范围内组织开展“党政军企共建示范村”活动，通过发挥党政机关、驻军单位、企事业单位、中央驻青单位、援青省市在组织、人才、管理、资金等方面的优势，继续加强农牧区基础设施建设，改善农牧区生产生活条件，优化人居环境，逐步消除城乡二元结构，形成城乡经济社会一体化发展格局。

“示范村建设必须紧紧围绕‘农牧户院墙和大门统一改造，村道全部硬化，饮水安全问题得到解决，危房基本改造，村庄环境有效治理，绿化亮化净化美化，修建群众文化活动场所，推广使用清洁能源，培育发展主导产业，完善村庄管理制度，建立长效机制’的总体目标进行。”活动领导小组组长，省委常委、副书记王建军介绍说。

按照省委、省政府的要求，在省“党政军企共建示范村”活动领导小组的统一组织下，所有共建地区和单位科学编制规划，集中项目、集中资金、集中力量，推动活动有力有序有效开展。

参与共建的单位和援青省市普遍建立了“一名领导、一套人马、一抓到底”的工作机制，以“一个单位一个村、多个单位一个村、一个援青省市多个村”等形式与村庄结对。州县乡三级分别建立县级领导联系点和县乡干部包村制度，省州县组织部门强力组织推动，县委书记履行“第一责任人”职责，乡村干部在建设现场服务。

“活动最大的特点，就是集中项目、集中力量，打出了一套新农村建设的‘组合拳’。”活动领导小组副组长，省委常委、组织部长齐玉说。

在省里，财政专项列支1.03亿元用于示范村建设。省农牧、住房城乡建设、民政、水利、交通、林业、扶贫等部门，把农村危房改造、奖励性住房、饮水安全、村道硬化、扶贫整村推进、村庄绿化等项目和资金统筹打包、捆绑使用，整合涉农项目资金17.89亿元，集中投向示范村。

共建单位充分发挥人才、技术、资金等方面的优势，通过各种形式投入帮建资金2.5亿元，实施产业帮扶项目17个。上海、浙江、江苏、山东、天津5个援青省市为对口援建地区示范村建设投入帮扶资金3950万元。

在州县，两级财政投入4.62亿元。化隆、循化、贵德等县还协调金融企业提供小额贷款，以土地流转等方式积累公共设施建设资金，形成了多元化、多层次的投入机制。

财政投入和项目资金发挥的是“四两拨千斤”的作用。只有激发起广大群众共建家园的积极性，才能使新农村新牧区建设得到最广泛支持。

听说政府帮助建设家乡，在施工的黄金季节，农区牧区的外出打工人员都纷纷返乡。砌砖块、拉沙石，男女老少齐上阵，既当“泥瓦匠”又当“搬运工”。一辆辆农用车不分早晚穿梭于大街小巷中。建设搞得热火朝天。

“我干了几十年党支书，从来没见过村子里一年实施了这么多项目。党的政策都是为了农民好、为了子孙后代好。我们出工出力算不上啥。哪怕累趴下了，也值！”互助县东和乡黑庄村的老支书牛占云激动地说。

据统计，共建活动群众投工投劳投资达18.16亿元，大部分村农牧户院墙及大门改造中群众自筹资金比例在60%以上，危房改造、奖励性住房中自筹资金比例达80%。

“村庄变美了”

“我们村可美了。现在过的日子赶上城里人了!”互助县魏家滩村的杨长玉眉飞色舞地说。

说起魏家滩村，那可真是一幅“村在林中、路在绿中、房在园中、人在景中”的高原乡村美景。依山傍水的田园风光中，新建的现代建筑交相辉映；沿着统一硬化的乡村道路，一路都是粉饰一新的农家院墙、翻新改建的农家小院；新建的两层楼的村级活动服务场所前，就是占地17.8亩的文化健身广场。

通过近一年“党政军企共建示范村”活动，一批设施完善、环境优美、特色鲜明、产业发展的示范村陆续建成。

基础设施条件显著改善。活动中，共硬化村道1022千米，新建便民桥68座。实施了涉及10.38万人、36.59万头（只）牲畜的人畜饮水安全项目，自来水拉到了农牧户的灶台上。200个村修建了群众文化广场，添置了文体设施，157个村新建或改造了多功能综合服务活动场所。一些村还着力实施“一村一品”项目，累计修建温室大棚3784栋、畜用暖棚1987座，为示范村后续产业持续发展奠定了坚实的物质基础。

农牧民祖祖辈辈盼望的拆旧房、盖新院的心愿得以实现。结合危房改造、奖励性住房、游牧民定居等项目的建设，集中实施危房改造项目5716户、游牧民定居工程1681户、奖励性住房补贴2.04万户，屋顶平改坡1.13万户，院墙改造3.12万户，大门改造2.83万户，新建卫生厕所1.19万户。有的村家家户户都是新房、新院、新墙、新门、新家具。

绿化、亮化、净化、美化村庄，形成“一村一风格，一村一特色”。活动中，累计粉饰墙体400多万平方米，绿化村主干道298千米，修建村大门42个，配备环卫车辆208辆、垃圾箱5.58万个，设垃圾处理点1931个，建污水处理站16个，清理垃圾30.4万吨，安装太阳能热水器4785台，安装太阳能路灯5557盏，使村庄点上显特色、线上见效果，富有民族文化内涵和现代文明气息，形成了一片片示范村景观带。

生产生活幸福感不断提升。农牧民家里卫生干净了，衣服整洁了，说话文明了，精神气上来了；村规民约完善了，文化墙、群众性文体娱乐活动到处可见，文明村风形成了。很多农牧户在大门上悬挂国旗，以表达对党的感恩之情。广大农牧民群众建设新农村、创造新生活的积极性持续高涨。

正如群众自拟的一副对联所表达的："百年村庄、百日变化，百姓观念、百天变化"。共建村已今非昔比，"旧貌换新颜"。

"干部晒黑了"

"群众路线永远是我们党的生命线。"在多次视察示范村建设活动工作中，青海省委主要领导反复强调这一点。

乡村干部吃住在村里，工作在一线，坚持为民办实事。地区和共建单位建立驻村包户制度，熟悉基层工作的同志驻村蹲点指导，帮助解决群众面临的困难和问题。有的地区和共建单位发动干部职工捐款捐物，帮助无力建房的五保户和残疾户家庭盖新房、建新院让他们真真切切感到党和政府的温暖。"这的确丰富了干部阅历，密切了党群干群关系，增进了同群众的感情。"活动领导小组的一位同志说。

共建活动是锻炼、发现、考察、培养、使用干部的好方法。活动中，各级机关干部经常深入基层、深入实际调查研究，熟悉省情县情乡情村情，了解社情民意，形成了主动联系基层、主动服务人民群众的“倒逼机制”。示范村“两委”班子以共建活动为契机，发挥党员干部的带头作用，团结带领全村群众投身示范村建设，着力解决多年来想解决而未解决的问题。同时，还进一步完善了村务公开、“一事一议”“三议一表决”等民主议事制度，提高了村级组织服务群众工作制度化、规范化水平。通过活动的开展，为党和政府赢得了好口碑，基层党组织在群众中的威信大幅提升，影响力空前高涨。

党员干部们出了辛勤的劳动和汗水，群众们都看在了心里，亲切地说：“干部晒黑了，村庄变美了”。

“这次示范村建设，符合青海农牧区发展实际，也符合党的十八大关于推动城乡发展一体化的战略部署，是一项德政工程、惠民工程。”青海省政府主要领导说。

“中国力量”托举新玉树[1]

不到两年时间，在遭受七级强震、寒冷缺氧的高原废墟上，人们可以创造怎样的奇迹？

学校里传来琅琅读书声，新民居飘起袅袅炊烟，藏族同胞在悠然转经，巴塘河水流淌希望。震后的第二个春天，玉树焕发新的生机，开枝散叶，昂首向上，挺立于三江源头。

“同人民在一起。”“新校园，会有的；新家园，会有的。”两句最富感召力、凝聚力的话语，给人温暖，让人振奋。从抢险救灾、过渡安置，再到恢复重建，科学发展的执政理念贯穿始终，彰显了中国共产党突出的先进性，和集中力量办大事的社会主义优越性。

“民有所呼，我有所应”。以人为本、民生优先的重建理念，抚慰了玉树群众的创伤，唤醒了玉树人民重建家园的信心与激情，促进了社会和谐稳定，为恢复重建奠定了坚实的群众基础。

一声令下，数万援建大军，转战雪域高原。讲大局，讲奉献，用非凡的毅力、智慧和心血托起新玉树。对口援建的“中国力量”再度出手，社会主义中国的国家意志和动员能力再次体现。

在玉树发生的奇迹，体现着今天中国的发展理念，见证着中国攻坚克难阔步前行的脚步。

---

① 原载《人民日报》，2012 年 3 月 12 日，第 15 版。这里文字略有调整。

震后恢复重建两年 新玉树框架初现[①]

4月玉树，高原初春。雪山依然嵯峨，雪山脚下的玉树却换了人间。

两年前，2010年4月14日，玉树地区发生7.1级强烈地震，灾区人民生命财产和经济社会发展蒙受巨大损失。

在海拔4000米的雪域高原，经过近两年的时间，玉树重建已经取得了阶段性重大胜利，社会主义新玉树的基本框架初步显现。

玉树重建，是在党中央、国务院和青海省委、省政府的坚强领导下，在全国人民的关心支持下，始终坚持科学重建、依法重建、高效重建、和谐重建，紧紧围绕“三个确保”的目标要求开展的。截至目前，累计开工项目843个，占规划项目的66%，已完工158个；累计完成投资208.9亿元，占规划总投资的73.4%。

推进住房建设、实现灾区群众安居乐业是玉树重建的首要任务。征地拆迁、项目规划、户型设计、施工组织等工作开展得扎实细致。截至2011年11月底，城乡居民住房累计开工37287户，开工率达98.7%，完工率为85.9%。其中，农村住房建设任务数16710户，全部完工；城镇住房开工20577户，开工率91.7%，完工率69.2%。农牧民已基本入住，部分城镇居民迁入新居。

坚持整合资源、优化布局，努力推进公共服务设施恢复重建，促进基本公共服务均等化。玉树重建，对学校优先安排重建资金、

① 原载《人民日报》，2012年4月14日，第1版。

优先审批重建项目、优先提供物资保障。规划重建的43所学校全部开工。2012年3月，16所新建学校正式开课。27所学校正在抓紧建设，8月底可交付使用。26所幼儿园已开工20所，其他的2012年全部开工。规划重建的44所医院和22个卫生服务项目全部开工。部队援建了“两校一院”（八一孤儿学校、州职业技术学校、玉树县医院）项目，其中玉树八一孤儿学校已交付使用，其他两个项目主体已封顶。文化设施、体育场所、就业和社会保障服务用房等大部分开工建设。

坚持恢复功能与发展提高相结合，统筹推进道路、电力等公共服务和市政基础设施建设。交通建设力度空前，玉树州政府所在地结古镇四横十六纵城市主次干道实现全部通车，供排水和垃圾处理等市政设施大部分建成。10项重点工程中的6个项目和82%的乡村供水工程开工建设，结古镇、隆宝镇供水设施实现供水。全州292个集中建设点的防洪隐患治理工程全面启动。严格按照规划控制建设规模，及早着手制定了相关管理办法，为有效运营奠定基础。

坚持把产业恢复重建与优化经济布局、转变经济发展方式结合起来，培育壮大优势产业，加快产业恢复提升。制定了《商贸流通产业发展及项目建设实施意见》和《旅游产业发展实施方案》，编制了绿色产业聚集区规划。15个生态畜牧业和15个特色种植业重建项目开工建设，1796栋新建温室主体工程完工。结古镇1286户商铺开工建设，7个大型商场和5个中心商业区项目开工建设。加大扶贫开发力度，开展实用技术培训，提高灾区群众自我发展能力。

坚持保护与建设并重原则，坚定不移地执行中央有关环境保护的政策规定，加大生态修复和环境整治力度。制定了《玉树地震灾后重建生态环境保护问责暂行办法》，实行“一证一点”管理制度，对生态破坏行为实施严格问责制度。全面开展地质灾害隐患排查和防范，按照轻重缓急、分步实施的原则，突出重点，完成了18条泥石流沟隐患治理的主体工程，5处不稳定斜坡治理的前期工作已完成，完成投资达1.2亿元左右。截至2011年10月，青海省发展改革委已下达玉树灾区地质灾害治理预安排计划1.99亿元，其中中央包干重建资金中安排3727万元，省级财政垫资16173万元。

坚持做好群众心理疏导、精神抚慰与硬件建设联动推进，加强社区人文关怀，引导和鼓励灾区群众弘扬伟大的抗震救灾精神，增强重建美好家园的信心和决心。以集中安置点和新建居民小区为依托，积极做好福利院、敬老院和残疾人救助保护设施重建工作。文物遗产修缮工程方案的设计已经完成。4个国家级文物保护单位全面动工，44个省级以下文物保护项目已有86％开工建设。87座寺院全部开工，僧舍完工率达96％，基本能够入住。

大爱写在高原[1]

——记玉树灾后重建中的共产党员

玉树救灾，灾后重建，这里不是战场，但一样险象环生，一样需要英雄，也诞生着英雄。

是的，英雄就是那些共产党员们。一方有难，他们第一个报名；群众受灾，他们冲在最前面。

新时代的英雄们，他们来自各行各业，但是，又有一点是相同的，他们都是共产党员。他们有着共同的信仰，为了一个共同的伟大事业而奋不顾身。

人民感谢你们，祖国牢记你们。

2010年4月，玉树地震。无论是抗震救灾还是灾后重建，在最危险的时刻，在最困难的地方，人们总能看到共产党员冲在最前面。

何敏：没想到自己，只想挽救更多生命

何敏，现任解放军第四医院妇产科主任。

玉树地震发生时，何敏刚拿到癌症的确诊通知，必须立即手术。但她没有丝毫犹豫，立即报名参加部队首批医疗队赶赴玉树救灾。面对亲人的劝阻，她坚定地说："我是一名军人、一名共产党员，大

① 原载《人民日报》，2011年6月12日，第4版。

难面前不能当逃兵。”

在玉树灾区，强忍着高原缺氧的不适和巨大病痛，何敏连续十多天高强度工作，累得连腰都直不起来，只能扶着桌子接诊。由于劳累过度，她失声4天。救灾期间，她救治伤员1200多例。回想起来，她却很轻松地说：“那个时候没想到自己，只想挽救更多的生命。”

李光伟：“援建先锋”

李光伟，是北京住总集团玉树援建指挥部副总指挥。

2010年7月，北京住总集团接到援建青海玉树的任务后，李光伟主动请缨，奔赴集团援建地哈秀工作站。

哈秀的山路崎岖而危险，为了把握实际情况，在海拔4000多米的高原，他每天至少要到工地检查两次。

玉树地区10月就进入了冬季，面对零下20摄氏度甚至更低的温度，李光伟组织人员及时拿出冬季施工方案，克服了重重困难，圆满完成了2010年的援建任务。2010年11月18日，海拔4200米的玉树哈秀乡中心寄宿小学主体结构实现封顶。12月28日，北京住总集团援建的哈秀乡岗日村、甘宁村30户农牧民入住新房。

胡阳：指挥完成急难险重任务

胡阳，是中国水电建设集团玉树灾后重建现场指挥部第三工区指挥、党总支书记。

得知中国水电建设集团参与玉树灾后重建的消息后，胡阳立即报名，要求到灾区重建一线。他带领着集团灾后重建小队一行6人，长途跋涉 12 小时抵达玉树结古镇。第二天，就带领队员赶往灾后重建领导小组指定地点领受任务。

歇武镇农牧民住房建设任务工期短、工程量大、施工环境复杂。在项目工程建设的攻坚阶段，胡阳每天蹲守施工现场，与工人们一道昼夜奋战。一个月下来，他患上了重感冒，连续输液 12 天，每次都是拔下针头就马上回到施工现场。

重建施工中，胡阳充分发挥党组织和共产党员的作用，围绕灾后重建的急难险重任务，开展“六比六创”“大干五十天”劳动竞赛活动，创造了 4 天完成一层楼、9 天完成一栋农房的施工速度。

中铁二局：灾区重建的“铁军”

作为国务院国资委安排的 4 家中央企业之一，中国中铁承担了玉树灾后重建 45 亿元的工程量。

根据集团公司部署，中铁二局玉树灾后重建工程指挥部党委于 2010 年 6 月 2 日成立，6 月 3 日即抽调优秀的管理技术人员组成先遣队，翻越海拔 5000 多米的巴颜喀拉山，昼夜兼程 2000 多千米，于 6 月 5 日到达玉树地震重灾区结古镇。随后，指挥部从全局范围内抽调具有丰富抗震救灾和灾后重建施工经验的建筑公司、四公司、三公司和一公司分别组建了第一、第二、第三和第四项目经理部，建立健全了指挥部党委和两个基层党委，并建立了工会、共青团组织。

在玉树灾后重建施工中，中铁二局党员职工克服高原反应、多变的天气、强烈的紫外线照射、生活物资匮乏等困难，在高寒缺氧、海拔 3700 米的青藏高原，仅用 22 天就完成了在平原需要 50 天才能完成的任务。

北京一诺![1]

——北京援建青海玉树记

“雄狮铁军，肩负使命，鏖战高原，劫后隆宝已现日月新天。”在狂风劲吹的工地上，北京援建者豪情万丈地挥笔写下《援建玉树第403天赋》。

雪山作证，北京一诺。当2011年冬天的第一场瑞雪飘落玉树，首都援建者在年初誓师大会上许下的诺言——“年底前完成北京援建玉树总任务量的百分之九十”——已经实现。

从2010年7月援建项目开工至2011年底，跨越两个年头，受高原气候影响，施工时间还不足1年，北京对口支援青海玉树指挥部承建的总共114项援建项目全部开工建设，已完工70项，完成了援建任务总量的92%。

一诺千金，大爱深情。坚持民生优先、公共服务设施优先和基础设施优先，践行“爱国、创新、包容、厚德”的北京精神，与自然抗争、与困难较量、与时间赛跑，北京援建者在玉树奏出了一曲“和谐援建、科学援建、高效援建、阳光援建”的大爱之歌。

科学援建：首善标准

“请玉树人民放心！请青海人民放心！请全国人民放心！”

---

① 原载《人民日报》，2012年2月3日，第16版。这里略有文字调整。

在青海玉树灾后恢复重建大会上，北京庄严地发出铮铮誓言：“我们将快速出击，全力以赴，确保各项工作高质量如期完成!”

根据党中央、国务院的统一部署，北京对口支援玉树灾后恢复重建。

玉树灾后重建，是迄今人类在高原开展的规模最大、生态保护最为重要、民族宗教工作最为繁重的灾后重建。北京市承担了玉树州府所在地玉树县结古镇的市政基础设施建设，结古镇新寨村的整体打造，隆宝镇、哈秀乡的整体恢复重建任务。

承担如此重任，北京市委、市政府高度重视。中共中央政治局委员、北京市委书记刘淇要求“要以首善标准完成好对口支援玉树光荣任务”。北京市委副书记、市长郭金龙指出“要发挥首都模范带头作用做好对口支援玉树工作”。

北京市派出了一支政治观念强、作风硬朗、经验丰富、结构合理、能力水平高的前线指挥部领导班子：党委书记、指挥刘永富，党委副书记、常务副指挥金焱和纪委书记、副指挥、城市规划专家田崑生都是从什邡援建战场转战而来，他们与副指挥丁建明都参加过北京奥运工程建设管理，副指挥陈卫东具有丰富的工程建设管理经验，并有 3 年藏区工作经历。

“玉树，是一只美丽的凤凰。玉树重建，一如凤凰涅槃。”青海省委主要领导这样说。

“援建玉树工作要做到和谐援建、科学援建、高效援建、阳光援建。”“要借鉴援建什邡的经验，抓好党建促援建。”援建伊始，北京市委常委、常务副市长吉林就向前线指挥部党委班子提出了要求。

“首善标准就是用最高标准去做事，我们要将这个标准贯穿于援建玉树的全过程中。”北京援建者这样说。

科学援建，规划先行。灾后重建一开始，北京援建者就参加了玉树灾后重建规划的编制工作，为建设生态美好、特色鲜明、经济发展、安全和谐的社会主义新玉树奠定了基础。

援建，是全面的。不仅以实物援助，还要注意给灾区带来先进的管理理念，培养人才，提供技术支撑，为推动灾后重建、加快人才培养、改善基础条件、促进产业发展提供新的动力。

援建，要有远见，着眼于可持续发展。

“援建中要考虑到发展的问题，让新寨村有生长的空间。”面对着新寨村嘉那嘛呢石堆，北京援建者达成了共识。

这是目前世界上最大的嘛呢石堆，历经近300年，有20多亿块嘛呢石，上面除了刻录了佛教经文外，还刻有律法、历算、艺术等内容，是藏传佛教和文化的宝贵遗产。

“规划建设，最少干预，为申遗打好基础。”青海省副省长张建民建议。为搞好新寨村的重建，北京对口支援青海玉树指挥部组织了北京和青海的藏文化专家、文物保护专家、城市规划专家等规划队伍编制规划，广泛征询相关领导、民俗专家、宗教界人士等方面的意见，并深入到每一户藏民家中调研，历经30多轮修改才完成，为嘉那嘛呢石堆申遗和发展旅游产业奠定了基础。

“要紧密围绕‘建设社会主义新玉树’的目标，坚持科学、依法、高效、和谐重建。”青海省政府主要领导这样要求。

在援建过程中，北京援建者结合玉树实际，发挥首都科技优势，妥善处理好生态保护与城乡发展、民族特色与时代特征、当前需求与长远发展等方面的关系。

规划方案是从实际情况出发，在不断优化中完成的。比如，通过改移河道、降低道路标高等措施，结古镇巴塘路最初设计方案时的4座高架桥减少为1座，节约资金约3亿元。调整原方案中全部拆除重建结古镇19座桥梁的设计，改为新建9座，维修加固10座，既节省了投资，又缩短了重建工期。

生态环境保护是重中之重。玉树地处三江之源，高原生态脆弱。援建，要充分考虑构筑青藏高原生态屏障的要求，将援建工作与三江源自然保护区生态保护建设统筹推进。

尊重自然规律，生态重建、绿色重建、低碳重建，成为北京的坚持。

为减少树木伐移数量，项目施工中调整了扎西科路设计方案，在路中间设置了环岛；桥梁施工，实施围堰施工，确保泥浆不污染河道；道路施工，洒水作业，减少扬尘；建设了供水厂、污水处理厂和垃圾填埋场，为了新玉树城市功能更健全，也为了绿色环保。

高效援建：北京速度

高原高寒，交通不便，条件恶劣，一年施工期只有 5 个月。就是在这样艰难的条件下，面对原本 3 年的援建任务，北京提出：坚持用最高标准重建玉树，两年内基本完成。

2010 年 6 月下旬起，4 家北京国企的三千精兵强将奔赴玉树：北京市政路桥控股集团，负责结古镇主要市政基础设施建设；北京城建集团，负责结古镇新寨村整体恢复重建和结古镇部分市政基础设施建设；北京建工集团，负责隆宝镇整体恢复重建；北京住总集团，负责哈秀乡整体恢复重建。

7 月 10 日，北京援建玉树第一批灾后重建项目正式开工，玉树灾后重建从规划设计阶段全面转入施工阶段。

仅 3 个月后，10 月 18 日，市政路桥控股集团援建的长 4.2 千米，宽 16 米、双向四车道的结古镇扎西科路顺利通车，成为玉树灾后重建向社会开放的第一条新建道路。

10 月 20 日，建工集团援建的隆宝镇中心寄宿制小学项目实现整体封顶。两天后，措多村村公所在开工 3 个月后即实现竣工，成为首个交付使用的基层组织建设用房。

11 月 18 日，住总集团援建的哈秀乡寄宿制小学实现封顶。

“这是以‘北京精神’创造的玉树援建中的‘北京速度’。”玉树州孤儿院院长尼玛仁增感慨道。

“首都援建对整个玉树重建起到了重要的示范和带动作用。无私的援建精神值得推广，务实的援建作风值得学习，高效的援建经验值得借鉴。”青海省政府主要领导这样评价“北京速度”。

2011 年 3 月 25 日，高原的阳光还晒不化厚厚的积雪，北京对口支援青海玉树指挥部就召开了援建工程建设誓师大会。几天后，在北京援建工地上，挖掘机、喷浆机、发电机陆续上场，2000 多名北京援建工人全面复工。

北京援建者，必须拼命前行。

他们知道，玉树的孩子在等待学校，农牧民在等待住房。

七一前夕，在海拔 4000 多米的隆宝镇和哈秀乡，北京援建的两所小学及部分农牧民房在灾后恢复重建中，首批向玉树交付。藏族群众身着节日盛装，载歌载舞，用他们的最高礼仪——马队，欢庆新校园、新家园交付使用。

结古镇日新月异。7 月初，市政路桥控股集团承建的巴塘路、南环路等 4 条道路建成通车；8 月 19 日，结古镇主干道胜利路等 5 条道路通车，“四横十六纵”的路网框架初步成形。

8 月底，隆宝镇和哈秀乡 2715 户农牧民住房全部顺利完成。散落在 308 省道和扎曲河沿线的一串“珍珠”般的农牧民住房组团，整体崛起，将草甸河滩点缀得五彩斑斓。

10 月 31 日，北京援建的隆宝镇、哈秀乡全部 68 个灾后重建项目整体交付。这是玉树灾后重建中最先整体交付的重灾乡镇。

苦干，大干，巧干，快干，无论怎么干，质量最关键。援建过程中，北京对口支援青海玉树指挥部研究确定了“精心施工，树首善标准；文明援建，展北京风采”的安全质量工作主题，确保了援建工程质量。

不久前，建工集团援建的隆宝镇中心寄宿小学、德吉岭生态新村和隆宝镇镇区牧民集中安置点等援建工程，已顺利通过北京市建筑“长城杯”评委会的验收。

作为保护三江源地区生态环境的重点工程，即将建成的结古镇污水处理厂，将成为世界上“海拔最高、排放标准最高、拥有工艺最新”的污水处理厂。

高速并高质，高质而高速，“把玉树援建工程打造成精品工程”，这就是“北京速度”的内涵。青海省常务副省长徐福顺是这样肯定的。

北京，一直在努力，向玉树灾区同胞递交一份又好又快的答卷。

和谐援建：首都大爱

2011年10月初，玉树已经入冬。然而，这年冬季的玉树并不寒冷。

哈秀乡渐渐凋零的草甸上，村民才仁桑干带着一家人高兴地在准备入住的新家门前转悠。摸着崭新明亮的窗户，小女儿卓玛兴奋地蹦起来拍着手说：“房子真漂亮！像我们哈秀小学一样好！”

在哈秀乡、隆宝镇乃至整个玉树州，在冬天来临的时候，与才仁桑干一家人一样，更多的藏族同胞不用再严阵以待，而是纷纷喜迁新居。

远看，成群的牦牛在吉祥的雪山脚下自在地转悠。近听，新校园里书声琅琅。

结古镇跑马场，格萨尔王广场，扎西科路两旁，藏族小伙子绑在摩托车后的音响声音依旧高亢。宽阔的大街上人来人往，商业区的繁荣气息扑面而来，不时走过的美丽姑娘和慈祥阿妈流露着闲适与温馨的神情。

站在冰天雪地的寒风里，看着安详的玉树，北京援建者笑了：所有的辛苦，都是值得的！

房子盖好了，学校建好了，援建者与当地群众的感情也日益深厚了。

“北京，朋友!”这是玉树当地群众最爱说的一句话。8月18日，一户藏族居民家的水管出现故障。得知消息后，附近市政路桥控股集团的人员自带发电机、水管、水龙头等工具及时赶来。下井作业，重新组装好水管后，北京援建者已是满身泥水满身汗。“谢谢，谢谢!”老乡们竖起大拇指。

北京的付出，玉树记在心底。平整的硬化路勾勒出乡镇脉络，校园崭新，风格浓郁的藏式民房棋布草原。在住总集团援建下，哈秀乡这座海拔4000多米的高原小镇，以全新的面貌呈现在世人面前。目睹震后的家园发生翻天覆地的变化，乡党委书记西然江措激动地说：“党和政府为我们建设了新哈秀，哈秀人世世代代都不会忘记!”

让北京援建者不能忘记的，也太多、太多。

“听说一个北京来的援建者出事了，医院的血不够，我们就过来了。”2011年9月24日22时左右，在玉树州人民医院的板房内，近百位藏族群众自觉排起长龙。“龙头”是一辆采血车，他们是来献血的。

玉树州在这一刻凝聚起来。各援建企业行动起来了，玉树州交警支队、新寨村建委会等行动起来了，结古镇的藏族群众纷纷赶到医院。州长王玉虎也来了，带来了州委、州政府的关心和问候。

手术成功了。一直守候在医院、不断祈祷的一个藏族老阿妈哭了：“这孩子是好人，会一生平安的。”

每个经过海拔4600米红土山垭口的人，都会被对面山坡上的几个大字深深地震撼。“感恩祖国，感谢北京”，这是当地群众在山坡上“种”出来的。

阳光援建：北京誓言

玉树援建前线是一个特殊的战场。建立完善玉树援建反腐倡廉机制，从源头上防止援建腐败，是新问题，是大问题。

一年多来，北京对口支援青海玉树指挥部坚持抓党建促援建，不断完善监管机制，廉洁的阳光照耀着援建一路同行。

玉树重建党旗红。“共产党员”的汉藏双语党徽，成为北京援建玉树战场上一面高扬的旗帜。

在北京援建玉树前线，几乎每一个项目部都设有党支部，每一名党员都发挥着先锋作用。援建单位特别注意组织党员干部学习党和国家的民族政策，了解当地藏族群众的风俗习惯，学习有关廉政文件的要求。根据“一岗双责”的工作要求，确定了“共同责任”和“分工责任”内容，将责任制贯彻到全体管理人员和职工之中。

按照中央部署，北京市对口支援玉树 10 年，每年从财政收入中拿出 0.8%的资金。2012 年已安排资金 1.6 亿元。

“一定要向社会各界交一本明白账，向党和人民交一本放心账！”这是北京援建者在什邡援建中的承诺。现在，他们又将这份清朗郑重的承诺带到了玉树。

2010 年 7 月，北京对口支援青海玉树指挥部成立之初，就成立了指挥部纪委。他们从制度建设入手，迅速制定出台了一系列关于援建工作纪检监察的规章制度，目的就是为了建设“党委统一领导，党政齐抓共管，纪委组织协调，援建玉树前线各单位、指挥部机关各部室各负其责，依靠群众支持和参与”的反腐倡廉工作领导体制和机制。

一条“完善机制、明确职责、落实责任”的战线拉开了。为建立健全玉树援建的反腐倡廉机制，从源头上预防和治理可能出现的援建腐败问题，他们出台了《北京援建玉树人员“十不准”》；为完善资金监管机制，他们制定了内部财务管理制度、经费管理办法，等等。在指挥部的大制度下，北京援建玉树的4家国企也将各自的规章制度建上了海拔4000多米的高原。

制度出台，责任明确，监督跟进。北京对口支援青海玉树指挥部经常性地对各个援建企业进行监督检查。

阳光的力量在于穿透。从北京市委到援建一线工人，一扇扇透明的监管监督之窗打开了。透明，意味着公开。各参建企业及时公布恢复重建进展情况和资金物资使用情况，同时自觉接受玉树州、县政府和社会的监督。这让北京援建玉树的各项工作更加透明，确保了援建企业的合理化管理。

全方位的监督检查工作体系、规范化的管理制度，为实现阳光援建筑起了一道牢固“铁城墙”。

“确保每一名北京援建干部职工不出问题，真正为玉树人民、北京人民、全国人民交上一份明白账，不留遗憾、不留败笔、不留骂名！”检查完各援建企业的廉政工作后，田崑生的话掷地有声。

阳光是最好的防腐剂。在玉树湛蓝的天空下，面庞黧黑的北京援建者，笑容灿烂，心底一片光明。

爱洒三江源

援建有时，情义无价。

汗水热泪融化冰雪，首善爱心感动世界。

这里有同上战场的援建父子兵——张培林和张楠；有夫唱妇随的援建小两口——夏宝坤和沈鸿滢；有主动要求到高原发挥余热的退休高级工程师董小珍；有群众心中的好党员薛军、吴俊发、曾勃；有忘我工作的技术管理人员董岩、李英健、原新全；有敢打敢拼、勇啃硬骨头工程的青年突击队……

再次见到住总集团项目负责人王德志的时候，发现他被晒脱了皮的脸更黑了。他负责的哈秀乡甘宁村 181 套农牧民住房建设项目平均海拔 4600 米。每天早上，他都要从自己居住的帐篷出发，一个点一个点地去查看工程进程。而 10 个施工点分散在 25 千米长的道路沿线。小小的项目部只有几个人，住在小小的帐篷里。白天，太阳出来，闷热难当。晚上，气温骤降，寒气逼人。附近的一条河水是他们的水源。用煮不开的水泡一碗方便面，就是他们习惯的午餐。

山上本来没有路，建工集团的援建将士硬是用双手在方圆 3200 平方千米的隆宝大地上开辟出一条条山路。修建山路，要先把几十厘米厚的草皮掀掉、运走，再把草皮下面的软土挖出，然后运来砂石填埋在路基上，再用机器碾压数遍。要知道，这是在平均海拔 4700 多米的地方，这是玉树海拔最高、最险的乡间公路。由于缺氧，经常有人干着干着就晕倒了。一个人晕倒，就有一大片人跑掉。但是，又有人来了。留下来的这 300 多名筑路工人，仍然顽强地坚持着……

“他们像是铁打的。”青海省副省长王令浚这样赞叹道。

“丈夫非无泪，不洒离别间。”铁汉也有儿女情长时。城建集团的刘方红，在孩子刚 1 岁时就上了玉树援建前线，家里的老老小小、大事小情全托付给了妻子。援建工作紧张而辛苦，常常连给家里打个电话问候一下的时间都没有。“回家后一定好好补偿你们。”在寒夜里，他在心里这样默默地说着。而数千名北京援建者，哪个不是“刘方红”？

高原上，有铁打的汉子，也有一同奋战的 80 后“格桑花”。已经黑红得像本地姑娘一样的后勤“总管”范亚楠，踏实认真、热心助人；负责技术的石蕊，不管多晚，随叫随到……这样的女援建者还有很多。她们是这支援建大军中的又一支生力军。虽然，再好的化妆品也帮助不了她们珍爱的面庞抵挡住强烈高原阳光的刺伤，但她们是美丽的。她们远远地从北京走来，绽放在玉树高原，为新玉树的建设挥洒着如花青春。

在等待春天的脚步声里，玉树正在悄然涅槃。

“行百里者半九十。为了党中央和国务院的承诺，为了玉树人民的新家园新校园，请你们继续努力。”青海省委主要领导这样鼓励着援建大军。

农行青海分行服务“三农”
金穗映高原，惠农润万家[①]

6月26日，青海省海北藏族自治州海晏县三角城镇三联村村民祁万梅高兴不已，在农行海北分行“金穗‘惠农通’”服务站挂牌启动仪式上，作为第一个在三联村服务点办理取款业务的村民，她激动地说：“以前有急事的时候，要搭车到5公里以外的县城取钱，既花时间，又费钱，现在好了，可以在家门口取钱了。”

“面向三农，服务城乡”是中国农业银行的历史使命。在青海，金穗“惠农通”工程，是农业银行服务“三农”的主打品牌。它延伸了农行青海分行在农牧区的金融服务触角，填补了青海省农牧区金融服务空白，为广大农牧民足不出村享受金融服务提供了实惠和方便。

目前，青海分行在县域以下农村牧区布放电子机具738台，金穗“惠农通”工程服务点达720个。其中，新农保、新农合项目金融服务点379个。截至6月末，青海分行通过服务点办理养老金发放业务49029笔，金额2147万元。

同时，青海分行以新农保、新农合代理业务为抓手，针对县、乡（镇）、村不同市场，以农户为突破口，加快推进转账电话“村村通”工程；以惠农卡为载体，集中连片营销电话银行、银信通、网上银行等新产品，分步骤在全省县域布放转账电话、ATM、POS机、自助终端等自助设备，设置新农保服务工作站，形成“物理网

① 原载《人民日报》，2012年9月7日，第7版。

点＋自助设备＋电子渠道＋产品服务”的农村现代化金融服务网络，为广大农户提供“足不出户、人不出村”的金融交易环境。

宁秀乡尕强村，是青海省黄南藏族自治州泽库县农牧民定居点示范村。指着自家家具齐全的三室一厅，村民索托感慨地说：“以前因为交通闭塞，我们只能世代过‘逐水草而居’的生活。如今，在县农行4万元贷款的帮助下，我们不仅改善了居住条件，还做起了藏系牛羊繁育的新营生！”

2009年起，青海分行就积极支持游牧民定居点工程，发放游牧民定居点建设贷款。截至目前，泽库县支行累计发放游牧民定居点建设贷款4907万元，数千农牧民因此受益。

在金融服务“三农”的过程中，青海分行坚持变“输血式服务”为“造血式服务”，突出重点，大力扶持实体经济、特色优势产业，对优质小企业客户实行差异化、贴身化、精细化和简式快速服务，累计发放贷款12.33亿元支持青海省120户特色企业发展生产，带动了3万余户农牧户增收。

排忧解难老活佛[①]

高原清晨，阳光灿烂。沿着崎岖的山路，驱车两个多小时，我来到了海拔 4000 米的青海省海东市化隆县金源乡。这里有座 300 多年的赛智寺，寺里有位“为政府分忧、为民众解难的好活佛”——白日光活佛。

“我们是送阿妈来找活佛看病的。”高大英俊的藏族小伙子扎西一边把带来的牛奶、水果放到活佛的院子里，一边对我说。

院子里已经聚集了老老少少的藏族群众。白日光活佛精通藏医四部经典，虽已 90 岁高龄，仍坚持每年为一万多人看病，每年 11 月到第二年 3 月的高峰期每月仅采购藏药就要 3 万元，但看病施药都是免费的。

与想象中的辉煌殿堂完全不同，我们是在一间低矮而局促的房间里见到老活佛的。这个用来会客的房间大概只有五六平方米，一个略高于地面的土炕就占据了 4 平方米。围着土炕的三面墙上是满满的大小不等的木格子。格子里几乎都是各式藏药。面庞微黑、目光炯炯的老活佛就盘腿端坐在土炕的一边。

“现在路修好了，来的人多。活佛就利用这个机会向信教群众广泛宣传党的民族政策、法律法规、惠民政策及民族团结方面的知识。每晚还要与 3 到 5 名僧人谈心，让僧人做到爱国爱教，守法持戒。”赛智寺住寺工作组成员李加才让说。

① 原载《人民日报》，2014 年 2 月 10 日，第 6 版。

化隆县委宣传部副部长李玉峰告诉我，赛智寺所在的金源乡是一个纯藏族聚居的地方，山大沟深，白日光活佛长期以来协助当地党委、政府解决群众间的矛盾纠纷，为当地的社会稳定作出了贡献。

“一个好的出家人就要心里想着大家，想方设法协助政府部门解决群众生活中的实际问题。”白日光活佛说。

探索多种方式开展党内生活[①]

“我忙于打工，很少参加组织生活。作为一名党员，这样不对。希望党支部凝聚起党员的力量，带领家乡群众把日子过得越来越好。”这是在玉树务工的青海省海东地区平安县寺台村党员王明云，通过QQ视频全程参加远在830千米外的组织生活会时进行的自我评议。

寺台村外出务工党员多，在教育实践活动中，党员联系难、集中交流难、组织学习难、开展活动难。为了让外出务工不能返乡的党员也能参加评议，党组织积极创造条件，通过电话、短信、QQ现场视频、微信等各种方式，让党员“一个都不少”地全部参与党内生活。

为开好基层党组织专题组织生活会和做好民主评议党员工作，近日，青海省16个基层党组织试点召开专题组织生活会，涉及不同地域、不同行业，结合实际，开出特色，确保每个基层党员经受一次严格的党内生活锻炼。

变“请你谈”为“找你谈”。西宁市公安局交警支队车辆管理所党支部，结合党员民警在窗口一线服务、服务对象在窗口一线办事的实际开展“为何从警、如何做警、为谁用警”大讨论。支部书记深入一线谈、委员下沉一线谈、党员服务前沿谈、寻访纠纷当事人当面谈，面对面开展谈心谈话，听取意见建议。

---

① 原载《人民日报》，2014年7月28日，第4版。

"辣味"四溢。湟中县城镇管理局机关党支部专题组织生活会上，每名党员互评后，都请群众提意见。有的个体户直言不讳地提出批评："你们城管队员只管城市面子，不管百姓肚子。我们家庭困难铺面租不起，只有摆小摊，你们砸摊子、抢车子，粗暴野蛮执法，伤的是我们的心。"县城管局局长代表城管局向参加组织生活会的群众代表作出承诺，并聘请群众代表担任城管工作联络员，帮助城管推进文明执法。

会议全程开放。既是纯牧业村又是藏族村的刚察县伊克乌兰乡压贡麻村，把会议场所选择在党员群众相对集中的"夏窝子"，并通过"两扩大两开放"，敞开大门搞活动。在参会范围上，专题组织生活会扩大到非支委成员的其他党员村干部，民主评议党员扩大到预备党员。开展批评和自我批评时，除党员村干部相互批评，还扩大到乡党委书记和联村领导、乡站所负责人、包村干部等"上对下"的批评和卸任村干部、老党员、入党积极分子和群众、僧侣代表等"下对上"的批评。50多位群众自发前来旁听。老支书拉麻加说："我会像把'经文刻在石头上'那样牢记大家提出的宝贵意见，时刻提醒自己，发挥好老党员老干部的作用。"

办实事取信于民[①]

青海省格尔木市乌图美仁乡，平均海拔2900米，以牧业为主，农牧结合。在创先争优活动中，乡党委坚持以办实事取信于民。目前，全乡15个党组织共为群众办实事120余件，取得了群众的信任，为全乡各项事业发展提供持久动力。

乡党委积极争取到项目资金598万元，实施“小灶火模式”农业产业结构调整，种植优质枸杞2613亩，建设1000亩规模的马铃薯种植基地；拆除整治小灶火地区各村的残墙断壁；改造了88户困难群众危房；协调市文体广电局建立8个牧家书屋，为每家书屋配备千余册图书；协调市城管局配置6台垃圾车、4盏太阳能路灯，帮扶联点的敖包图牧业社3万元生产资金。

在实施整村推进项目建设中，安康村部分群众犹豫不决，等看思想严重，党员周学国、贾海燕针对这一问题，逐户入门做工作，调动大家的积极性。最后，全村48户农户全部加入整村推进项目建设。村党支部还协调市农村信用合作联社，给16户资金不足的农户贷了款。目前，该村整村推进建设项目顺利有序推进，脏、乱、差的生活环境得到有效改善，村容村貌变得优美。

幸福村党员李启业不仅用自己掌握的电焊技术为村民修理农用设备，给村民们带来方便，还带领村里的富余劳动力外出打工，解决近百人的就业，带来近24万元的收入。

---

① 原载《人民日报》，2011年6月20日。

关于《乌拉特笔记》的几句话

幼年时随父母在五七干校。记忆中的农村，就是蓝天白云、绿树稻田、小河和遍地青草之类。然后就在城里读书，再后来就是做编辑、记者，每天和白纸黑字和标点符号打交道，向往农村而所知甚少。有机会到内蒙古自治区的乌拉特前旗工作一段时间，是一生的幸运。

出发之前，领导、长辈对我最多的嘱托，就是多做点深入的调研。这里，算是交一份作业吧。

乌拉特前旗大致在黄河上游的“几”字湾。一段阴山山脉横亘全旗，被称作乌拉山，旗境内还有中国第八大淡水湖乌梁素海。黄河之外，阴山岩画也举世闻名，乌梁素海从来都传说不断，还有秦长城的前身赵长城。据说当年秦国公子扶苏就驻守在这一带，秦始皇的遗体也经这里的“直道”回到咸阳。卫青、霍去病在与这一带的北方少数民族不断交战中建功立业。王昭君从这里出塞。成吉思汗曾经为这里的丰美水草而高歌。还有据传成吉思汗囚禁其胞弟哈撒尔的洞穴。蒙古第一巴特尔哈撒尔的传说在这里俯拾即是。在青海塔尔寺册封“达赖喇嘛”的俺答汗的都城就在当年的乌拉特草原上。旗庙梅力更召的梅力更葛根，则是使藏传佛教具有了蒙古传承特色的宗教改革家……

这里历史文化底蕴深厚，民风淳朴，当前又处在快速发展时期，虽然被认为偏僻但很有特色。在工作之中接触了大量人与事，我还努力做了专门的入户调查。初接触起来倒也没觉得怎么，只是因为有个记录的习惯，就随手记下了。

回到原来的工作岗位，这个地方的人有时也给我打电话。一个苍老的战士的声音，给我深沉简短的问候，让我想起曾听着他给一群农村小学的娃娃讲打仗的故事。有通过长途汽车辗转给我送来一只整羊的羊肉的，都是煮得好好的手扒肉，然后发个短信告诉我，蒸蒸就可以吃了，还告诉我他的儿子考上了研究生，他的老母亲也问候我。又接到过一封不长的信，里面带着十来粒南瓜种子，那是因为写信的老者记得我和他说过，我的父亲喜欢在窗下种点什么……我越来越多地翻起当时的记录，有时竟然猛地热泪盈眶。

于是，我整理了其中比较完整的20个部分，就是在7个牧民家庭、6个农民家庭、两个城市困难家庭和5个当地知名人物的家庭中的交谈。

7个牧民家庭，都是当地镇党委推荐的。我所注意的是地理上的区别，比如乌拉山山前、山后的不同，也注意了选择传说较多的地方。乌拉特前旗是成吉思汗的胞弟哈撒尔后人的部落。据罗布桑丹毕坚赞所著《黄金史》记载，在北元时期，也就是蒙古人重新回到草原后，蒙古帝国的大统也就是成吉思汗汗位的继承者曾经发生过问题，哈撒尔的后代阿岱台吉一度成为蒙古皇帝。至于当代牧民的生活，尽管都是细枝末节，也应该能够读出兴味来。

毛泽东主席的外孙、广东省社科院民族精神与中国发展研究所所长孔继宁和他的同事许根生等，包括我自己，在当地资助了9个中学生。资助的条件是：这些学生品学兼优而家境贫困。其中8个学生的家我各去过两次。这就是选择这6个农民家庭和两个城市困难家庭的原因。这些人家的故事听起来更多地让人感到苦涩，他们致贫的原因、为脱贫而进行的努力，还是有一定代表性的。无论对于离农村、农民比较远的人还是对曾深居农村的人来说，这些真实的记述应该能够导致很多联想。

5个当地知名人物，有的是对当地的经济发展有着特别贡献的，比如邬志刚和王文忠。公田村支部书记邬志刚是当地新农村建设的带头人，是来自这个边远边疆地区的党的十六大代表。王文忠，是最早把枸杞引进乌拉特前旗的。现在，枸杞产业已经成为乌拉特前旗的支柱产业。他一直在思考当年农业合作化的经验和教训，认为搞农业合作化能够极大地调动农民的积极性，但是办起来以后，干部的管理水平如思想工作、政治工作和生产经验等要跟上。他后来领导搞竖井排灌实验，获得内蒙古自治区科研个人一等奖。这个实验是解决河套地区盐碱化的一个比较根本而成本较低的办法。他在晚年创作电视连续剧和小说，电视剧本《乌拉特风云》1999 年还获得了中国艺术研究院颁发的一等奖。

有的是对蒙古文化有着卓越贡献的人物，比如梅力更召的梅力更葛根。经过 300 多年几世梅力更葛根的努力，藏传佛教在内外蒙古地区通过蒙文、蒙语和蒙式金刚舞等具蒙古民族特色的仪轨得以传承光大。虽然，这些居于蒙古文化的珠穆朗玛峰的梅力更葛根都早已作古了，我和有关同事曾经为该仪轨申请国家非物质文化遗产而作的努力也没有成功，但是，中华人民共和国成立后即为自治区佛教协会主席的八世梅力更葛根的后人还在。我希望，这里的记述能够唤醒人们对曾经安慰了整个蒙古高原的灵魂的几位金刚上师的敬重。

还应该得到特别敬重的是一位对马克思主义进入中国有着重大贡献而仍然默默少闻的英烈——恩克巴雅尔，汉名金安喜。这位 20 世纪初生于乌拉特西公旗的年轻才俊，曾参加“五四”运动，亲聆李大钊的教诲，面见列宁、斯大林多次。1921 年夏在乌拉特西公旗（乌拉特前旗的前身）成立了内蒙古近代史上第一个革命组织“乌兰纳明”。恩克巴雅尔将布尔什维克翻译成“乌兰纳明”，就是“红色的党”的意思，把自己的组织也称为“乌兰纳明”。老百姓就简称为“红党”。“党小组”一度遍布乌拉山前、山后的“乌兰纳明”以苏联布尔什维克党章为自己的章程。恩克巴雅尔还成立了一支以还俗喇嘛为主的 200 多人的骑兵武装。在 1927 年“四一二”反革命政变中，这支武装遭到围剿，年仅 28 岁的恩克巴雅尔牺牲于中蒙边界。

如果你手边有一张地图，马上就会了然：从莫斯科到北京最近的一条路上，乌拉特西公旗是必经之地。因为有恩克巴雅尔的存在，应该允许有这么一个猜想：马克思列宁主义经十月革命进入中国，最近的一条路是经过乌拉特西公旗的。

对于恩克巴雅尔的英雄事迹，自治区的党史工作者已经做了大量的收集认证工作。本书记述的主体，放在这位英雄牺牲时仅 6 个月的独生子森格淖日布的身上。已经 80 岁的森格淖日布详细地讲述了他寻找父亲遗骨的过程，这是绝对独家的。有纪念意义的是，在我们第二次见面之前不久，这位 80 岁的老人刚刚递交了入党申请书。他对我说：“我应该继承我父亲的志向。”

这里记述的东西，都是我和讲述者面对面交谈得来的。有的是在农民的炕头上，有的是在牧民的小院里。我称之为“原生态采访”。这里没有任何现实主义，这里只有现实本身。

这些人的生活绝对不富裕，感情却格外地丰富。他们都那么善良和开朗、那么宽厚和仁慈，让我一见如故。

这些经历，都属于他们自己。听起来，到处都是困苦，但同时充满了幸福感；到处都是挫折，却从没有气馁和恨怨；到处都是生活的琐碎，但生活的智慧和勇气正在其中；也许的确地处偏僻，但是他们从来都是热切地关心着国家和民族的大势，他们从内心中呼唤“绿色发展好啊！”当我回头重读这些记述的时候，又有了一种感觉：这已经不局限于他们个人的喜怒哀乐，也不应仅仅是代表这个局部地区的几个缩影，在一定意义上，这属于我们民族历史和民族性格的积淀，尽管这是个偏居一隅的地方，尽管这仅是几个走在任何地方都不会马上吸引你的人。这样的感觉立即给了我一种责任感，一种想公诸于世的责任感。就像一个拣到了自己喜欢的东西的孩子，举着给别人说：“看！这是什么。”

如果你真的看了，也许会和我一样，难忘这个地方，难忘这么样的这些人了。

感谢那些在乌拉特始终帮助我的朋友、同事和领导们，他们是刘太荣、陈开亮、巴雅尔、巴根、伊拉特、陈曦、郭侍鑫、蔡明学、郝建军、刘坚、林峰、贾文广、康胜军、邢国俊、王学君、张喜民、贾英祥、特并塔布、杨春生和贾学义、王志诚、国丽霞等等，还有很多。

卫 庶

2006 年 9 月

关于《西北，西北》的几句话

在组织的安排下，我于 2005—2006 年在内蒙古自治区巴彦淖尔盟（市）乌拉特前旗，任旗委副书记，2011—2015 年又在青海，任人民日报社青海分社社长，工作近 5 年。因为喜欢下乡，喜欢和老百姓一起聊东聊西，喜欢随手记下些道听途说，所以形成了一些笔记。本来的专业是哲学，主要的功夫都下在理论上了，不料忝列为新闻工作者，在《人民日报》有过几篇自以为算是有些纪念意义的报道，就将这些两地的文字合在一起，成为这本蒙青笔记。

过去了这些年之后，忽然想起这是一个身赴大西北，从内蒙再到青海，从祖国的西北走向更西北的过程，所以用了“西北，西北”来命名。

这段时期，正是祖国的大西北跃进式发展的时期。有幸置身其中，目睹了当地各行各业的人民群众，在党的领导下，在当地各级党委、政府带领下，同心同德奋力建设，实现家乡或行业、领域的种种变革和发展。当前，我们已经进入建设全面小康社会的新时代，回顾这些伟大的努力和创造，深深感到这些笔记正如九牛一毛。唯一聊以自慰的是，曾经一道为了祖国的召唤而勤奋工作。

自小从敬爱的父亲那里得到的教导，就是“人民万岁”这个永恒主题。不敢与前辈相比，只能从小事做起。所以，无论在内蒙还是青海，都把关心关注当地普通人的生活，就是那些最普通的牧民、农民和基层干部等等的生活，作为一种责任。为此，我尽可能地记下所看到所听到的细节。从中所得最多的，就是了解了生活。我想说，在我此后的生活里，就再没有和他们分离开过。在他们难过的时候一起难过，或者因他们的欢乐而一起欢乐，从中汲取一份属于自己的精神力量。如果还想问，生活到底是什么样的？那就请一起生活其中吧。

就像所有的历史和生活一样，其中有规律也有偶然，有成就也有波折，有伟大也有自恃，有坚持也有放弃，有快乐也有苦恼，有远瞻更有细节。西北人的风格就是厚道、朴实。对于这本蒙青笔记，可以自诩的一点也是：真实。其中所记的，无论是刚刚安顿新居的灾区牧民还是边地小镇怀古忧今的知识分子，无论是至今仍然奔忙在雪山之间的护路工、接触网工还是已经转任要职的领导，无论是在高原继续奋战的施工队长还是排忧解难的老活佛抑或已经仙逝的共产党员“白衣度母”，等等，其中的人和事都是真实的。之所以自称为“笔记”，也是因为几乎不想作更多的修饰。

在十多年前，坚持做这样一个类似今天时髦起来的“口述历史”的东西，作为更高地追求，是想运用一种新的写作方式，以文学的笔法书写真实的现实。能否打动读者，是笔者没有把握的一个奢望。但这里的事情和人物，的确让自己深深地感动过。寄望于也许会有读者从书中找到属于自己的那份欢乐和眼泪、兴致与思索。

感谢已经仙逝的大作家二月河先生！他的以描述中国古代宫廷政治为主的多卷本巨著已如高山一般屹立于世界文学之林，而我深知他最关心关注的还是普通人民。正是他在我去内蒙工作的时候提醒我留意做些文字纪录。自己知道，这本笔记并未能达到他的更高的期许，但作为鼓励，当年他仍为本书欣然作序！

感谢尊敬的陈寿朋老师和他为本书所作的序！作为把自己最美的青春都献给了内蒙草原的杰出的文化学者，他是引领我逐步深入探索草原文化真谛的杰出导师！

感谢尊敬的孔继宁先生为本书题写书名！他和他的好友许根生先生都是乌拉特助学金最早的发起人，而获奖学生的家庭故事是乌拉特笔记的主体部分。其实，这不是偶然，孔先生的仁爱有着更深厚高贵的红色血脉！

感谢尊敬的陈立华先生！他无私的热心和支持，给了我编纂本书的信心、动力和保证！对于作者和本书来说，看起来是一种偶然，其实就是来自命中好运。

感谢尊敬的房向东社长！我们因书稿相识。令我敬佩的是，这样一位出版家，同时竟然又是一位研究鲁迅的大家。鲁迅，是最懂得中国和中国人的人！只希望，我的作品不要成为他过眼的最浅薄的那部。

最最特别感谢我的八十老母！在起伏不定的疫情中，她竟然通读全书清样并提出意见。所有母亲留意的地方，都会让我格外地珍惜。

感谢所有帮助过我的人！这种相助之情，我会身体力行地传递出去。

2020年6月7日